中学课程建设
案例剖析与策略研究

高　强　于正超 / 编著

西南财经大学出版社

中国·成都

图书在版编目(CIP)数据

中学课程建设案例剖析与策略研究/高强,于正超编著.—成都:西南财经大学出版社,2023.10
ISBN 978-7-5504-5725-6

Ⅰ.①中… Ⅱ.①高…②于… Ⅲ.①中学—课程建设—案例
Ⅳ.①G632.3

中国国家版本馆 CIP 数据核字(2023)第 054220 号

中学课程建设案例剖析与策略研究

ZHONGXUE KECHENG JIANSHE ANLI POUXI YU CELÜE YANJIU

高 强 于正超 编著

策划编辑:李邓超
责任编辑:李特军
责任校对:陈何真璐
封面设计:墨创文化
责任印制:朱曼丽

出版发行	西南财经大学出版社(四川省成都市光华村街 55 号)
网 址	http://cbs.swufe.edu.cn
电子邮件	bookcj@swufe.edu.cn
邮政编码	610074
电 话	028-87353785
照 排	四川胜翔数码印务设计有限公司
印 刷	郫县犀浦印刷厂
成品尺寸	170mm×240mm
印 张	20
字 数	326 千字
版 次	2023 年 10 月第 1 版
印 次	2023 年 10 月第 1 次印刷
书 号	ISBN 978-7-5504-5725-6
定 价	88.00 元

编　委　会

"校本课程实践追踪与反思研究"课题组主研成员与专家团队合影

"校本课程实践追踪与反思研究"课题开题报告会

"校本课程实践追踪与反思研究"课题研讨会现场（一）

"校本课程实践追踪与反思研究"课题研讨会现场（二）

序

　　2020年9月2日，中共崇州市委十三届十一次全会胜利召开，对崇州坚定"西控"发展战略，聚力"三区一地"建设进行了全面安排部署。作为当前和今后一个时期的重要政治任务，全市教育系统坚定质量主题，增强硬核自信，从管理突围，以行动跟进，凝心聚力，真抓实干。2020年9月下旬的一天，带着崇州市委市政府、崇州市教育局的重托与厚望，怀揣着对学校管理、课程建设、文化引领的情感与使命，笔者开始了对成都市铁路中学（以下简称"铁中"）的近距离观察，以"大学习、大调研、大讨论"的方式积极追逐着自己的教育理想，践行着自己的教育情怀，以问题为导向，以理念为引领，以质量为核心，实地跟岗，深度融合，充分展现了立德树人的责任与担当。

　　"锦江春色来天地，玉垒浮云变古今。"在位于成都市一环路北二段的省一级示范性普通高中校园里，笔者手里时刻拿着一个笔记本，一部手机，不停地看，不停地听，不停地记，不停地悟，用800张照片、厚厚的三个笔记本完整地记录下了笔者在铁中的无数个点点滴滴，见证了铁中人"守正出新，重道立人"的"铁中精神"，参加了很多次课堂、教研、会议、讲座。笔者用心尽力，结合理论研修，以一个观察者的独特视角，通过本书把这些美好与心灵深处的震动描绘出来，供大家学习、研讨、借鉴。

　　一路走来，笔者思绪万千，感触颇深。从一所铁路重点学校到省级重点学校，铁中的"名校"之路不断延伸。如果没有学校始终如一的人文传承，没有继往开来的创新精神，铁中的成长不会如此快速。铁中人秉承"守正出新，重道立人"的办学理念，从关注课堂入手，从抓实课程着手，突破课程边界，加强学科融合，构建了具有特色的"立人课程"，创造出让每一个孩子都离开起点的课堂形态，研发出适合学生的各类校本特色课程，朝着"学有良教"的方向迈出了坚实的步伐，从"教研互动、特色发展、交流合作、办学创新、环境浸润"五个维度出发，促进学校向高端思考，向高位推进。学校的课程重构，理科品牌创建，不是任性而为，而是在注重课程无边界开发与统整的过程中，坚守一些"不变"的东西。不变的是对教育教学规律的把握，对核心素养构建的把握，注重满足学生的真实需求，激发学生的学习兴趣，注重创设真实问题和情境，注重适应未来的社会生活和发展，变的是顺应时代发展的课程优化。

《礼记·学记》中说：学，然后知不足，教，然后知困。知不足，然后能自省也；知困，然后能自强也。正因为如此，笔者带领团队把思考变成行动，把办人民满意的教育誓言镌刻在心里，书写在行动上。铁中先后与笔者工作过的怀远中学、三江中学结对共建，派出骨干教师教研教改，派出行政干部跟岗锻炼，秉承"求真务实，守正创新"的办学理念，提升教书育人、管理育人的整体意识，把认真贯彻党的教育方针变成全学科育人的行动力、执行力，引导提升师生格局，努力开阔师生视野，做到一心一意研究师生，一板一眼关注发展，勇于改变，开拓创新，构建以主要学科建设推动整体内涵发展的课程建设名师研究共同体，挖掘崇州教育的研究深度，实现管理育人的课程精度。这是在党的二十大胜利召开后，铁中对"为谁培养人、培养什么人、怎样培养人"这个根本问题的积极回应。

编写本书的目的只有一个，就是让每一个师生发现自己、唤醒自己、成为自己。在课题研究和本书的编写过程中，我们参考了大量的文献资料，在此特向这些文献的作者表示衷心的感谢，并向未能列举文献资料的作者表示歉意。同时，由于时间、编写者水平以及研究条件的限制，书中不足之处在所难免，恳请各位读者批评指正。

于正超

2023 年 2 月

目录

第一章　课题引领：
校本课程建设　循环实证研究

编者按： 省级课题"校本课程实践追踪与反思研究"的研究，完全切合当前学校"以校本课程研发促进学生成才、教师成功、学校发展"这一研究初衷，使教师从被动的课程实施者转变为积极的课程开发者，增进教师对学校课程乃至整个学校的归属感，让教师真正从工作中获得创造的快乐和成就感，成为有生命活力的专业技术人员，增强教师的课程研发意识，使其具有更强的批判反思能力，提升教师的专业水平，提高学生的核心素养，促进学校的良性发展。

著名教育家叶圣陶曾说："教师为之教，不在全盘授予，而在相机诱导。"也就是说，我们的课堂教学，不仅要把知识传授给学生，而且要在科学的基础上，重视思维方式的启迪，注重思维过程的培养，提升学科核心素养，把学生的潜能最大限度地发挥出来。课堂教学是基本途径，教育才是真正目的。经过前期调研、论证、前测，课题组以集体备课、校本研发为主要平台，积极创新，逐步优化集体备课与校本课程研发管理模式，构建绿色指标评价体系，努力实现校本课程特色化，特色课程使用效果最大化，增进教师对课程建设乃至对整个学校的归属感，增强教师的课程研发意识，使其具有更强的批判反思能力，从而深入地促进教师的专业发展，铁中走出了一条县域中学以科研项目带动学校内涵发展之路。

第一节　研究背景

教育行业是一个对社会发展起着重要作用的行业，肩负着为社会培养人才的重要使命。在新时代核心素养背景下，作为重要的人才生产行业，教育对社会发展的作用更加凸显。基于此，教育的发展与改革已经成为各级政府和社会的普遍价值取向。在新高考教育综合改革实践中，不少学校已经意识到，立德树人的根本任务，必然要求课程体系的重建，基于课程视角下的育人管理也就成了教育变革的必然要求。也就是说，我们的课程标准既要紧跟时代的步伐，还要符合社会的需求，自然转向对学科核心素养的培育，不求面面俱到，但求精品有效。我们的教学策略更要适应学生的选择，满足学生个性发展的需求，从教材的分析走向教材的研究，从单章节教学走向整本任务群教学。教师不仅是学科知识的传授者、教学问题的设计者及学习过程的引导者，还是学习项目的设计者、教材整合的研究者及学科融合的引领者。

一、政策依据

1999 年 6 月 13 日，《中共中央、国务院关于深化教育改革全面推进素质教育的决定》首次提出"学校课程"的概念，教育部于 2001 年 6 月 8 日颁布的《基础教育课程改革纲要（试行）》中明确要求"改变课程管理过于集中的状况，实行国家、地方、学校三级课程管理，增强课程对地方、学校及学生的适应性。" 2020 年，教育部等八部门印发的《关于进一步激发中小学办学活力的若干意见》中指出：鼓励支持学校结合本地本校实际，办出特色、办出水平。强化学校课程实施主体责任，严格落实国家课程方案和课程标准，结合实际，科学构建基于学校办学理念和特色的校本课程。学校在遵循学科教学基本要求的基础上，可自主安排教学计划、自主运用教学方式、自主组织研训活动、自主实施教学评价；对于学科间关联性较强的学习内容，可自主统筹实施跨学科综合性主题教学，相关文件成为课题组研究的依据。

二、现实依据

教育发展到今天，孩子们的学习压力更大了，学习更累了，以至于影响到了他们的健康。一项针对"中国城市少年儿童生活习惯"的网上调查结果显示：孩子平均每天在校时间为 8.6 小时，其中最长的为 12 小时。广西的一项调查也表明，中小学生在校时间长、家庭作业多、课外"加班"忙。过重的学习负担严重地影响了学生的身体和心理健康。人作为一个生命体，一定是讲究张弛有度的，就算在高三，也应该保持一个基本的生活节奏：该跑步的时候就去跑步，该做题的时候就认认真真地去做题，该睡觉的时候就去睡觉。试想，晚上不好好休息，白天怎么保持良好的学习状态呢……有的孩子觉得，我都刻苦成这样了，怎么成绩还没上去呢？从另外一个角度想，可能是我们的课程观、教学观和学习观出问题了。

图 1.1 为四川省崇州市怀远中学校本课程"四三论"建设范式结构示意图。

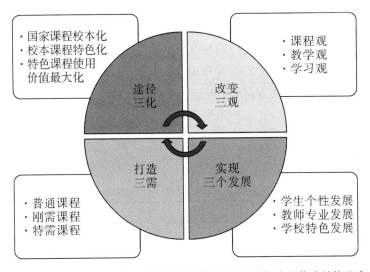

图 1.1　四川省崇州市怀远中学校本课程"四三论"建设范式结构示意

在现实的高中教育中，不谈升学率是不切实际的，但只谈升学率，我们的民族就会失去明天，国家会没有核心竞争力。有人说，任何教育的改革都是对立的力量相互妥协以达到某种平衡的结果。从这个意义上讲，笔者认为怀远中学课题组今天在校本课程建设上的所有努力，就是直面校情、学情和生情实际，去发现和解决真实情境中学生的真实问题，追求教育过程的平衡，以促进学生诸多方面的均衡发展。作为一所农村普通中学，我们应研究适合学生的教育，设置适合的课程，改变"校校同课程、师师同教案、生生同书本"的局面。因此，在前期的调研、探索、实践和反思的基础上，学校成立了"三需"校本课程研发团队，借助国家课程校本化、校本课程特色化、特色课程使用价值最大化的决策路径，努力实现学生个性发展、教师专业发展、学校特色发展的良好态势。

第二节　研究综述

校本课程开发是一个不断探索、逐步优化的动态过程，从目标确立、内容选择到组织实施与评价，它不是单向一维的，而是一个在教师研究团队实践反思的基础上修正完善的过程。同时，校本课程的形式也不是物化的、纯文本的、固定的，而是随着开发实施使学校办学理念显性化、明朗化的渐变过程。研究该课题可以帮助我们从整体上综合地认识和探索学校教育教学过程中各种因素之间的相互作用和多样化的表现形态，有利于从动态上把握教育教学过程的本质和规律，特别是先行一步从课程开发的有理性、有利性和有效性方面进行论证、探索与检验，也为新高考教育综合改革背景下课程开发权的逐步下放、教师专业发展、学校特色建设、人才培养开拓一条可行性道路。

校本课程是我国三级课程管理的重要组成部分，它的开发可以弥补国家课程开发的不足。国家课程强调教育的基础性和统一性，它的开发周期较长。而校本课程开发是对国家课程开发所遇困难的回应，它在保证国家对教育的统一要求的同时，尽可能适应、满足地方、学校和学生的个性发展需求，在某种程度上弥补了国家课程开发的不足。校本课程的开发有利于教师专业水平的提高，尤其是科研能力的提高，还有利于学生主体的发展，真正满足学生生存与发展的需要。校本课程开发是新时代核心素养背景下教育变革的客观要求，是课程体系对此做出的相应调整与重构的结果，是课程深化发展的必然。

一、国外研究分析

校本课程开发在美国、英国、澳大利亚和加拿大等国家一直代表着课程研究和课程开发的主流传统，体现着课程的主流价值观。学校在课程开发上具有较大的自主性，比较关注校本课程的研究和开发，比较重视学校和教师的参与，注重决策、方法、模型、模式、程序、评估等操作性知识。

美国长期以来没有正规的国家课程。各学区之间、各州之间的教育状况差异甚大，来自校内外的各方面因素都会对校本课程产生影响。为了加强基础教育，提高教学质量，一些州政府通过公布教科书和备选清单、制订测试计划等方式，加强对校本课程的控制。

英国教育部门把是否开发校本课程列为提供多少办学经费的一个重要标准，并且作为教师评价的一项重要指标。在这种情况下，学校的教师就自觉或不自觉地参与了校本课程的开发。教师学历层次的提高有力地推动了校本课程的发展，学习和掌握校本课程开发的理论与方法成为研究生的一门重要课程。

澳大利亚学校的课程分为统一课程和校本课程两种类型。值得注意的是，教育行政部门仅仅确定了统一课程的基本原则、基本要求、基本框架，并没有统一编写教材和习题。学校的校长和教师要根据文件精神制订本校的教学计划，选订教材和教学设备，并送交中学学科委员会审查。校级开发的校本课程在内容、种类等方面存在较大差异。学生学习校本课程的成绩会登记在毕业证书上。

多国的课程改革表明，国家统一的必修课与学校自主设置的校本课程是整个中学课程中相辅相成的两个组成部分。

二、国内研究分析

教育是通过课程来发挥作用的，而课程的完善与发展又依赖于课程资源的合理开发与利用。长期以来，由于我国缺乏课程资源意识，教师心中只有国家课程。新课程实施后，虽然各地也进行了一些校本课程建设的探索，但这些研究有如下不足：

一是大部分学校多以某一类课程资源为切入点，从课程构建、实施、评价等多角度比较系统地研究校本课程建设的较少。

二是东部地区学校的研究实验较多，西部地区学校的研究实验相对较少。

三是在综合实践活动课程中开发和利用课程资源的相关研究多，而在学科教学研究中开发和利用课程资源的相关研究较少。

校本课程的研究在我国起步较晚，对开发方面的研究则更晚。我国课程开发研究主要从以下五个方面进行：

1. 对课程开发的观点及内涵进行探讨

钟启泉在《从"筛选型课程"到"普及型课程"》一文中，介绍了"学校本位的课程开发"的概念，并在其新作《课程设计基础》一书中从课程研究方法论的角度对"学校本位的课程开发"进行了阐述。崔允漷在《略论我国基础教育课程政策的改革方向》一文中对"以学校为本"的理论进行了澄清，并对课程开发中的课程政策问题提出了建议，进一步分析和探讨了课程开发所包含的各种新的课程观点和主张，以及所隐含的各种课程信念和理论假设。

2. 对校本课程开发的特点与条件进行探讨

这一方面的研究不仅体现在对课程开发概念的解读上，而且深入课程开发的内部，对课程开发的特点与条件进行了探讨。吴刚平等从分析已有的课程实践中得出课程开发的基本条件：明确而独特的教育哲学思想和办学宗旨、民主开放的学校组织结构、体现学校教育哲学和办学宗旨的教学系统、自觉自律的内部评价与改进机制。课程开发需要有一个有效的支持系统，这个系统包括政策支持、信息和资源的支持、理论与技术的支持、行政支持四个方面。这四个方面的职能虽各不相同，但又相辅相成，缺一不可，是一个整体。此外，崔允漷、吴刚平、周军等也对此进行了探讨。

3. 课程管理权限对校本课程开发的影响

吕达在《独木桥阳关道——未来中小学课程面面观》一书中，提出中小学课程的三级管理构想，主张中央、地方和学校各司其职。廖哲勋在《课程学》一书中提出了类似的见解，主张按照等级结构组成全国中小学课程管理系统，全面发挥中央、地方和学校三级管理的积极性。崔相录在《今日发达国家教育改革导论》一书中，对学校一级的课程开发提出了自己的思考，认为"课程开发应在中央、地方、学校三级水平上进行，其中学校是基础"。澄清管理权限的问题，将有利于真正地实施课程开发。

4. 对教师参与校本课程开发及其相关问题的探讨

这是最近几年校本课程开发研究的又一焦点。吴刚平认为，教师是课程变革的主体，它的成立必须满足两个前提条件。其一，教师必须具有专业自主权；其二，教师必须具有专业自主的能力。丁钢认为教师专业发展是校本课程开发的主要支撑，而教师专业发展依托于五个方面的支持：在职培训、伙伴关系、资源支撑、学生参与和学校文化。

付建明在《教师与校本课程开发》一书中指出学校教师是决定课程开发成败的重要因素之一，其认为教师须做好课程意识与课程观念、课程知识与课程开发能力、参与意识和合作精神、行动研究的意识和能力四个方面的准备，才能进行有效的校本课程开发。

第三节　核心概念界定与文献综述

学校关于"校本课程建设"的研究，源于"教育本质""人的全面发展""创新人才培养"等教育理念。梳理相关文献我们发现，国内外学者关于校本理论的研究聚焦于校本课程开发与实践、校本教研、校本培训三个方面，并结合大量的教育研究案例进行了深入的探讨，已经形成了较为丰富的研究成果，但关于农村高中的校本研究成果，则相对较少。

一、核心概念界定

（一）校本课程开发

校本课程开发是指学校的领导、教师、学生及课程专家、家长等在对学生需求进行科学评估的基础上，充分利用当地社区和学校的课程资源而开发的多样的、可供学生选择的课程的过程，其最终目的是促进学生个性潜能优势的充分发挥，促进学生个性的全面和谐发展。华东师范大学教育学博士郑金洲在《走向校本》中解释道：所谓校本，一是为了学校，二是在学校中，三是基于学校。为了学校，是指要以改进学校实践、解决学校所面临的问题为指向；在学校中，是指要树立这样一种观念，即学校自身的问题，要由学校中的人来解决，要经过学校校长、教师的共同探讨和分析来解决，所形成的解决问题的诸种方案要在学校层面加以有效实施。

（二）实践追踪

实践追踪是指课程开发者在初始决策的基础上对已从事的活动的方向、目标、方针及方案的重新调整。与初始决策相比，其特点是：①回溯分析，即对初始决策的形成机制与环境进行客观分析，找出失误所在及其原因，保留原决策方案中的合理因素；②非零起点，即校本课程开发的条件与对象，已经不是处于原始状态，受到了某种程度的改造、干扰与影响，一要尽力抓紧，二要倍加谨慎；③双重优化，即新决策方案必须优于原决策方案，只有在原来的基础上有所改善，实践追踪才有意义，当然必须在两个以上新的决策方案中选优。

二、文献综述

为了文献检索的全面性，课题组以"校本课程"为关键词及主题，选定中国期刊全文数据库（CNKI）、中国优秀硕士学位论文全文数据库和中国博士学位论文全文数据库进行在线检索，共得到相关研究文献 5 769 篇，其中优秀硕士、博士学位论文 595 篇，占相关研究文献总量的 10.3%。本综述采用文献内容分析法，以检索到的源于中文核心期刊及符合研究目的的每篇文献为单位，在宏观上进行了文献数量和研究内容的分析，以下是相关分析结果：

（1）文献数量逐年变化情况。校本课程开发研究的文献量虽总体上呈逐年上升的趋势，但在 2010 年之后略有下降，其中，2009 年文献量（838 篇）较 2008 年（557 篇）增加 281 篇，增幅达 50.45%。

（2）在研究内容层面上，主题为"类别"的研究文献数量最多，其次是有关"评价"和"条件及影响因素"的研究，而实践追踪与反思研究的成果较少。研究重在探讨校本课程开发的实体（各级各类教育及各级各类学校），而非本体（是什么的问题）。在对"类别"的分主题研究层面上，小学校本课程开发研究文献量在总量中占相当比例（40.51%），这与学前教育的占比（1.79%）形成鲜明对比。值得一提的是，研究者们对少数民族和农村学校的研究虽然比例不大，但从一定意义上表明研究已有拓展。

（3）具体来讲，2005 年以前的研究资料更多是对校本课程相关理论的一些阐述，从 2006 年开始，研究者们对校本课程的讨论变得更加具体和系统，并且实践方面研究不够的问题也引起了他们的注意。研究者们开始走出对校本课程"块状""点状"角度单一的研究模式，用更多的理论加个案的方式对校本培训进行纵深化研究。

（4）从校本课程实践层面来看，部分校本课程的开发尚未成熟，主要集中在体育、音乐、语文阅读、地理、历史等方面。研究者们主要通过访谈、问卷、综合等方法从实践方面对校本课程的开发进行了个案研究，分析出校本课程在实施过程中存在的问题并提出相应改进建议。其中：

①鲁海波通过对上海市某中学的个案研究，分析了"经典诵读"校本课程开发推行难的问题并找到症结所在，提出了学生角色由服从者向参与者转变的建议。

②杨赫对地理校本课程开发进行了总结，并以个案研究的方式研究了内蒙古两所学校的地理校本课程开发现状。

③陈薇在《校本课程开发面临的问题及其对策研究——桂林市十六中校本课程开发的个案研究》一文中，对桂林市十六中校本课程开发情况进行了细致的研究。

④首都师范大学徐玉珍教授在 2009 年发表的《是校本的课程开发，还是校本课程的开发——校本课程开发概念再解读》一文中专门将校本课程开发定义为：学校依照国家课程标准，结合自身情况，由学生参与、家长支持、社区保障所制定的课程。校本课程开发是基础教育课程改革的需要，特别强调了其中教师专业发展的问题，校本课程开发有利于全面落实国家教育方针；有利于弥补国家和地方课程的不足；有利于促进教师专业能力的发展；有利于张扬学生个性特长；有利于形成学校办学特色并能够为未开发地区提供借鉴。

笔者梳理发现，四川省内外缺少关于农村高中校本课程的实践追踪及反思研究述评，尤其缺少可供农村中学借鉴的校本研发经验和实践反思。因此，课题组紧扣国家课程的校本化实施、校本课程的有效开发、开发后的实践追踪与反思、教师团队的培训与建设研究，从项目突围，用行动跟进，以校本课程的有效开发为主要研究对象，加强校本课程实践追踪与反思研究，创新校本课程研发管理模式，构建绿色指标评价体系，努力实现国家课程校本化、校本课程特色化及特色课程使用价值最大化，用"循环实证"推进校本课程研究发展，探索来自农村高中一线的、具体可操作的、促进教师"轻负担、高质量"的实践举措与研究经验，打造以科研项目带动学生成才、教师成功、学校发展的运行机制，为四川省内外同类学校提供提升教学质量的实践案例。

第四节　研究目的

校本课程的实践追踪与反思研究是当前世界各国教育领域中都非常关注的一项课题，它凸显的地方特色与学校特色对培养创新型人才起着重要的作用，是目前我国教育改革的热点问题。这个问题的研究与解决具有一定的理论价值和实践价值。

一、理论价值

《基础教育课程改革纲要（试行）》指出："学校在执行国家课程和地方课程的同时，应视当地社会、经济发展的具体情况，结合本校的传统和优势、学生的兴趣和需要，开发或选用适合本校的课程。"坚定"西控"发展战略，聚力"三区一地"建设是崇州市政府向全体市民提出的一项重要工作目标。崇州市怀远中学地处怀远古镇，紧邻元通古镇、街子古镇，学校自身和周边区域蕴含着丰富的教育资源，为中小学生提供了广阔的学习研究天地。因此以古镇为依托，研究开发与实施学校特色校本课程，对推动基础教育课程改革，落实崇州市政府工作目标具有极大的现实意义。

"培养具有初步的创新精神、实践能力、科学和人文素养以及环境意识；具有适应终身学习的基础知识、基本技能和方法；具有健壮的体魄和良好的心理素质，养成健康的审美情趣和生活方式，成为有理想、有道德、有文化、有纪律的一代新人"是新时代背景下的教育目标，本课题的实施对实现这一目标具有深远的教育实践意义。

教师专业化的水平很大程度上决定了课程资源的开发与利用，决定了教学形式和教学方法的选择，同时也决定了教学质量的高低。当前，教师课程整合、课程设计和课程开发能力等专业能力的提高已迫在眉睫。因此，本课题的研究在促进学生个性发展与促进教师专业发展方面，均具有普遍的探索意义。

校本课程开发的实践追踪与反思研究是基础教育的新课题，虽然全国各地都在开展，但以往"高度集中"的课程制度使得基层教育工作者缺乏系统的课程开发理论与经验，造成校本课程的开发与实施盲目无措。本课题就开发后的实践与反思等问题展开研究，希望为省内外同类学校校本课程的建设提供一些建设性的意见。

教育是建立在科学的基础之上的，科研因精准而有质量。基于新时代教育改革与发展的背景，本校以校本课程实践追踪与反思研究为着力点，开展以社会资源为载体、以教师资源为依托、以学生需求为中心的校本课程建设，从而促进学生素质的全面发展，创建以"树德求真，怀远务实"为核心的特色育人模式，探索和形成来自农村高中一线的、具体可操作的、促进教师"轻负担、高质量"的实践举措与研究经验，打造以科研项目带动学生成才、教师成功、学校发展的运行机制和实践案例。

二、实践价值

一是促进教师在校本课程研发认识上、操作上的意识转变和方式方法转变。

二是改变对教研组、备课组在校本课程研发上的评价方式、管理策略。

三是对校本课程的实施过程进行有效的管理和监控，使教师的课程开发行为从自发转向自觉。

四是确定切实可行的、具有可操作性的、适合农村高中的校本课程研发、实践及其应用模式。

五是充分实现国家课程的育人目标，提升学校整体教育教学质量，充分彰显学校自身的办学特色和办学理念。

三、创新亮点

一是坚持管理制度跟进，构建集体备课主讲制度，读书分享制度，推门听课制度，观课议课制度，备课组长年级负责制度，校本课程审议、开发、管理、评价与应用制度，协同追踪与反思机制，校本课程再开发制度。

二是多角度、多渠道，促项目落实，以行动跟进，加强集体备课、观课议课、多次备课、校本课程布局与打磨实施。

三是成立校本课程资源研发中心，着眼学校校本课程资源库的共享与共建。

四是积极发挥校本课程研发的评价导向与激励功能，构建校本课程研发绿色指标评价体系。

五是抓实校本课程成果固化，组织设计、编写、出版校本教材系列丛书，加强推广、追踪与修订完善。

六是积极加强实践追踪与反思提炼，组织参研教师撰写相关研究论文、报告和学术专著，集结编辑出版。

七是借助国家课程的校本化实施、校本课程的有效开发、开发后的实践追踪与反思研究，改变了教师的课程观，增强了教师的课程意识，实实在在走出了一条农村中学促进教师专业成长的新路子。

四川省崇州市怀远中学《校本课程实践追踪与反思研究》7 年研究历程见图 1.2。

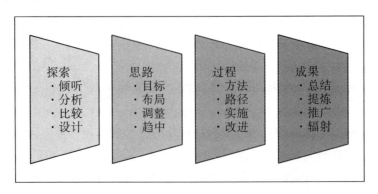

图 1.2　四川省崇州市怀远中学《校本课程实践追踪与反思研究》7 年研究历程

7 年来,首先,我们全面科学地认识了校本课程的内涵和外延,认真分析了当前国内有关校本课程研究的成果和学校开发与实施的现状,找出存在的问题与不足,确定校本课程开发与实施的基本理念。其次,对本校现有师资力量、地域教育资源、学生学习现状与需求进行准确调研分析,供课程开发决策参考。最后,按循序渐进的原则,先提出实施建议,然后在全校展开,全面实施校本课程,针对实施过程中的相关问题,对实施策略进行研究。

在实践中,通过激发参研教师思维碰撞、取长补短的教学热情,课程理念、开发资源与教学实践相结合的内心驱动、专业智慧、操作实践和反思提炼,借助国家课程的校本化实施、校本课程的有效开发、开发后的实践追踪与反思研究,不断弥补各个课题小组在校本课程设计、编写、应用和反思实践方面的不足,优化国家课程校本化过程中的管理与评价措施,从"理想的课程"向"现实的课程"转化,让教师真正从工作中获得创造的快乐和成就感,成为有生命活力的专业人员,增强教师的课程意识,使其具有更强的批判反思能力,以此促进教师专业能力成长,降低教师专业能力成长的时间成本。

第五节　研究内容

为了让每一个怀远中学的孩子都能拥有精彩的人生，课题组对学校自身各项指标及所处地域的教育资源进行了全面调研，形成了《怀远中学校本课程开发资源及条件调研分析报告》，这是本校校本课程研发的重要依据。

校本课程是一个以满足学生个体需求为基础，以促进学生个性发展为目的的课程，学生的需求与发展就是我们开发的方向。为了更好地了解学生的现状与需求，我们在《校本课程开发资源及条件调研分析报告》形成之后，开展了"学生对校本课程开设的现实需求调查分析"，为我们校本课程各个模块的设置提供了参考。我们在崇州市级、成都市级课题研究的基础上，通过4年的实践评估、资源分析，理清研究思路，提炼核心理念，确定了校本课程开发、追踪与反思总目标，形成了学校"十四五"期间课程建设的总体设想，即遵循新高考对提升学生素养的要求，结合四川省崇州市怀远中学"树德求真，怀远务实"的办学思想，开发"三需"课程。一是因人施教，满足学生青春期身心成长的"普需"；二是因材施教，满足学生兴趣特长发展的"特需"；三是因学施教，满足学生升学考试的"刚需"。努力创设真实的研究情景，探索项目化学习，培养师生在真实的工作、学习与生活情景中发现真问题、解决真问题的能力。

图1.3为四川省崇州市怀远中学新高考背景下"三需"校本课程建设指导示意图。

图1.3　四川省崇州市怀远中学新高考背景下"三需"校本课程建设指导示意

所谓"课程"，即"课"与"程"的高度融合，包括两个维度、六个要素。"课"包含理念、目标与内容；"程"包含实施、评价与管理，这六大要素也是一份规范的课程纲要的基本元素。怀远中学课题组针对"课"与"程"进行了深入剖析与解读，经过几年的实践与探索，逐步确立了适应学生核心素养发展的"五向"课程体系。

1. 课程愿景构建：从智慧走向未来（以智慧创未来）
2. 课程目标定位：从知识走向素养（关注全人发展）
3. 课程内容设计：从碎片走向系统（重塑课程谱系）
4. 课程实施样态：从壁垒走向跨界（实现跨界贯通）
5. 课程评价考量：从单一走向多元（全面而有个性）
6. 课程管理保障：从经验走向文化（引擎带动辐射）

如图1.4所示，课题组采用从国家课程校本化实施、校本课程有效开发的事前评价（科学价值判断）逐步转向兼顾事中评价与事后评价（实践追踪、反思研究和绩效评价），进而转向教师发展导向下的"目标—过程—结果"三位一体的管理评价模式。此模式为学校教师课程创新团队的培养与打造、教育教学的过程管理提供了有效互动和支撑，探索和形成了来自农村高中一线的、具体可操作的、促进教师"轻负担、高质量"的实践举措与经验，为四川省内外同类学校提供了提升教学质量的实践案例。

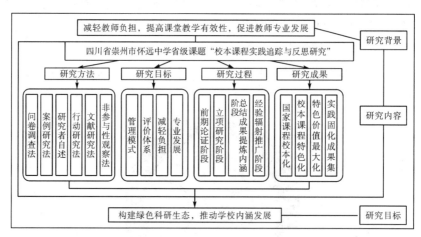

图1.4 四川省崇州市怀远中学省级课题"校本课程实践追踪与反思研究"结构

一、操作流程

（1）成立校本课程审议委员会，听取资源分析情况报告，进一步结合学校办学理念和开发设想，进行初步审议。

（2）学校根据校本课程审议委员会审议意见，制定《四川省崇州市怀远中学校本课程建设指南》，明确校本课程开发的指导思想、总体目标、课程结构、基本原则和程序、激励政策和保障措施等。

（3）学校根据校本课程审议委员会审议意见，制定"四川省崇州市怀远中学校本课程开发方案"，公布学校最终确定的校本课程开发项目、课程结构、课时安排、教师配备等方案。此方案应明确以下三方面的内容：

①校本课程开发的基本依据：政策依据、学生发展需求和特点、资源条件、办学理念和思路。

②校本课程开发的总体目标：不宜太复杂，3~5 条即可。

③校本课程大致结构：包括课程门类，每门课程的课时数和限制性条件等。

（4）编写《四川省崇州市怀远中学校本课程实施纲要》。教师根据"四川省崇州市怀远中学校本课程开发方案"编写自己负责开发的课程的课程实施纲要。课程实施纲要包括两部分：一是基本项目。简要说明开课教师、教学材料、课程性质或类型、学习时限、参加对象等。二是具体教学方案。较详细的教学方案一般包括课程目标、课程内容与活动安排（专题、内容、活动项目等）、课程实施说明（主要教学方法、组织形式、课时分配、教学场地安排、教学设施条件、班级规模等）、考核评价方式要求（考核方式、记分方式、成绩构成）等。

（5）实施校本课程教学，做好课程评价。

①按学科、学段的研究计划实施课题研究，按校本课程实施纲要进行课程教学，整理和分析资料，研究形成系列教学模式或教学策略。

②参照"校本课程开发方案"对教学管理、教学评价进行研究，形成教学管理的方案和教学评价细则。

（6）校本课程审议委员会结合课题研究实际，通过问卷调查、学生座谈、教师访谈、课题沙龙、学术研讨、专家评审等方式，开展校本课程实施评价和奖励工作。

二、重点突破

从研究实践来看，校本课程有效开发的实践追踪和反思研究主要从如下五个方面开展：

（1）重构理念。借鉴和回避其他地区和学校的操作误区，即片面强调所谓的"校本化"改造，甚至过于强调校本课程的开发。校本课程的有效开发，体现在设计和安排学习活动时，必须坚持以学生为中心，真问题、真情景、真合作、真探究、真任务、真成果，这六个"真"把学生推到学习的中心、展示的前台，把学生引向真实的生活、具体的问题。

（2）重构课程。明确学校发展特色，为校本课程的实践、追踪与反思研究找准契合点。成立课程资源开发中心，认真解读国家规定的各学科课程标准，分析、把脉各学科教材特点，按学段、学期、模块、单元、课时制订年度课程研发实施计划，对课程实施、学生发展进行阶段性评估，使学生能从其中学到生存的本领、生活的智慧，并且能在学习过程中感受、体验生命的意义、价值和尊严，达成校本课程开发的根本目的。

（3）重构管理。调动参研教师的积极性，形成课程创新自觉。校长和主研团队需要具备六个方面的课程领导力，一是学校课程理念、愿景的聚合能力；二是学校课程发展的规划能力；三是课程开发和教学实践的动员能力；四是课程开发和教学实践的管理（支持）能力；五是课程研究制度的设计和管理能力；六是教师队伍的培养和引导能力。让教师充分理解国家课程校本化的实施意图和目标，认识到校本课程的有效开发对于实施个性化、创造性的教学是必需的，使教师的课程开发行为从自发转向自觉。

（4）重构课堂。研究学情，整体布局，二次成长。作为农村普通中学，课题主持人、主研、组长作为课题研究的中坚力量，就要集全组之智慧，借助区域内外专家的研究力量，根据学生先学、学生群学、课堂反馈实际，研究学情，分层教学，分类教学，积极开发出适合本校学生的校本课程资源，从而满足学生学习的个性化需求，充分彰显学校自身的办学特色。

（5）重构技术。结合疫情期间线上教学实际，在今后校本课程研发的实践追踪与反思研究上，课题组准备加大现代教育技术与学科课堂教学的深度融合，以及与校本课程设计、编写、使用、追踪、修订完善和评价方面的紧密融合。

三、研究方法

在研究方法上，本课题组拟采用质性和量化研究整合设计的方法，以充分保证整个课题研究过程的条理化、深刻化、规范化、精致化。

（1）问卷调查法。设计三份调查问卷，对区域内外学校的校长、教研员、教师进行问卷调查和访谈。其中对学校内部教师进行全样本问卷调查，主要涉及教师的专业追求、职业规划和教育理念、学科观念、教学方法、教学内容、教学策略，校本课程研发的方式方法、效果与反思，学校管理和评价指标。

（2）案例研究法。以学校选定的九科教师作为典型案例，通过对案例的研究来呈现和揭示结果。获取案例的渠道包括：资料分析、搜集、查阅，分析备课组的工作记录，分享项目学习故事，评价教师变化情况等，形成典型案例，研究其对全组教师专业发展的影响。

（3）研究者自述。各课题研究小组组长通过亲历研究，不断反思总结，自述研究案例。

（4）行动研究法。"为行动而研究，在行动中研究，由行动者研究，在研究中反思"，行动研究是本研究的主要方法之一。鼓励组员通过积极参加读书活动、课堂观察、研究故事分享、个体访谈、师生调查、成果展示、有主题的反思等形式开展校本课程开发行动研究，在行动中出数据，在实证中出结论，并及时反馈于教学实践。

（5）文献研究法。搜集、鉴别、整理文献，并通过对文献的研究形成对事实的科学认识的方法。

（6）非参与性观察法。选择特定课题研究观察员、指导专家，通过"置身事外"的方法，观察并描述项目组的活动过程、方式、氛围、活动中不同教师的表现，以探求校本课程开发研究过程中对教师团体和个体发展的相关因素，挖掘课题研究的深度。

第六节　研究计划与阶段成果

校本课程建设，包括调研、前测、论证、实践、追踪、反思和再开发七个阶段。具体实践过程中，从机构建立、人员培训、纲要制定、整体规划、评价机制到实践追踪，我们要做到三个必须：一是必须考虑流程与方法是否恰当；二是必须提前预设可能出现的问题与困难；三是必须制订相应的各种解决方案，以达成研究目标，完成研究任务。

一、研究计划

在前期的崇州市相关重点课题、成都市相关教育科研专项课题研究的基础上，校本课程研究分四个阶段实施：

第一阶段：准备阶段（2020年8月—2020年10月）。

（1）组织研究人员学习相关理论，搜集相关文献资料。

（2）成立课题领导小组、课题研究组和课题指导顾问组，做好课题的选题、申报及立项、论证等工作，做好课题研究方案的制订和完善工作。

（3）组织课题开题，举办课题研究人员培训班，结合课题内容与课程改革的实际，举办新课程培训、科研培训，召开科研课题专题报告会等，增强对本课题研究意义的认识，进一步明确研究目标，掌握相关的研究方法，提高研究水平。

第二阶段：调查研究阶段（2020年11月—2020年12月）。

对新高考背景下校本课程建设研究和实施现状进行调查，并进行数据分析，找到制约因素，制订实验研究的实施方案。成立本课题研究中心组，科学规范设计调查问卷及访谈内容，通过在组内与同行进行测评和改进，对新高考背景下校本课程建设进行全面调查，从学校、教师、学生三个层面搜集信息，旨在了解校本课程建设的现状，最终写出调查报告，推动校本课程的建设研究向前发展，促进学校特色化、教师专业化及学生个性化发展。

第三阶段：研究实施阶段（2021年1月—2021年12月）。

（1）以实验教师为主力研究团队，按学科、学段的研究计划实施校本课程建设研究，整理和分析资料，开展研究追踪与反思，研究形成新的校本课程建设模式或课例研究策略。

（2）以教育科研人员为主力研究团队，对教学管理、教学模式和教学评价进行研究，开展研究追踪与反思，形成新的教学管理方案和教学评价细则，构建怀远中学课堂教学模式。

第四阶段：成果总结阶段（2022年1月—2022年8月）。

（1）收集整理课题研究的数据资料，对实验结果进行分析论证和理论认识提升。各研究人员向课题组提交能反映完整的校本研究实验过程的人员工作量表、工作报告、课题实验报告及实验资料分析、校本教材等文本和电子文档。

（2）整理实验全程的音频、视频材料，整理课题原始材料和研究材料，深入分析，深度提炼，形成全面深刻的研究性成果，交由学校校本课程研究领导小组审议委员会、学术委员会、评价委员会审核。

（3）各个学科课题研究小组按课题结题验收的要求组织自检组，并撰写自检报告，学校课题组撰写课题研究报告，做好课题结题工作，交由四川省教育厅统筹城乡教育发展研究中心验收。

二、阶段研究成果

（一）认识成果

1. 展示顶层理念

研究确立了开发实施与追踪反思的基本理念：创造适合学生的教育，面向学生的生活实际，重在学生的实践体验，为了学生的素质发展。本课题的研究，立足于学生综合素质的提高这一根本宗旨，实现了学校、社会、家庭三方面教育资源的有机整合，使学生成为校本课程的主体。课程的开发基于学生的经验和成长特点，利用现有教育资源，结合学生的兴趣特长和社会生活实际，将学生应具备的知识和技能融合到教育活动中去，使学生特长与综合素质得以逐步提高。

2. 体现办学特色

在课程实施中，校本课程的建设注重了顶层设计的特色化和课程资源的多样化，凝聚办学智慧，打造学校特色。在执行国家课程计划要求的同时，体现了学校的培养目标，合理分配内容领域的比重，明确开设的具体科目及其顺序关系，让校本课程建设走出了"碎片化"问题的"瓶颈期"。例如，经过反复调研，课题组将"硬笔书法课程""生涯规划课程""心理辅导课程""版画课程""劳动教育实践课程"科学合理地安排进了课表，参与实验的班级都能在每期的固定时间进行课程学习；同时，现已将"版画课程""大课间跑操课程"成功申报为崇州市级课题，以课题研究为平台，加大课程建设的深度与高度。

3. 促进终身发展

在做好升学的同时，注重学生多元发展、终身发展的需求。邀请省内外学者开展专题讲座，利用课余、寒暑假时间，组织教师进行跟岗学习，组织学生参观，鼓励学生进行课题研究，从中挖掘出部分适于科研的学生，并为其搭建平台，发展其终身研究的能力。

（二）操作成果

1. 前期调研实践合理化

校本课程的开发与实施、追踪与反思对学校来说是一项巨大的工程，为了使研究工作科学、有序、高效地进行，制订翔实的调研方案，形成可行的前期报告是重要前提。为此，我们细化和完善了"校本课程开发与实施总体方案"，它是学校校本课程开发与实施的总体性设计，是校本课程追踪与反思的纲领性文件。

同时，校本课程是一门以满足学生个体需求为基础，以促进学生个性发展为目的的课程，学生的需求与发展就是我们开发的方向。为了更好地了解学生的现状与需求，我们在《校本课程开发资源及条件调研分析报告》形成之后，开展了"学生对校本课程开设的现实需求调查分析"，为我们校本课程各个模块的设置提供了参考。

2. 课题研究依据科学化

课程标准是课程开发、课程实施和课程追踪必需的指导性、纲领性文件，它在整个基础教育课程改革系统工程中的地位与作用不言而喻。国家与地方课程有课程标准，校本课程也应有课程标准。

依据《基础教育课程改革纲要（试行）》精神，结合地域教育资源及学校与学生实际情况，学校课题组于2016年9月制定了特色必修课"校本课程纲要（试行稿）"。2017年1月，学校课题组在参照上述精神，考虑教师特长、学校教育资源（主要是教学硬件设备）、学生兴趣需求等因素的基础上，制定了兴趣选修课"校本课程纲要（试行稿）"。这两个纲要均包括前言、课程目标、内容标准、实施要求、评价标准五个部分，对校本课程的课程性质、基本理念、设计思路、总目标、分目标、不同阶段学生的知识与技能、过程与方法、情感态度与价值观的基本要求、教学及评价方法、反思与建议等做出了具体的阐述。

3. 课程资源开发多样化

根据前期实践与反思结果，课题组研究撰写了"怀远中学校本课程资源包"，为师生的教学提供了充足的模板与素材。

（1）拟定校本资源包编写建议。从调研分析和需求报告可以看出，学校自身及周边的教育资源丰富，学生的需求具体。线上线下教育资源的收集整理工作量非常大，必须要有收集线索引导。课题小组组长拟定了两类课程模块资源包的编写建议（大纲性质），从编写原则、编写结构、编写体例三个方面对校本课程资源包的编写提出了建议与要求。

（2）撰写校本资源包具体内容。根据《基础教育课程改革纲要（试行）》的精神与资源包编写建议，课题组组织教师撰写了校本课程各个板块的资源包。从 2016 年 10 月到 2020 年 9 月，历经了校本课程建设相关教育资源的收集汇编、整理分类、开发撰写三个阶段，最终形成了 3 大板块 15 个主题，编写了 285 个课时的资源包。开发过程中，课题组不仅重视国家课程的二次开发建设，同时注意积累教学活动中再次生成的课程资源。例如，语文课题组形成作文教学校本教材：《教师作文伴写集》《书本外的作文资源》《学生作文辑录》。

4. 校本课程体系结构化

课题组经过反复论证和实验，构建"宏观—中观—微观""基础课程—拓展课程—校本选修必修课程""对话治理式"的整体课程领导管理模式，宏观管理抓规划，中观管理抓项目，微观管理建机制。这样的课程体系，以整合重建课程结构，聚焦生命成长；以联动重建课程教学，提升生命价值。

（1）"基础课程"着眼于国家课程的二次开发。与学习研究同等重要的是对学生的深度研究，以学生为中心，以思维方式的培养为主攻方向，各学科在国家课程的基础上，着力进行二次开发，根据学生的身心发展、兴趣特长、高考需求，将相应内容拓广、加深。

（2）"拓展课程"着眼于学生综合素养的提升。校本课程体系下的"拓展课程"不是由简单的几个兴趣班、学生社团等碎片化组成，而是在"互联网+"的背景下，形成了怀远中学富有特色的课程体系。例如：初高中衔接课程、书法课程、大课间跑操课程、版画课程、劳育课程、健美操等社团课程、心理课程、生涯规划课程、家校共育课程、学科竞赛课程。

（3）各类课程分为校本必修课程、校本选修课程。课程设置既有梯度，又有联系和融合。实施目标清晰、团队架构、内容具体、全员参与、调研与培训、达标评价的管理方式，重构教师结构化思维。

5. 建构良性、完善的课程管理方式

四川省崇州市怀远中学集体备课过程中校本课程开发审议机制流程见图 1.5。

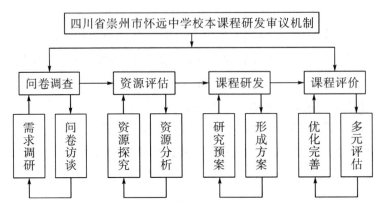

图 1.5　四川省崇州市怀远中学集体备课过程中校本课程开发审议机制流程

（1）以项目为单位构建管理、考评和奖励机制。

（2）建立课程管理及开发领导小组、校本课程监测评估领导小组、选课指导中心、校本研修领导小组、综合实践活动及学生综合素质评价领导小组、研究性学习领导小组、学分评价管理领导小组及课改成果管理领导小组、档案管理工作领导小组等管理小组。

（3）以学科为单位实施有效教学管理。

（4）以学生为主体执行全面质量管理。

（5）成立校本课程教研组，负责组织课程建设教研活动。

（6）创办学术专刊《行动研究》，展示校本课程建设成果。

6. 建构合理、科学的课程评价方式

（1）对学生的评价——强调表现性、过程性评价，结合课堂教学的表现性评价。

（2）对教师的评价——质性与量化相结合，体现在学校对教师课程实施情况的评价：主要从课程设计实施的过程性材料、公开课展示以及课程满意度的调查三个方面进行。

（3）对课程的评价——建立在对课程全部过程关注、课程目标达成的框架之上，要对课程设计、课程实施、课程结果进行整体考量。

（4）教导处、教科室每周组织 1 次跟踪检查，将检查结果纳入对教师、备课组、教研组的学月常规考评之中。

（三）阶段性成果和最终成果

阶段性成果和最终成果主要包括：编辑出版《校本课程系列丛书》《课题参研教师专业成长自我描述案例》《课题参研教师课题研究论文集》《教育科研——教师发展案例集》《青年教师专业发展论坛文集》《课题阶段性成果报告》《校本课程开发中的教研寻变》《基于课程视角下的教育管理》《怀远中学近5年中高考、期末调研考试大数据分析手册》；整理规范"校本课程资源包""课题参研教师树德集团赛课、巴蜀好教育联盟赛课视频及课件""课题参研教师校级技能大赛赛课视频、课件""课题参研教师成都市教育教学信息化大赛赛课视频、课件""课题参研人员教师专业发展手册修订本""课题参研人员备课本修订、优秀备课本选编""课题组校本教研活动计划、总结、反思记录选编"。

总之，校本课程体系建设，应该使主导性课程与选择性课程均衡和谐地发展。就目前来看，由于主导性课程是举全校之力集体打造的，已经成为比较成熟的课程，而选择性课程相对薄弱，这一课程的建设将是我们今后课程建设的重要项目。

第七节　成果鉴定报告

客观地讲，最初的校本课程开发没有经过充分的调研分析，只是大概的估计，没有形成制度规范，师生收益并不明显。迷茫、徘徊之际，我们申报了"校本课程实践追踪与反思研究"这一省级课题，举行了"校本课程开发与实施的管理意见"骨干教师专题培训7次，召开了校本课程开发现场工作会12次，在省内外各级课题研究指导专家学者的指导下，我们的思路逐渐明晰了起来。校本课程开发是一项系统的工程，是三级课程体系重要的组成部分，如何使校本课程走持续与健康发展的道路，除了课程开发的调研评估外，我们认为规范管理、制度保障、评价机制是关键，三者缺一不可。

一、研究背景

在新高考教育综合改革实践中，立德树人的根本任务必然要求学校课程体系的有效重建：课程标准要紧跟时代的步伐，转向对学科核心素养的培育；教师的教学策略要适应学生的选择，满足学生个性发展的需求，教师应从教材的分析师转变为教材的研究者，从学科知识的传授者转变为学习项目的设计者、教材整合的研究者、学科融合的引领者。

课题组紧扣校本课程有效开发、开发后的追踪与反思、教师团队的培训与建设研究三个维度，从整体上认识和探索学校教育教学过程中各种因素之间的相互作用，从动态上把握教育教学过程的本质和规律，先行一步在课程开发的有理性和有效性方面进行论证、探索与检验，为教师专业发展、学校特色建设、人才培养开拓一条可行性道路。

二、研究综述

怀远中学的校本课程开发，采用包括问卷调查法、行动研究法在内的质性和量化研究整合设计的方法，从目标确立、内容选择到组织实施与评价，是一个基于教师研究团队实践反思的逐步修正完善的过程。一是源于对西方国家的校本研究：校本课程一直代表着课程研究和课程开发的主流传统，关注校本课程的研究和开发，重视学校和教师的参与。二是基于对国内校本课程的分析：以某类课程资源为切入点的多，从课程构建、实施、评价等层面系统研究的少；东部地区的学校研究实验多，西部地区的学校研究实验少；综合实践活动课程开发的相关研究多，学科教学研究中开发和利用课程资源少。

三、研究步骤

在实践中，从机构建立、人员培训、纲要制定、整体规划、评价机制到追踪提炼，课题组做到了三个必须：一是必须考虑流程与方法是否恰当；二是必须提前预设可能出现的问题与困难；三是必须制定各种相应的解决方案。

研究共分为四个阶段：

第一阶段：准备阶段（2020 年 8 月—2020 年 10 月）。

（1）购买研究文献 24 册，梳理 5 个文献软件包。

（2）成立 1 个领导小组和 1 个指导顾问组。

（3）举办研究人员培训班 1 个，开展专题培训 13 次。

第二阶段：调查研究阶段（2020 年 11 月—2020 年 12 月）。

成立研究中心组 1 个，成员 9 人，明确分工与职责，科学规范推动课程建设研究。

第三阶段：研究实施阶段（2021年1月—2021年12月）。

（1）以实验教师为主力的13个团队，开展新的校本课程建设模式或课例策略研究。

（2）以教育科研人员为主力的研究团队1个，开展新的教学管理方案和评价细则，构建怀远中学课堂教学模式。

第四阶段：成果总结阶段（2022年1月—2022年8月）。

（1）收集、分析、论证和理论认识提升，提交工作量表、课题实验报告。

（2）整理实验全程的音频、视频材料，交由审议委员会、学术委员会、评价委员会三级审核。

（3）组织自检组，撰写自检报告、课题研究报告。

四、研究内容

（一）行动路径

（1）关注了1个前提：课题组通过"关心理论"介入，在教师心中建立起情感依赖关系，形成研究共同体的情感基础，唤醒教师的学习和成长激情。

（2）抓住了1个关键：基于研究共同体的学术内涵，布置"团队作业"，由于目标趋同，形成了相互协商、相互支持、共同参与的"相互介入"。

（3）组建了"1+9"课题研究体系。专门成立了学校总课题组牵头、9个高考学科为单位的子课题组，寻找问题的真实原点，探究实践的真实情境，促进问题的有效解决。

（4）构建了12个集体备课管理机制，如集体备课主讲制度、读书分享制度、课题小组研究质量考评机制。

（5）采用了"底线+榜样"并举的研究思路，在形成依赖关系的整体后，以学校区级、市级名师工作室为指导，在课例研究、课程追踪中，促进相互观摩，相互对话。

（6）开发出了"三需"课程，逐步确立了适应学生核心素养发展的"五向"课程体系。

（二）重点突破

（1）重构理念。在设计和安排学习活动时，做到6个"真"，把学生推到学习的中心。

（2）重构课程。成立课程资源开发中心，对课程实施、学生发展进行阶段性评估。

（3）重构管理。构建主研团队6项课程领导力，使教师的课程开发行为从自发转向自觉。

（4）重构课堂。积极开发出适合本校学生的校本课程资源，满足学生学习的个性化需求。

（5）重构技术。加大现代教育技术与课程设计、编写、追踪、修订完善和评价的紧密融合。

五、研究成果

（一）操作成果

1. 前期调研实践合理化

完善细化了"校本课程开发与实施总体方案"，作为校本课程追踪与反思的纲领性文件，为校本课程各个模块的设置提供了参考。

2. 课题研究依据科学化

依据《基础教育课程改革纲要（试行）》精神，结合本地教育资源、学校与学生实际情况，制定特色必修课"校本课程纲要（试行稿）"。

3. 课程资源开发多样化

研究夯实了"怀远中学校本课程资源包"，为师生的教学提供了充足的模板与素材。

4. 校本课程体系结构化

经过反复论证和实验，构建了"宏观—中观—微观""基础课程—拓展课程—校本选修必修课程""对话治理式"的整体课程领导管理模式。

（二）物化成果

编辑出版了包括《校本课程系列丛书》《课题参研教师课题研究论文集》《教育科研——教师发展案例集》《青年教师专业发展论坛文集》在内的系列研究范本15项。

第八节　研究反思

怀远中学目前推行的校本课程建设主要分为三类：一是使国家课程和地方课程校本化、个性化，即学校和教师通过选择、改编、整合、补充、拓展等有效方式，对国家课程和地方课程进行再加工、再创造，使之更符合学生实际的"普需""刚需""特需"；二是学校课题组设计开发新的课程，即学校在对该校学生的需求进行科学评估，并充分考虑当地社区和学校课程资源的基础上，以学校和教师为主体，开发出旨在发展学生个性特长的、多样的、可供学生选择的课程；三是在实践、追踪、反思之后，对相关校本课程的再研究、再开发、再实践。

一、校本课程的再认识

根据现代课程分类理论，校本课程并不是一种课程类型，而是属于课程管理的范畴。它是正在构建的，同我国三级课程管理体系相适应的中小学课程计划中不可缺少的一个组成部分。作为学校本土开发的校本课程，它既能体现各校的办学理念、学生的特别需要和该校的资源优势，又与国家课程、地方课程紧密结合。

校本课程的实施是教师在实践、反思的基础上不断调整、创造和发展的过程，因为在课程内容上需要不断地合理地剪裁拼接、拓宽延展、灵活运用、更新求实。校本课程的实施是学习空间、教学模式不断拓展创新的过程，因为教室不再是唯一的课堂，博物馆、怀中农场、果园等场所都可以成为课堂，其教学方式可以因地制宜、因时制宜。校本课程的实施是教师依据学生学习需要，对课程进行修改和完善的过程，这需要教育工作者开展鲜活的教育研究。

怀远中学所推行的国家课程校本化实施，其实质是基于学校、为了学生、源于实践、创造性地实施国家课程的过程，是"理想的课程"向"现实的课程"转化的重要途径。为了实现这种"创造性实施"，在实践操作中，一是有国家课程标准的规范引领，积极落实国家课程计划和课程标准的要求，去实现规定的国家课程目标；二是要体现学校的课程创新，即在具体实践场景中，根据学生发展的个性化要求，由校长和教师自主地调整国家课程，对国家课程进行再开发。

从本质上来说，国家课程的校本化实施，是在倡导一种研究理念，即鼓励教师积极开展集体备课，进行二次甚至多次备课，对国家课程进行"二次开发"，使教师从被动的课程实施者转变为积极的课程开发者，增进教师对学校的归属感，让教师真正从工作中获得创造的快乐和成就感，成为有生命活力的专业人员，增强教师的课程意识，使其具有更强的批判反思能力，从而促进教师的专业发展。

二、校本课程的再开发

一直以来，我国的课程是由国家统一开发出来的，课程开发的主体是课程专家和学科专家，新开发出的课程作为"产品"推向教师。这就导致教师不关注课程，机械执行指令性的课程计划，不可能也不需要具备课程意识和课程开发能力。

我们要改变的是"课程制定是专家的事，与己无关"的思想，为了更好地实现国家的课程目标，自己有责任对国家课程进行"二次开发"。随着课程改革的进一步推进，传统的教师角色已越来越不能适应新课程的需要，倡导教师成为学习者、成为研究者等的呼声也越来越高。教师成为研究者、成为反思性实践者，其中就包含教师研究和反思课程、创造性地实施课程的含义。增强课程开发意识，提高课程实施能力，是教师义不容辞的责任。我们不仅要关心设计出的课程是否完美，而且还要关注课程在学校的具体实施情况。

我们要明确的是，校本课程是学校自主决定的课程，它的开发主体是教师。教师可以与专家合作，但不是专家编写教材，由教师使用。教师开发课程的模式是"实践—评估—开发—追踪"，教师在实践中，对自己所面对的情景进行分析，对学生的需要做出评估，确定目标，选择与组织内容，决定实施与评价的方式。目前，校本课程开发的主体是教师研究小组，而不是单个教师。

校本课程的开发，主要是针对国家课程进行开发，以学校为基地进行地方性、特色性等课程的开发。校本课程强调学校、地方一级的课程运作，主张学校的教师、学生、家长、社区代表等参与课程的决策。校本课程开发是学校课程管理的组成部分，它需要有领导的支持、专家的指导、教师的努力和参与，需要得到全社会的理解、支持和评价。总体来说，结合实践反思，校本课程开发的程序主要有四个阶段：

（1）前期评估。评估是课程审议委员会首先必须要做的研究性工作，主要涉及明确学校的培养目标、评估学校的发展需要、评价学校及社区发展的需求、分析学校与社区的课程资源。

（2）确定目标。目标是学校对校本课程所做出的价值定位。它是在分析与研究需要评估的基础上，通过学校课程审议委员会的审议，确定校本课程的总体目标，制定校本课程的大致结构。

（3）组织实施。根据校本课程的总体目标与课程结构，制定校本课程开发指南，对教师进行培训，让教师申报课程。学校课程审议委员会根据校本课程的总体目标与教师的课程开发能力，对教师申报的课程进行审议。审议通过后，编入"学生选修课目录与课程介绍"。学生自愿选课，选课人数达到一定的数量后，才准许开课。在此基础上，学校形成一份完整的"校本课程开发方案"，教师在课程实施过程中或实施之后，撰写"课程纲要"（教师用的材料）。

（4）评价。评价是指校本课程开发过程中的一系列价值判断活动，它包括对"课程纲要"的评价、学生学业成绩的评定、教师课程实施过程评定以及"校本课程开发方案"的评价与改进建议等。评价的结果向有关人员或社会公布。

三、校本研发的再反思

研究结果表明，大多一线教师缺乏的不是先进的教学理念和优秀的教学资源，而是理念、资源与教学实践相结合的内心驱动和专业智慧。课题组所倡导的是"在行动中研究，在研究中反思，在反思中提炼，在提炼中成熟"，我们鼓励参研教师通过积极参加读书活动、课堂观察、研究故事分享、个体访谈、师生调查、成果展示、有主题的追踪反思，在行动中出数据，在实证中出结论，并及时反馈于教学实践。7 年来，学校的校本课程建设从无到有，课题级别从低到高，课题组先后编写校本课程资源 45册，教育科研与教师发展案例集、论文集、课堂实录 7 册，正式出版学术专著 2 册。从研究实践来看，课题组要重点关注如下三个方面：

1. 直面真实问题，明确研究主题

"教而不研则浅，研而不教则空"，课题组正是基于实践工作寻找真问题、对接自我需求创设真情景、比照研究领域凸显真效果，小课题做出大文章，小研究中收获大成长。每次课题组集体备课时，要求所有参研教师提交的选题要小、周期要短、易操作、易推广，避免步入"假大空"的误区，导致课题研究华而不实，与教学实践脱节。例如："二次作业设计研究"就是教师针对当下作业布置中"学优生吃不饱""学困生作业难"的问题而开展的小课题研究，这样的课题不仅目标明确，而且教师也相对容易把握，满足学生学习的个性化需求，形成各学科"二次作业设计范式"，让学生从"学会"到"会学"，让教师从"教会"到"会教"。

2. 把握关键要点，提升研究质量

建立课题小组微信读书群、摘录分享经典理论、撰写读书笔记、开展读书交流、编印读书感悟，引导教师在理论阅读中反思自己的教育教学实践，为教师留存一份成长记忆。课题主持人、主研、小组长作为研究中坚，就要集全组之智慧，借助区域内外专家、教授的力量，共同解读课标，一起研究大纲，梳理整合国家课程，开发特色校本资源，根据核心素养背景下大单元设计理念和学生的实际需求概括出最优的教学策略，打造适合自己学生的课堂教学，引领教师将实践教学中的思考逐步上升到理性认识。

3. 注重教研融合，助推五育并举

著名教育家陶行知曾说："先生的责任不在教，而在教学，在教学生学。"作为一线教师，我们时常需要思考和探究的重点是：什么研究方向是好课题？怎样的学习过程才能体现有效或是高效？什么样的校本课程有利于学生素养提高和终身发展？让每一位孩子在特定的情境中，在一定学习任务驱动下，在愉快的合作、互动学习环境中，能自然、有序地学习、操练和探究，进行实践体验、展示，让教师在培养孩子的同时成就自己。对于教师开展学科融合校本教研所取得的成果，学校应以激励性评价为主，鼓励教师个性化表达，从而让教师的成长看得见，让课程建设真正促进教育教学品质的提升。

总的来说，校本课程的开发与实施是学生个性发展、教师专业发展、学校特色发展的平台，三者的发展需要在学科知识综合化、教学方式多元化、管理能力艺术化上下功夫。校本课程的开发与实施、追踪与反思是课程改革带给我们的挑战，同时也是学校发展的机遇，是学校充分发展办学优势和特色，培养学生和谐发展、培养教师专业化发展的基本建设。校本课程的建设是一项长期而又复杂的系统工程，还有大量的问题需要我们去探索、去研究。

第二章 理论指导：
唤醒个体认知 案例指引研究

编者按： 理论指导——他山之石，可以攻玉，怎么避免闭门造车式摸索？怎么摆脱蜻蜓点水"传授式"的培养模式？从本模块开始，课题组主要通过网络研修、读书分享，学习上海、浙江等地课程建设方面有突出影响的学校的课程建设成功经验，有删减，有补充，深度学习，同质互助，群体共享，融合创新，踏踏实实走出一条怀远中学课程建设实践之路。

教育，引领师生快乐成长。从 2016 年 7 月开始，源于前期长达 10 年的教育教学实践，学校以校本教研、集体备课、课程开发为抓手，加快推进学校教研工作，开展特色教研活动，做到教研活动经常化、专题化、系列化，浸润特色文化，开发特色课程，课题参研人员努力做到了在教育写作中生长，在教育研究中成熟，在总结提炼中升华，绿色教育科研生态基本形成。

为了降低学校教师专业成长的时间成本，进一步促进四川省崇州市怀远中学师资力量的成长，整体性推动学校内涵式发展，课题研究团队始终坚持以问题为导向、以制度为保障、以行动来落实，积极开展校本课程研发追踪、教师队伍建设研究，探索和形成来自一线的、具体可操作的、促进教师"坐而合、教而研、研且改"的实践举措与经验，以此促进学生核心素养内化、教师专业素养提升、学校全面和谐发展。在第一轮（2015 年 7 月起）为期 5 年的理论学习、专家培训、实践研究的基础上，从第二轮（2020 年 9 月起）开始，我们采取网络研修、读书分享、实地跟岗、深度研讨等方式，以一种研究责任自觉、行为自觉的态度，多渠道、多角度开展课程研究，寻求教师专业成长的突破点，探究学校特色发展的着力点，力争走出一条怀远中学课程建设实践之路。

教育，传承人类智慧使命。如果将教师发展之路喻作"人生中的 100 里路"，那么教师的价值观、知识、技能和方法，属于"前 50 里路"，然而，"后 50 里路"却相对寂寞，很少有人行走其上。本篇从三个维度来具体阐释"职后教育"的"后 50 里路"的困惑、思路与举措。

第一节　理念的内化，源于唤醒

一、校情分析

四川省崇州市怀远中学，一所成都市农村寄宿制普通完全中学，现有在编在岗教职员工 282 人，其中专业技术人员 272 人，占教职员工总人数的 96.45%，特级教师 2 人，崇州市级及以上名师 18 人。

（1）职称方面：高级教师 83 人，中级教师 127 人，初级教师 62 人。

（2）学历方面：本科学历 244 人，研究生学历 23 人。

（3）年龄方面：35 岁以下的青年教师 48 人，占教师人数的 17.65%，五年内将退休教职员工 35 人，占教职员工总人数的 12.41%。

（4）性别方面：女教师 126 人，占教师人数的 46.32%。

近五年来，新入职教师均为硕士研究生，学历层次逐步提升，理论修养深厚，知识储备丰富，完全能够胜任教育教学任务。其中，中青年教师占比较大，优势明显，精力充沛、思维敏捷、信息技术娴熟，这是学校课程建设的宝贵财富，有利于推进课程改革，实施科研兴校战略，有利于推进学校持续稳定发展，提升学校的办学水平。但其劣势也不容忽视：一是缺乏科学思维，感性投入多，理性分析少，面对学生的疑难、偶发事件和压力时，畏首畏尾，谨小慎微，瞻前顾后；二是内心焦虑，没有获得感、成就感，缺乏耐挫力，遇挫折、失败、困境、打击或不公正的待遇时，易灰心丧气、一蹶不振；三是缺乏教育教学行为反思，不会反思就可能重蹈覆辙、原地踏步，定位不准，对自身职业成长没有规划。

同时，作为一所农村中学，初中分部教师老龄化严重，结构性缺编，他们虽然教育教学经验丰富，但因知识结构陈旧、专业素养固化，教育理念、育人方式、思维品质滞后，导致他们失去了教学激情，对各级各类课程与课标培训学习显得力不从心，对现代信息化教育技术运用与课堂融合不熟悉，与学生的代沟不断加大，这是急需解决的问题。

二、个体认知

2017 年 10 月，课题组面向全校一线教师做了一次关于教师专业发展的问卷调查，发放调查问卷 272 份，回收 272 份，参与问卷调查的教师比例为 100%，其中有效调查问卷共计 268 份，占比为 98.52%。本调查问卷主要包括教师基本信息、专业发展目标、专业提升策略、专业发展规划，共计 3 大类 20 个小题。调查问卷如下：

四川省崇州市怀远中学课题组教师专业发展调查问卷

尊敬的各位教师，你们好！教师的专业发展是教育教学可持续发展的核心和保障。为进一步了解我校教师专业发展的现状，请仔细阅读下列内容，并给予翔实的填写，以便于课题组对校情、师情的精准分析。

姓名（可以不填）：　　　　性别：　　　年龄：　　　学历：

教龄：　　　　职称：　　　　年级：　　　学科：

一、单项选择题

1. 您担任的职务是

□校级干部　□行政中层　□年级管理人员　□普通教师

2. 您每周课时数是

□ 6 节　□ 7~12 节　□ 13~18 节　□ 19 节以上

3. 近两年您参加过的培训是

□教研短期培训　　□省内外专业培训　　□学历提升进修

□没有培训

4. 您在教学中遇到问题时最常用的方法是

□和同事研究　　□网上查找　　□翻书查找　　　□凭经验办事

5. 贵校目前专业发展提升的主要方式是

□网络研修　　□集体备课　　□外出进修　　□专家讲座

6. 您每年度教育类书籍的阅读情况

□ 1~2 本　　□ 3 本以上　　□没时间读

7. 您撰写课后反思的情况是

□每天 1 次　　□每星期 1 次　　□每个月 1 次　　□从没写过

8. 您撰写教育教学论文的情况是

□每学期 1 篇　　□每年度 1 篇　　□经常写　　□从没写过

9. 您认为学校举办的校级课堂教学技能大赛

☐很有引领价值　　☐项目比较新颖　　☐需要改进　　☐没有意义

二、**多项选择题**

10. 您认为目前自己专业发展方面最需要得到提高的三项是

☐教育教学理论学习　☐多媒体信息技术掌握　☐学科专业知识提高

☐学历层次提高　　　☐教学技能提高　　　　☐教育科研能力提高

11. 您认为一个优秀的中学教师必须具备

☐崇高的敬业精神　　☐丰厚的教育理论　　　☐精湛的教学艺术

☐丰富的文化底蕴　　☐先进的教育思想　　　☐扎实的科研能力

12. 您认为教师专业成长最主要、最有效的方式是

☐专家指导　　☐课题研究　　☐校本教研　　　☐与同事研讨

☐上公开课　　☐集中培训　　☐外出脱产进修　☐理论自学

13. 在个人专业发展中您遇到的最大困惑是

☐教育理论知识不足　☐理论不能联系实际　　☐缺乏专家引领

☐没有时间学习　　　☐缺乏教育资源　　　　☐教研信息闭塞

☐没有发展目标　　　☐外部环境困扰　　　　☐缺乏发展动力

三、**填空题**

14. 您最擅长使用的教学方法是_____。

15. 您近两年读过的教育理论书籍有_____。

16. 您最喜欢的校本教研方式是_____。

四、**问答题**

17. 您认为目前我校教师专业成长的优势和特点是什么？存在哪些问题？

18. 关于青年教师专业成长，您认为学校教科室、教导处、课题组应该从哪些方面给予指导？从哪些内容上进行培训？采用哪种方式最有效？

19. 您最近五年的个人专业成长规划是什么？您有什么打算和措施？

从调查问卷中，课题组对教师们反映较为突出的四个问题予以了重点分析，结论如下：

第一个问题是，在个人专业发展中遇到的最大困惑是什么？86%的教师存在没有发展动力、没有发展目标的问题，48%的教师认为外部环境的困扰让自己无法静心学习，40%的教师则认为教研信息闭塞、缺乏专家引领、理论不能联系实际是最大的障碍。

第二个问题是，您认为一个优秀的中学教师必须具备的是什么？88%的教师选择了精湛的教学艺术，50%的教师选择了崇高的敬业精神和先进的教育思想，40%的教师选择了扎实的科研能力。

第三个问题是，您认为教师专业成长最主要、最有效的方式是什么？70%的教师认为与同事研讨和专家培训是最有效的方式，36%的教师选择课题研究与校本教研。

第四个问题是，您最近五年的个人专业成长规划是什么？您有什么打算和措施？大部分参与问卷的教师都没有明确的个人规划，缺乏对个体的充分认知，没有事业发展目标；部分教师则认为要加大外部环境的改变力度，减少不必要的与教学无关事务的干扰，拓宽校本培训的深度。

为了保证教师专业发展策略和路径的针对性与有效性，在问卷调查后，课题组又根据年龄、教龄、年级、学科选择40位一线中青年教师进行了一次"茶馆式"座谈。在轻松愉悦的氛围中，大家畅所欲言，我们真实地发现了问题所在。在中青年教师群体中，由于受社会、家庭和个体的因素影响，有的人不喜欢自己的工作，找不到工作的真正意义。而即使是认可自己工作价值的人，也会在日复一日、年复一年的重复工作后陷入无休止的职业倦怠。很多人或多或少都有这样相似的经历：上完一天班，感觉自己整个人都被掏空。跟父母吐槽自己工作太辛苦，反而被数落"矫情""不够努力"；跟朋友吐槽，反遭一脸嫌弃"我怎么没有呢？"，内心本就无力，挫败感不言而喻。

简单地说，虽然我们还有工作能力，但在心理上、行为上已经完全失去了工作的动力。究其原因，无非是一些所谓的跟工作无关的繁杂琐事，包括家庭的、社会的，把我们教师个体内心的激情耗尽。当然，还有就是工作带来的"我不行"的无力感，让教师越来越频繁地开始怀疑所做工作的意义，大家对自己工作是否有贡献越来越不关心，把工作带来的焦虑延续到生活里，带进家庭中，导致大家越来越疲惫，不愿社交。

从本质上看，要想缓解内心的焦虑、减轻职业的倦怠，提升成就感、获得感、幸福感，还得从工作本身着手。很多时候，我们厌倦了，疲惫了，并不是因为工作内容本身影响了我们，也不是我们没有能力来做好这些事情，而是我们的工作环境和工作压力太大导致的。面对以上情况，其实我们最想做的不是教学方法上的指导、价值观的引领，毕竟在当下，合理的价值取向，对于"什么是好教育""什么是好课堂""什么是好教师"，大家已然拥有，或许知道的还并不算少，但在具体工作中，他们却缺少坚持的勇气、改变的勇气和创新的勇气，总是在惯性的"慵懒"状态里得过且过，如无意识地翻手机、陷入琐碎的柴米油盐、忽略身边的人和事、冷漠、愤怒、抱怨。

心理学上有个 ABC 法则，A 是事情，B 是认知，C 是情绪。很多人一旦不开心，就觉得是 A 出了问题，但实际上，出问题的可能是 B 或者 C。庄子讲过一个"方舟济河"的故事，一个人乘船被撞，便勃然大怒，以为有人故意冲撞自己。但是，当他突然发现撞过来的船上没有人，于是怒气瞬间消失。决定情绪的不是事情，而是个人对事情的认知。

因此，为了课堂改革、校本教研、课程建设，我们最想做的是意识的唤醒、认知的转变、思维品质的培养和教育激情的点燃。试想，作为"靠嘴"吃饭的社会群体，在教育中，我们经常劝诫学生，要坚持、坚守和坚定，有信心、恒心和决心，可真到我们自身，却没有了"虽千万人吾往矣"的勇气。诚然，在教育教学过程中，有这样或那样的检查、验收、评比，有些看似跟教学无关，但实则在规范教学；有些看似与学校无关，但毕竟在让孩子接触社会。我们不能以此理由作为影响自己情绪、安于教育现状的借口。

三、意识唤醒

在教育实践中，我们不讲大道理，只想说点实话，干点实事。无论是新课程、新课标，还是新高考，我们经常给学生讲的都是"核心素养"的提升、思维过程的指导和思维能力的培养，可我们较少反观教师的思维能力和思维品质，这其实违背了常识。大家可以想想，教师思维品质如若不高，何谈对学生思维能力的培养？所以，我们在讲学生"核心素养"提升的同时，更要大讲特讲的是教师的"专业素养"的提升。就一个教师通常的发展轨迹而言，当他积累的教学经验达到一定程度之后，其思维品质的高低，尤其是思维品质的提炼度、精细度、创新度和融通度，既影响了他如何凝练和表达自己的经验，更决定了他今后职业生涯的宽度、高度和深度。

如果我们没有了"改变自我的勇气"，不去思考如何转变对教学理念、思维方式与思维习惯的自我认知，就很难打破对改变可能带来的"迷惘"和"失败"的畏惧。我们可以看到的是，当前各个学校、各级部门为了教师的专业发展和梯队建设，采取了各种措施和办法，如"灯塔人物""名师"工程和"创新培训""强校举措"，无不是在为青年教师的"职后教育"、骨干教师的"二次成长"、名优教师的"辐射引领"铺垫一条条专业技术的晋升渠道，但其效果因人而异、因境而变，这一切都源于意识唤醒的程度不同、思维节奏的步调不同、行动跟进的力度不同。

哈佛大学的幸福课风靡全球，教授这门课的泰勒·本-沙哈尔认为："幸福取决于你有意识的思维方式"。说到这里，我们要清楚的是，在所有教师"核心素养"要素中，其实最容易被人忽略的，也是最关键的一点，就是教师的思维品质。若思维品质跟不上教育教学的需要，也就没有教师的持续发展，更没有教师的高端未来。还有就是，教师既是"读书人"，也是"教书人"，如果教师都没有"转变自身的决心"、没有"探究未来的兴趣"，我们怎能指望"自身都没有工作激情的教师去呵护和激发孩子对未来的信心与憧憬"。

就专业发展历程而言，一方面，教师在漫长的、周而复始的教学生涯中，不知不觉失去了工作的激情，这可以说是教师陷入职业倦怠的主要根源之一。当我们认定某位教师产生了"倦怠"，实际上等同于他失去了"情趣"。另一方面，可能也是最重要的，在于"点燃教师激情"是教师创造和教学智慧的源头活水。爱因斯坦曾说："我没有特殊的天赋，我只是极度好奇"。即使"好奇"不是"天赋"的一部分，也可以弥补"天赋"的不足，只有通过好奇才能生成学习冲动、探究冲动和创新冲动。下面是两位教师的职业规划和生涯感悟，从中我们可以透视和分析一线教师的内心世界。

教师1：田光辉，2016年毕业后一直在怀远中学工作。

六年来，我顺利完成了社会角色的转变，从一名师范生到一名高中物理教师，再到一名努力成长中的高中物理教师。在此期间，我先是承担两个班的物理教学工作，然后又回到了西华师范大学进行了全脱产研究生学习，获得了硕士学位；2020年9月，我重返教师岗位并担任班主任。随着自己的不断成长，我感觉到自我发展的步伐因各种约束和限制而逐渐放慢。那么，怎样才能拓宽自我发展的空间？做之前有明确的目的和方向，才能顺利进行。自我分析未来的个人发展规划是刻不容缓、势在必行的大事。针对自身情况，制定了个人职业发展规划，为自己未来的发展指明方向。

一、自我分析

感觉自己在学习上很放松，由于缺乏学习，工作中缺乏思考，无法创造性地开展工作。在教学工作中，对"学困生"的指导不够，没有营造一个适合他们的快乐的学习氛围。教育研究能力薄弱，驾驭教材、设计课堂教学的能力和教师的语言水平有待进一步提高。

二、未来的规划发展理念

认真学习新的教育思想，提高自身素质；不断丰富文化背景知识，提升实施素质教育的能力。教学常规与教学科研共同发展，向科研型教师发展。实现课堂教学达标，教学行为目的明确；关注教学过程，能够及时有效地控制教学；注重教学质量和效果。始终把工作和思考结合起来，在思考中工作，在工作中思考，创造性地工作。

三、具体措施

一是认真备课，增强备课的思想性、科学性、创新性和有效性。根据班级学生情况，每节课都是"有备而来"，每节课都是课前充分准备，写适合学生的教案，选择适合学生的教学方法，准备适合自己的教学风格。

二是在课堂上利用各种形式吸引学生的注意力，增强学生的学习信心，努力抓住例题，争取每个学生都掌握例题，做到举一反三。具体措施：做好阶段性测试。一方面，可以检验学生听课的效果；另一方面，经过测试，可以让学生知道，只要在课堂上认真听讲，就可以获得高分，从而增强学生的学习信心，增加他们在课堂上认真听讲的动力。

三是认真学习教育教学理论，提高自身理论素养。利用一切机会参加各种讲座、交流或研讨会，向专家和同行学习。认真参加每一次教研活动，多听课，听好课，取长补短，积极与指导老师交流。

四是做好教学反思。反思是我们不断进步的阶梯。每节课结束后，要及时做好反思工作，总结这节课的不足，提高自己的教学能力和专业水平。

教师2：张永明，2005年毕业后怀揣着对教育的执念，登上了梦想中的讲台。

在我看来，教育的初衷，一定源于教育者心存的爱心，一颗大爱之心。爱自己，爱家人，爱他人，爱国家。有爱，才能成就教育。苏霍姆林斯基说过："没有爱，就没有教育。"

我的教育生涯的开端，是从学校春晖行动开始的。这个活动让我结识了一大批优秀教师。在我前进的路上，他们对我的帮助尤为重要，在他们的教诲下，我一步步成长、成熟起来。其中，乐观善良的莲姐，大气沉稳的语文组掌舵人智勇师父，豪气干云、朗诵一绝的辉哥，崇尚自然、爽快耿直的德良师父，谦逊内敛的继昂老师，一直激励和肯定我的天文师父，虽面带严肃但又非常关心我的龙哥，还有一直给我机会深入教研、展示自我的超哥，当然还有把我带入教学舞台、引向教研新高度的名师工作室领衔人曹诚师父……

著名教育家巴特尔说："教师的爱是滴滴甘露，即使枯萎的心灵也会苏醒；教师的爱是融融春风，即使冰冻了的感情也会消融。"在教室的每个角落，我们留下了欢声笑语，也留下了难忘的回忆。因为陪伴，所以收获：一股股问候的暖流汇聚起来，一声声问候迎面送来；一声声关怀，让我热泪盈眶。因为爱心陪伴，所以收获满满……

在教研上，我积极参加各类赛课，获得校级、县级、市级二等奖、一等奖和特等奖；各类课题研究也深入开展。同时，走出成都，与同行交流：在绵阳参加的第五届"巴蜀好教育联盟"说课比赛中获得二等奖；在曹诚名师工作室送教雷波县活动中，授课获得雷波县教体局嘉奖。作为一个有着17年教龄的中青年教师，我始终在内心告诫自己，在未来的教育教学道路上，以责任相承，以爱心相伴，终将成就自我。

总之，和经营婚姻一样，课堂教学、课程建设、教师专业成长也需要用心经营。在课题组看来，现行教育倡导的"以生为本"或者说是"以人为本"的理念，其实就是对学生的生命及其成长充满好奇，那些有关学生的点点滴滴的日记、日志等各种充满真情的珍贵记录，不就是教师对学生充满了好奇的明显标志吗？也正因为有了这样的好奇心，教师才会产生对学生的"一瞬间的凝视"，才会把学生装进心里，进而自觉关注学生、研究学生、影响学生。

第二节　案例的引领，立于反思

斯坦福大学心理学教授德韦克认为人的思维有两种：一种是成长型思维，另一种是固定思维。对固定思维的人来说，人生的种种挑战就是一场场考验，考验失败说明自己无能。失败会对其身心产生巨大打击，不愉快的情绪接踵而至。但是，对成长型思维的人来说，人生的种种挑战是一个又一个的台阶，考验失败，只是说明自己仍需努力。他们不会一蹶不振，而是在失败中寻找进阶之道、在失败中不断完善自己。中国人常说："吃一堑，长一智，经一事，长一能。"本事是练出来的，只有在事上磨炼，一个人才能有所成就。

也许，当你真正静下心来，和其他教师一起坐下来，聊聊课堂教学中的某个片段，或许是精彩的环节，或许是不足的细节；谈谈教育中的某个疑难点，也许是让你难过的学生，也许是让你倍感尴尬的场景，大家一起出出主意，提提意见，畅所欲言，笑骂几句，思路就清晰了，问题就解决了。于平常中教研，于教研中反思，以小见大，由点及面，自然而然地，我们个体的内心疑虑消除了，课堂教学质量提高了，幸福感也就油然而生了，所以人们经常说办法总比困难多。

在前五年的实践中，我们借助的是理论学习、专家培训、课题助推、机制激励，提升课程建设研究团队的领导力，点燃各位参研教师的研究激情，以此促进新老教师的专业成长，成效显著，教育科研成绩突出。2020年，怀远中学被成都市教科院评为成都市级教育科研先进单位。在2019年、2020年的高考质量评估中，怀远中学连续被评为成都市高考质量优秀学校、成都市级进步最快学校。但客观地讲，透过研究、实践、反思、再实践，也让我们看到了个体认知的不足，意识唤醒的重要，先进理念的缺失，也明显发现了研究的瓶颈、现实的困惑、发展的阻力。

因此，在本轮实践中，我们希望通过理念指导、名校跟岗、案例引领、深度研讨，来引领大家竭尽所能地唤醒自己、打开自己、改变自己、成就自己。毕竟，一个人的智慧不够，才会生出无边烦恼，情绪永远是智慧的天敌，智慧永远是情绪的克星。一般情况下，人们只看到鸭子在水面上悠闲安逸地游动，但潜入水下后你就会发现，原来它的蹼一直都在拼命地划动着，没有一刻停歇。生活就像水中的鸭子，每一个光鲜亮丽的背后都隐藏着你无法想象的坚持和拼搏，优雅需要底气，华丽需要实力。纪昀的《阅微草堂笔记》有言："心心在一艺，其艺必工；心心在一职，其职必举。"作家刘同说过，"你必须非常努力，才能看起来毫不费力。"那些漫不经心的轻松与自在，不过都是短暂的错觉。唯有没日没夜的努力，才是生活的真谛。

一、案例 1：以理念为指引 以变革求发展

知识经济时代，各地的学校教育都在不断突破和创新，以培养学生解决问题和应对未知世界的能力。要判断一所学校是不是算创新学校，就要看它的课程变没变。如果课程结构没有变，形式上再怎么"翻花样"，都只能是隔靴搔痒。因此，校本课程建设案例分享与交流论坛第 1 期，课题组组织学习、共同研讨的主题是：学校走向未来的目标是什么，以怎样的有效路径来激发一线教师的参与热情，所需要面对的具体问题以及相应的解决策略是什么，学校整体变革如何推进，变革的路径如何？变革型领导理论的提出为开创学校变革新局面提供了思路，为我国普通高中学校的变革寻求了一条内生之路，这是当前值得学校校本课程课题组研究的重要问题。下面我们通过学习上海市奉贤中学、成都武侯高中、成都铁中的经验，批判借鉴，触类旁通，为我所用。

1. 变革架构

一个学校的发展，校长是魂。作为学校变革、课程改革的倡导者、组织者和领路人，校长要理念先行，带领课程建设团队群策群力、集思广益，充分运用自身的人格魅力和学校的文化引领，以意识唤醒、前景激励、智慧激发、思维培养、行动执行为基本的变革策略，利用课程建设的管理艺术激活学校科室部门的工作职能，利用自身的课程建设领导力激发学校各位教师的优势潜能，把学校做大做强，在成就了学校的同时，也成就了教师和学生，反之亦然。

2. 变革策略

在核心素养背景下，发展学校特色，追求特色办学。各个学校之间同质竞争日趋白热化，校长既要积极引领学校迎接外部环境的机遇和挑战，又要努力解决学校内部变革的重重障碍。如果没有学校顶层办学理念的设计、没有课堂教育教学行为模式的改变，也就不可能带来学生学习方式的变化。

（1）前景激励，明晰学校变革方向

上海市奉贤中学的经验是，积极吸取教职工群体的智慧，通过一系列的座谈、访谈，与全校教职工和家长达成共识，以教代会的形式通过了《上海市奉贤中学行动纲要》，并以此作为全校师生实现学校愿景的行动指南。有了学校发展目标的价值引领，就可以凝聚人心、引领团队向共同目

标迈进，促进学校的良性发展。在此基础上，通过召开专题会议的形式，对某一特定问题，参会人员之间互相交流、互相激励、互相修正、互相补充、集思广益，从而产生大量的新设想。这种集体性发散打法，可以鼓励教职工对陈旧观点提出疑问，从新的角度提出解决问题的思路。

例如，以"城郊高中激发学生发展潜能的实践研究"课题为纲领，围绕六大方向进行变革：落实"奉贤育人"，创建德育特色；打造学校特色课程，完善课程体系；关注激发学生潜能，深化教学改革；注重传承与创新，深化教学改革；倡导智慧型领导，提升管理效能；强调项目驱动，优化教育科研。对这些措施，校长不是依靠自己的行政权力和制度推动，而是通过德育论坛、学术论坛、教学评比活动、管理经验交流、课题成果展示等方式不断激发管理团队和教师个人的思维活力，让每一个人都利用他人的想法激发自己的灵感，或集合多个人的想法而产生新的设想，这种获取变革智慧的方式，创造并成就了上海市奉贤中学的变革创新。

（2）魅力领导，身体力行引领团队

校长，作为学校课程建设团队的核心人物，必须善于建立并维持好学校团队的关系，只有善于理解师生的情绪和需求，稳固与师生的人际关系，才能有效地管理学校。校长身先士卒，身体力行，战斗在第一线，要具备责任心强、善于学习、敢于负责、高瞻远瞩、乐观热情幽默等领导素质。班杜拉的社会学习理论告诉我们，人的工作热情和积极性是具有相互感染性的。校长的这些素质会促使教师心态更加包容与和谐，工作更加热情和投入，同时他们会更尊重同事、乐意帮助同事，从而提高教师的单位认同感，并在压力之下产生强大的向心力和凝聚力。

例如，从曾经的铁路子弟学校，到如今的成都市知名高中，成都铁中良好的人文关怀、和谐的干群关系正是它得以发展的关键所在。校长在充分了解和判断教师个性的基础上，有针对性地关心教师工作和生活，或关注，或移情，与教师既有工作关系又有私人联系，促使圈外人转成圈内人，提升教师对校长的信任度，教师对学校的黏合度，从而改变教师的工作态度，激发教师向专业的更高层次发展，促使教师做到平衡学校利益与个人利益。

成都铁中杨云雄校长经常以"校外正直，校内耿直"要求自己，鞭策自己，以具体的行动体现管理魅力，积极参加教师和学生的各项活动，如教工运动会、校级排球赛、区级篮球赛、初高中衔接课程、省市级专题讲座等，校长的活力和热情感染了团队，影响了学生，带动了教师。无论是质量提升还是疫情防控，无论是早晚自习还是课堂教学，总是能够看到校长"巡视"的身影，他一直与大家站在一起，攻坚克难。校长的以身作则、身体力行，赢得了大家的尊重和学校的发展。

我们不得不承认：校长的魅力远胜过"权力"，领导的一言一行会成为舆论焦点并被广泛效仿。榜样的力量是无穷的，领导率先垂范非常容易激发组织成员的崇敬感，为引领团队积极变革增添凝聚力量。这样的人文关怀，促进了教职员工的心理健康良性发展，产生了校长与教师都设身处地为对方着想的移情思维。这样的干群关系，是学校变革的心理黏合剂，促使干群双方相互理解、彼此宽容、交流合作，减少了学校课程改革的阻力，赋能教学创新，促进学校变革。

3. 变革路径

（1）变革初级阶段，聚焦结构变革

一是调整优化师资结构。凡事预则立，不预则废。积极引导教师制定专业发展个人规划，使学校和教师专业发展有共同的愿景，加强学历结构和职称结构合理、身心健康、经验丰富的名师梯队建设。制定涵盖课程、课堂、德育、师德师风在内的多条指标的基础型评价制度和发展性教师评价制度，实现教师由管理学生向引导学生的转变，明确自己在教学中的主导作用和学生的主体作用。

二是调整课程教学结构。引领教师对"活力课堂""高效课堂""生命课堂"的不懈追求，开发校本课程，打造导学案，优化基础型课程校本资源；制定基础课程分年级执行标准，使导学案序列化、系统化，使导学案能更好地适应校情、生情；加强教学常规管理，优化教学环节，培养学生良好的学习习惯。课程教学结构的调整，使学生在课程学习上能自主学习和主动学习。

三是调整学校管理结构。借鉴扁平化组织理论，采用扁平化管理。上海市奉贤中学建立了"五大中心"（行政服务中心、课程教学中心、学生服务中心、教师服务中心、质量保障与研究发展中心）和"三大部"（高一、高二、高三）。又如成都市第五区域联盟温江中学，除校长室外，还设立了教师发展与教学管理中心、学生发展指导中心、教育科研中心、信息技术服务中心、教育教学服务保障中心、竞赛与考试中心。结合各地各校扁平式管理经验，怀远中学于2017年开始进行了年级分部管理结构的调整，优化了处室职能，下移了年级重心，减少了管理层级，提升了组织效能。

（2）变革中级阶段，聚焦机制变革

基于课程视角，校长要发挥校内外教授、专家、名优教师的学术影响力，推动、引领教师的专业发展，建立一些旨在满足德育建设、教师发展、课程建构、科研体系的新机制，以便最大限度地利用和开发学校现有资源，释放教师专业潜能，调动他们的积极性，力图在形成合力的基础上实现变革。

以笔者实地跟岗学习的成都铁中为例，这个阶段，校长作为课程改革、学校变革的倡导者、组织者和领路人，以目标为引领，以执行为保障，充分协调各部门、各科室和各年级的作用，实现了学校结构整体性功能的发挥，确保微观教育机制变革的顺畅，实现由结构变革向机制变革的转变，初步形成了学校特色。

一是德育工作从日常管理走向课程建设，知心慧学。以"守正出新，重道立人"的办学思想为引领，以"心理健康、亲清家校、生涯规划"的立人课程为特色，构建了"全员、全面、全程"的德育体系，形成学校德育特色。

二是课程机制从全面优化走向特色发展，完善课程体系。以"协调发展，各有所长"的办学理念为指导，五育并举，深度融合，提升课程领导力，以省市级专家学术委员会为龙头，提升视野高度，提高课程厚度，落实"高中理综品牌创建"项目，改进人才培养模式，促进特优生卓越发展。

三是教学机制从注重传授走向激发潜能，深化课堂改革。从新教师"半期四轮"的培养模式，到骨干教师校、区、市、省四级赛课的集备文化，从"教会"到"学会"，从"学会"到"会学"，完美诠释了以"生本课堂""活力课堂""高效课堂"为平台，落实"以学定教""因材施教""不教而教"的教学理念，探索课堂教学模式，激发学生发展潜能，提高课堂教学质量。

四是管理机制从制度自觉走向行为自觉，推动教师专业发展。一节理想的课堂，首先要有一个优秀的教师。在重点培养青年教师的同时，关注学校教师的群体发展，健全分层激励、分层递进的教师发展机制，打造一支结构合理、充满活力、有视野高度的研究型、专家型教师，从思想自觉、行动自觉，到研究自觉，内化育人魅力，外显责任担当。

五是科研机制从经验提升走向项目驱动，加强科研领导力。实施从经验提升到项目驱动的科研战略，形成引领学校发展的课题研究群；营造浓厚的科研文化和学术氛围，完善支持科研的管理制度，加大考核奖励力度，增强教师的科研意识和能力。在基于实际问题解决的草根式、问题式行动研究中，帮助教师提高专业能力和育人境界。

六是管理机制从规范管理走向智慧领导，优化学校发展思路。拓展"人文化、科学化、信息化"的管理路径，健全以"主动、优质、共享"为特征的管理机制，致力于办学思想和办学理念的传承与发展，形成言而有信、行而有据、文化自觉、主动担当、共谋发展的良好局面。

我们可以发现，无论什么样的教育变革，最关键的都是课程是否变了。当然，课程的改变，不是简单的加几门茶艺课、3D打印课程、社团课程，而是整个课程结构发生了变化。"双新"背景下的学校变革、课程改革，每一项举措、每一种行为都是凝聚人心、激励教师、影响学生发展的一种"场"，这种场是催生全校所有师生共同发展力量的源泉。我们只有依据变革的内在思维路径，通过研究变革过程中人们的思想观念、情感因素，处理好顶层设计、管理制度、行为文化的协同与变革关系，持续改变整个学校的运作与管理模式，建设课程、课堂、学习、评价、管理、师生发展和学校组织全方位融合的文化，促进学校优质特色发展，才能创造出风清气正的学校教育样态。

二、案例2：走向课程研究自觉的美好境界

办学最重要的是讲求客观、务实，回归教育本真。校长，作为课程建设的引路人，其个人喜好和经验应主动让位于教育规律本身，让位于孩子从小学、初中到高中的认知与成长规律。唯有主动研究，自觉实践，让课程真正发生了变革与重构，才是教育理念的彻底颠覆。当然，这需要校长的智慧和勇气。学校是学生走向社会之前的"社会"，因此，学校课程不一定追求高大上，但必须要接地气，为学生提供探索、试错、失败的经验。这样，他们方可从容面对复杂的社会，去处理、去解决真实生活中的各类问题。

在非洲草原上有一种"尖毛草"，虽然它有"草地之王"的美称，但它的生长过程十分怪异。在最初的半年里，它几乎是草原上最矮的草，只

有一寸高，人们甚至看不出它在生长，但在半年后，在雨水到来之际，尖毛草就像是被施了魔法一样，每天都在疯狂生长。短短几天，它就会窜到两米多高，形成一堵"凭空出现"的"墙"。其实，在之前长达六个月的时间里，尖毛草都在扎根土壤，它的根部竟然长达28米。它不动声色的为自己积蓄力量，只等待一场大雨的降临，而大多数人往往只见证了它疯狂生长的过程，至于它如何扎根于土壤，如何抵抗住风雨侵袭，却一概不知，这就是"尖毛草定律"。

行走在人世间，哪有什么捷径可言，课程建设也是如此。为了进一步提升学校省市级课题主研人员的研究水平，积累课题组的管理实践经验，校本课程建设案例分享与交流论坛第2期，我们线上研修的主题是上海市教育科学研究院兼中国教育学会目标教学专业委员会副理事长杨四耕的学术文章《走向课程自觉的美好境界》，专著的主题就是通过课程建设的自主研发，课程研发的思想自觉、行动自觉，构建以课程建设提升学校整体质量的有效途径。

学校整体课程规划是自主性变革的关键路径，它需要学校多主体共同参与，分析学校课程情境、厘定学校课程哲学、确定学校课程功能、设计学校课程框架、布局学校课程实施、思考学校课程评价、探索学校课程管理，这是学校课程决策、课程设计和课程编制有机统一的过程，由此学校便走向了课程自觉的美好境界。2019年10月，由成都市教育科学研究院组织各县（市）区教育科研骨干教师赴上海参加了"四川省成都市教育科研高级培训班"线下学习，共计两周时间。在上海市教育科学研究院普教所培训中心主任、上海市特级教师祝庆东的组织下，大家聆听了10余位专家、教授的精彩讲座，学习拜读了各位国家级课题团队及个人的研究成果，学习了上海市教育科学研究、上海市实验小学等单位先进的课程研究经验。下面是关于上海市杨四耕专家《走向课程自觉的美好境界》的主要内容，有删减，供大家一起阅读分享。

第一，我们要明确的是，自主性变革不是一个简单概念，而是一种思想、一种行动、一种有密度的文化自觉，它包含清晰的课程自知、透彻的课程自在、积极的课程自为、深刻的课程自省以及持守的课程自立等文化特质。如何寻找一条务实可靠的课程变革之路，让学校迈向自主性变革呢？自主性变革意味着一所学校自觉地感知到学校整体课程谱系，自觉地意识到学校课程变革逻辑，自觉地基于学校整体课程规划建构自己的课程模式。我们的实践和研究表明，学校整体课程规划是自主性变革的关键路径，是提升学校课程品质的有力抓手。

第二，所谓学校整体课程，是指为实现育人目标，整合包含各级（国家、地方和校本）各类（语言、逻辑、科学、艺术、健康、社会）课程在内的课程之总体。学校整体课程规划是课程决策和课程编制过程的有机统一。它是随着学校课程自主权的获得，为推进有逻辑的学校课程变革而研制的、指导学校课程实践的文本，是课程权力分享与课程决策统一的过程。基于这个有机统一的过程，研制学校整体课程规划需要我们做好以下七个方面的工作。

（1）分析学校课程情境。学校课程情境包括外在环境和内在情境。其中，外在环境包括时代发展背景、地域文化背景、社区环境，内在情境包括学校办学传统、办学条件、学生生源与学情、教师素质与结构等。学校课程情境分析应该把握教育发展的趋势、学校所处的文化生态环境有哪些优势，哪些可以开发成为学校的特色课程，社区有哪些优势资源，学校的办学传统如何扬弃，学校内部拥有哪些优势与不足，学生的学习特点和需求以及教师方面的优势与不足等。当然，也应了解学校现有课程的情况，发现学校课程存在的问题等。

（2）厘定学校课程哲学。学校课程哲学是一所学校课程建设的价值追求。我们认为，学校课程哲学是学校教育哲学的有机组成部分，是对"课程是什么"的校本化理解，是关于学校课程的意义抽象和价值概括。学校课程哲学不是学科意义上的哲学，而是观念层次上的哲学；不是整个教育层面的，而是具体学校层面的，是学校自主建构的、指引学校课程变革的核心精神与理念。学校课程哲学是学校课程变革的灵魂，贯穿学校课程变革之始终，对学校课程建设有直接的指导作用。就方法论而言，学校课程哲学的生成要有对课程自在处境的清晰认知，包括研究学校的历史和课程发展现状，进而把握学校教育哲学和办学理念，以使学校教育哲学、办学理念与课程理念在逻辑上内在相连。

（3）确定学校课程目标。课程目标是育人目标的具体表现，也是课程功能的现实表征。可以说，目标定位直接"牵引"着课程功能定位。研制学校整体课程规划，要立足学校实际，确定育人目标；在此基础上，基于学生特点、学科发展以及社会要求三个"筛子"，对育人目标进行合理的年级分解，形成有机对接的课程目标体系，以便于下一步设计目标导向的学校课程框架。

（4）设计学校课程框架。我们的研究和实践表明，研制学校整体课程规划，既要关注学校课程的宏观、中观和微观三个层次，又要关注学校课程的实质结构和形式结构，基于特定的逻辑对学校课程进行合理分类，做到不交叉、不重复。在此基础上，还要进一步按照年级和学期进行课程布局与设计（课程设置），以构建学校整体课程体系。因此，基于课程结构的深刻理解，把握学校课程的横向分类与纵向布局，是设计学校课程框架的基本思维。

（5）布局学校课程实施。布局学校课程实施最重要的就是要按照立德树人的要求，优化教学方法，掌握现代技术，重视差异教学和个别指导，探索课程整合，推动学习方式变革。特别是要从丰富学生学习经历的角度，充分考察学校课程实施的多维途径和多样方式，如课堂教学、校园节日、社团活动、研学旅行、创客空间、艺术表演、故事沙龙、仪式教育、隐性环境等。多维课程实施途径的本质就是落实全面育人、全策育人，就是落实学习方式变革，就是育人方式变革的重要方面。我们的学校要基于学校课程哲学，善于将每一条途径做实、做活。

（6）思考学校课程评价。课程评价是基于一定的标准，采用定性与定量的方法，对课程立意、设计、投入、实施和效益等方面做出价值判断并寻求改进的活动。课程立意的评价即对学校课程理念的评价，指标在于是否与学校教育哲学相一致、是否与学校发展实际相一致、是否与学习者的需求相一致等；课程设计的评价包括课程结构、内容和课时分配的评价；课程投入的评价主要包括资源、人员、环境等的投入情况；课程实施的评价主要关注实施途径的全面性、学习方式的多样性以及教学过程的有效性；课程效益的评价则主要是以课程目标为依据，考察学生的发展情况、学生的满意度及其他相关主体的满意度。

（7）探索学校课程管理。课程管理是提升学校课程品质的重要手段，就具体手段而言，学校课程管理主要包括以下四个方面：一是价值引领，也就是学校课程所有要素都应该按照学校课程哲学的意涵来推动，学校课程哲学应该渗透学校课程运行的全过程。二是组织建设。学校课程管理的组织机构设立包括人员配备、机构建立及责任分配，即学校领导班子的领导与监督、全体教师的素质与结构、学生的全程参与、专家介入、家长和社区的支持，课程领导小组的建立等。三是资源利用。课程资源方面是指学校的硬件设备，包括基本设备，如图书馆、实验室、活动室等，与学校课程直接相关的条件准备，如特色教室、校本教材等；也指学校的在地文化资源，要求学校在已有条件基础上，尽可能开发新资源，提高资源的利用率。四是制度建构。课程制度是影响课程有效实施的重要因素，包括课程计划的制订、教师角色与责任分配、课程审议等方面的规约。除了这几种管理方式，还有时间管理、主体参与、课题研究、课程研修以及特色聚焦等方式，都有利于推进学校课程发展。

学校整体课程规划实质上是学校充分运用课程自主权，聚焦课程的全维度要素及其相互作用机制，推进学校自主性变革的路径和方法。就思维方式而言，研制学校整体课程规划要综合采用归纳与演绎的循环思维，采取理论与实践多维互动的方式，既考虑课程理论的意涵，又不脱离学校实践场景，研究与行动有机结合，设计与实践合理融通，总结与提炼不断互动，实现理论与实践的双向融合与互补，推动学校课程自主性变革。这也说明，自主性变革是多主体共同参与的文化自觉过程，是对学校课程变革进行意义赋予的群体共舞过程，是"课程人"追求心灵自由与解放的过程。

教师的专业成长，本质上是对教育教学问题解决能力的提升过程。面对丰富的实践和专业的挑战，自主性变革不是一个简单的流程，它需要我们在学校整体课程规划与实施中不断反思与提升，如此才能走向"研中明，明中得，得中立"的课程研究自觉，最终走向"立中成"。诚如费孝通先生所言："文化自觉是一个艰巨的过程。"课程研究自觉，自主性变革需要聚焦课程改革的关键领域和主要环节，坚持整体规划，精细设计，统筹协调，深度推进，最后实现"五育"并举与融合的政策要求。当我们通过自主性变革，有了清晰的课程自知、透彻的课程自在、积极的课程自为、深刻的课程自省以及持守的课程自立的时候，我们便作为"有创见的主体"主动地介入课程决策、设计、实施、评价与管理的全过程之中了，学校课程深度变革便自然而然地发生了，教师会有更高的职业认同度，也更容易增强他们自觉发展的意识，全面提高教育质量便有了可能。

三、案例 3：高中"三个三"课程范式构建

纵观古今中外的学校发展史，我们经常能够看到这样一个现象：当一所学校发展到一定程度时，就会出现"天花板"效应，停滞不前，甚至可

能因为某些原因而倒退。究其原因，主要还是缺乏新目标、新理念，也就是没有了新活力、新方向。在"整全育人"的理念指导下，一个校长要做的就是，找准目标定位，优化管理系统，激发师生动力，在专业培训中，让教师与专家"面对面"；在课题研究中，让师生与课堂"题连题"；在课程建设中，让学校与教师"点对点"，以此形成正向合力。

哲学家泰戈尔说："光明就在我们的面前，只要你能捱住痛苦，走过重重黑暗，你的负担将变成礼物，你受的苦将照亮你的路。"终有一天，你吃下的苦累、熬过的寂寞，都将点亮你的前程。就像那满池塘的荷花，只要肯相信、肯坚持，初荷开过之后，必有一个盛大的夏天。荷花如此，人也是这样，不要担心你此时此刻的付出得不到回报，所有付出都在为未来积累。真正内心强大的人，都经得起世事打磨，耐得住人间寂寞，而我们与强者的区别，往往不在于智商、能力、模式，而是坚持与毅力。

我们要学习荷花的精神，有积累，有沉淀，有反思，有实践，才能进一步把课程建设工作落到实处。

校本课程建设案例分享第 3 期，我们学习、研究、讨论的是江苏省海门中学"三个三"课程范式构建，该模式在《江苏教育》2020 年第 7 期发表。江苏省海门中学创建于 1912 年，在 100 多年的办学实践中，积淀了丰厚的课程文化，在正高级教师、江苏省特级教师石校长的带领下，学校先后成为国家级新课程样本学校和江苏省基础教育课程改革先进集体。在高品质示范高中创建过程中，学校牢固树立"以优质课程立校强校"的发展理念，在传承优秀课程文化的基础上，面向新时代育人要求和特点，不断改革创新，探索形成了"三个三"课程范式，成为新时代高中教育的育人典范。现将该校"三个三"课程范式经验分享于下，有删减，供大家借鉴、研讨、调研、实践。

"三全"课程目的。一是全面贯彻党的教育方针，二是面向全体学生，三是促进学生全面发展。课程建设以"促进学生全面发展"为育人导向，聚焦"核心素养"，加强学生正确价值观念、必备品格和关键能力的培育，致力于让学生成为既有理性又有德性的"完整的人"，既有知识又有能力的"有为的人"，懂得规则意识、处世准则、立身原则，通过自主、自学、自治均衡高位发展，为他们将来成为社会各行业各领域中的成功者、有影响力者和领跑者而奠基。

"三精"课程体系。一是精细落实的国家课程，把课堂作为落实国家课程的主阵地，构建并推行"四有五环节"高效课堂模式：眼里有学生、心中有目标、课堂有活力、训练有迁移，具有情境导入、提出问题（任务、目标）、组织阅读（自学）、当堂训练、归纳拓展五个教学环节。二是精准融合的初高中衔接课程。以理科"拓展性"实验课程基地为依托，对试点学校初高中总共六年的课程进行整体设计与优化，确保初高中课程内容形成有机衔接，精准融合，促进学生更好地发展。三是精品开发的校本课程。突出学生价值定位、"三观"形成和人格健全的德育课程（生涯规划、爱国教育、公民教育、国防教育）、审美课程（与校长对话、与名家对话）、劳动课程；培养高素质创新人才的学科奥赛课程（数学、物理、化学、生物、信息学）、文史课程（中国古建筑的发展史、美国文化与社会漫谈、英语美文阅读与欣赏）；拓展类理工课程（理化生课外实验拓展、理化生数字化实验拓展、数字科学家）和艺体课程（合唱、器乐、课间音乐、播音与主持、京剧艺术欣赏）；技能类课程主要有厨艺、植物组织培养。

"三高"课程实施。一是高效益的管理机制，积极争取当地行政部门的支持，对学校的课程实施给予政策上的保障，在课程评价上，突出发展功能和方式的多元性，根据过程记录、展示质量、指导教师评价，进行成果阶段性展示展评，每个学期以年级为单位进行一次社团成果汇报；二是高标准的物资保障，提供省级课程基地、创客中心、实验楼、器乐室、舞蹈房、画室等场所，硬件设施设备能充分满足课程实施的需要；三是高水平的师资队伍，以"打造名师为主导、优师为主体、能师为主基的有共同价值观的教师团队"为发展目标，以"敬业、和谐、研究、创新"为文化引领，坚持教师业务学习制度，共读时政和教育理论书籍，举办教学省市展示活动，以赛促研，以赛提能，教师校本培训，涵盖师德、课程建设、备课研究、课堂教学、科研、信息技术等内容。

一个学校，教育研究本就不需要故作深沉，无论是构建"三精"课程休系，还是组织"三高"课程实施，都是基于自身的实践、经验、教训和困惑，开展促进学生全面发展的真研究。在具体的一项项研究中，引领教师因喜欢而全身心投入，因豁然开朗而动力十足，这也是推动教师走上研究之路的最佳形态。教师发展了，学生成才了，学校也就成功了。因此，学校管理从行政化走向专业化是教育治理体系现代化的重要维度和重大转向，这一转向在本质上是价值重塑、角色重建和机制创新，是要让学校教育彰显人的价值追求，激发人的创新活力。学校是一个人与人相通的教育共同体，课题组是一个组员与组员相连的专业成长共同体。正如有学者认为，"价值理性、发展导向，协商决策、共同愿景，这是重要的管理伦理"。这一管理伦理要求一个校长，作为课题主持人、课程组织者，要做好的就是采用一定的研究工具，使参与者自觉加入，实现有思考的参与；运用一定的激励手段，引导成员认领一个个子课题，承担相应的研究工作，参与阶段性成果分享，体现有价值的创造。

四、案例 4：项目化学习研究的价值定位与课程管理创新

《哈佛大学的幸福课》风靡全球，教授这门课的泰勒·本-沙哈尔教授认为："幸福取决于你有意识的思维方式"。只有教师对自己的观点和判断有清醒和自觉的认识，才能令他为学生阐明观点时有道理，表达时有说服力，鼓动时有力量。在前期"大学习、大调研、大讨论"的基础上，笔者发现，不少教师很容易在生活里形成无意识的思维和行为惯性：无意识地翻手机、陷入琐碎的柴米油盐、忽略身边的人和事、冷漠、愤怒、抱怨。

项目化研究（project based research，PBR）是当前教育界研究领域的一个高频热词，这种研究形态以研究者为中心、以真实性情境为前提、以挑战性任务为驱动、以持续性探究为路径、以展示性成果为导向，改变了传统的校本教研方式，让师生在一段时间内对真实的、复杂的、跨学科的问题进行探究，通过分工合作探索解决方案，形成校本教研成果。项目化研究有助于点燃各位教师的工作激情，引发其深度学习与研究，培养师生有意识的思维能力和专业素养，改变他们"慵懒"的状态。

校本课程建设案例分享与交流论坛第 4 期，课题组网络研修、集体学习、共同讨论的主题就是项目式研究，分享的文章是上海市建平实验中学校长、党支部书记李百艳的建平课程建设实践经验，题目为《项目化学习研究的价值定位与课程管理创新》（文章源于《中国教师》2020 年第 5 期），有修改和删减，其中的"三需"课程建设以及学校处室改革的举措特别值得课题组学习借鉴，笔者也是借此路径对课程建设工作进行了"大落实、大改进、大提高"。

1. 积极回应国内外教育改革潮流

项目化研究的思想萌芽于约翰·杜威的"做中学"。杜威强调人有四种基本本能，即"制作、交际、表现和探索"，其中最突出的是制作的本

能，他认为只有从"做"中得来的知识，才是"真知识"。教育不能只关注学业分数，更要关心学生学习的过程质量和生命质量。2019年6月颁布的《中共中央 国务院关于深化教育教学改革全面提高义务教育质量的意见》指出，要切实提高教学质量，特别强调要优化教学方式，积极探索基于学科的综合化教学，积极开展研究型、项目化、合作式学习。项目化学习赫然出现在高规格的教育文件中，足见顶层设计层面对它的重视。

2. 学校特色校本课程的品牌创建需要

初、高中在基础教育学段中面临较大的发展困境，甚至被称为"豆腐腰""洼地"，主要问题是地区、校际、学生之间的学业水平不均衡、学生家庭背景差异大，加之初中生处于身心发展的特殊时期，发展方向日趋多元化，导致课程开发难度较大。建平实验中学围绕"探索真知、追求真理、学做真人、活出真我"的育人目标，开发了"三需"课程，所谓"课程"即"课"与"程"的高度融合，包括两个维度、六个要素。"课"包含理念、目标与内容，"程"则包含实施、评价与管理。这六大要素也是一份规范的课程纲要的基本元素：一是因人施教，满足学生青春期身心成长的"普需"；二是因材施教，满足学生兴趣特长发展的"特需"；三是因学施教，满足学生升学考试的"刚需"。努力创设真实的学习情境，探索项目化研究，培养师生在真实的学习与生活情境中发现真问题、解决真问题的能力。

3. 本土创新——项目化学习的深入探索

学生根据自己的任务，在开放的学习时空里，开始进行自主、探究、合作式的学习实践，融合各个学科的知识解决问题。真问题、真情境、真阅读、真合作、真联系、真探究、真任务、真成果，这八个"真"成为建平实验中学项目化学习贯穿始终的策略，把学生推到学习的中心、展示的前台，引向真实的生活、具体的问题。从借鉴"他山之石"到开采"本土之玉"，建平实验中学采取"由点到面、全方位、立体化"的策略推进项目化学习，在学科融合、场馆建设、课程开发、资源挖掘等方面不断探索，逐步走出了一条"从精英特需到大众普惠，从赛事驱动到课程建设，从边缘活动到主流学科，从单一科技类项目到学科融合"项目化学习的校本化之路，开启了一扇通向未来教育的大门。

4. 管理变革——项目化学习研究的组织保证

课程改革的深化和项目化学习的推进，呼唤学校的管理变革，而学校的管理变革也成为推动项目化学习的最主要力量。项目化学习需要项目管理的保障，从项目的萌芽、生成、培育、实施到评价都需要学校管理相应地发生变化。如果没有科学、民主、平等、开放的现代学校管理的保障，项目化学习很难推进，也很难成功。

（1）观念变革：跨学科教学协同育人

项目化学习是一种跨传统、跨文化、跨学科、跨教学方式、跨年段、跨时间、跨空间的新的学习形态，不同于传统的以学科教研组为纵向的管理方式，需要横向的跨学科的学习组织、教研组织、评价组织来推动实施，带来的是学校学习组织方式和评价方式的变革。校内要建立起规范的课程审议机制，才能保证项目化学习的科学性与合法性，保证项目被师生认同，保证学习质量，保证项目满足学生的成长需求。课程审议包括课程规划论证、课程实施调研反馈机制、课程质量的自我评估机制。

（2）关系重塑：立体对话促进伙伴合作

建平实验中学积极探索走向现代学校治理的对话机制建设，进行机构变革，重构学校人际关系，积极开展校长、干部、教师、学生、家长、专家之间的多元多层次的立体对话，变"领导与被领导"的关系为合作伙伴关系。

第一，将原有行政处室变革为专业中心，如将原教导处改为课程教学中心，将原办公室改为学校发展中心，将原政教处改为学生发展中心，将原总务处改为行政事务中心。组织变革后的各大中心从原来的以行政执行为主转变为以专业化的服务协调功能为主，逐步释放出专业组织的活力。如课程教学中心不再仅仅以落实课务、考务为主，而是同时注重课程开发建设与课堂教学改革；学生发展中心对学生的教育也不再局限于以行为规训为主，而更加注重学生的特长发展、心理健康，更加注重德育课程的建设与综合实践活动的设计。

第二，成立松散型的项目化学习教研组。教研团队来自不同学科，负责指导学生选题立项并根据项目需要适时讲授相关领域知识和技能，与学生灵活、亲密互动。

第三，从校外特聘科学顾问加强团队专业力量，开拓项目化学习研究实践的领域，引入更多课题与活动课程。

第四，每个班级都特设一名项目代表负责本班与项目化学习相关事宜的组织与安排。项目代表协助教师发现项目、自主选题、自主调研、落实项目。师生的参与热情被点燃，学校积聚了课程改革与发展的内生力量。

5. 资源集聚：多方助力提供有效支撑

项目化研究打破了传统课堂的时间与空间结构。很多项目的学习过程都要突破40分钟为单位的一节课，需要在时间上统筹，由课内向课外延伸；学习空间统筹，传统的教室变成项目工作坊、释放潜能的生命场；资源统筹，课程改革也需要添加更多智能装备，让高科技的力量日益深入影响教学，充分挖掘各种资源，调动一切可以调动的力量，如政策资源、学校资源、家长资源、学生资源、竞赛资源、企业资源、公共环境资源、网络资源等。从"拿来主义"到校本创生，从局限校内到放眼社会，这些丰富多样的资源为项目化学习的展开提供了坚实的保障与助力。

在项目过程中会有不同的角色，如领导、管理者、教练、观察者、促进者。而课题组的课题主持人最重要的是能够发掘和调动各位组员的潜力，促进组员的自主学习和合作探究。

课题组应科学地设计项目，帮助教师创建或调整一个项目，设计项目时要允许教师有选择的自由，同时要确保项目与课程标准的一致，把项目式研究贯穿课题活动的全程，确保项目活动本身就是研究的中心。课题组要能为教师的理论学习和研究提供支架，与教师一起参与研究和创造，判断组员在项目研究过程中的不同需求，能使用各种课程、工具和教学策略来支持实现项目目标。项目式研究注重考核教师综合运用知识与技能、解决实际问题的能力，鼓励组员对自己的研究成果、管理能力、合作精神等进行客观的自我评价，总结自己的经验；鼓励教师之间进行相互评价，促进对研究目标、研究过程和研究成果的反思。课题组要帮助教师建设有利于项目式研究的文化氛围，促进组员的协作交流，形成健康积极的研究共同体、情感共同体。

建平实验中学的管理实践经验是构建"宏观—中观—微观""对话治理式"的整体课程领导管理模式，宏观管理抓规划，中观管理抓项目，微观管理建机制。这种以项目管理为手段推行项目化学习研究的方式依旧有着诸多不可回避的难点，如师生的精力分配、项目的开发与延续、绩效工资的核算等，这些都需要课题组认真学习，反复讨论，加强调研，积极探索，才能找到更好的解决方法。脱离了旧的轨道，在过渡期间不可避免地会出现困难，但从长远看，固有的传统观念、教学组织形式、学生管理模式正在无可挽回地一点点转型与变革，身处其中的每一个教师，都会经历严酷的考验。做好个体意识唤醒的前提，项目式学习研究行动才能有效跟进，基于"后疫情时代"的时空限制，我们要积极开展网络研修，探索课程建设前沿学校的发展路径，内化于心，外塑于形，力促学生成才，教师成功，学校发展。

五、案例5：以核心素养本位进阶课程建设领导力

自20世纪90年代以来，我国高考内容改革已经从知识立意走向能力立意，进而走向素养立意。教育部于2017年颁发了新修订的普通高中课程标准，阐述了普通高中课程育什么人、如何育人，以满足中国2035年总体实现现代化的人才需求。2018—2019年，教育部考试中心多次发布全国高考试卷命题新思路，突出素养导向，注重能力考查，全面覆盖基础知识，增强综合性、应用性，以真实情境为载体，贴近生活，联系社会实际。高考命题改革及其逐层向下的传导效应，对于促进中小学课堂教学由知识本位走向素养本位、由"育分"走向"育人"起到了积极的推动作用。然而，通过常规督导、教学视导、课堂巡查、推门听课，我们不难发现，当下课堂普遍存在"散""浅""懒"的问题：

（1）"散"。在强烈的"知识点灌输"情结下，学生较少在一个连续的整体中去建构知识，学到太多庞杂而零散的知识，没有系统地归纳、梳理、演绎。

（2）"浅"。在知识的表层化理解下，学生学到太多符号化、形式化的知识，较少理解知识背后所含的逻辑，也就很难将知识运用到自己的生活中。

（3）"懒"。很多教师的课堂表现为"填鸭式"的满堂灌，以教代学，死记硬背，"背多分"，没能讲清楚"为什么？""怎么办？"充分凸现了思维的"懒惰"，分数的价值大于情感的价值。

上述种种问题带来以下结果：学生学到太多零碎且无意义的惰性知识，难以在更大范围和更高层次上迁移运用自己所获得的知识。应该说，学生学得"散""浅""懒"以及由此所导致的缺乏广泛迁移力问题，恰恰是我们如此强调大单元学习的实践动因。唯有回到学生学习的实际问题上来，从课时设计走向大单元核心素养本位设计，我们才能准确把握大单元设计研究理念的实质内涵。

校本课程建设网络研修、学习讨论第5期的主题就是如何提升校长课

程建设领导力以引领教师开展指向学科核心素养的单元教学研究，这也是各个学校深化课程改革所面临的关键问题。根据课题组的要求，多阅读，读好书，勤研究，善总结，课题组仔细阅读了浙江省嘉兴市第一中学卢明校长的主题报告《指向学科核心素养本位设计 进阶中学校长课程建设领导力》，这份报告对于"国家课程校本化中基础课程的二次开发"具有极强的指导意义。这份报告的部分内容如下：

与综合化相对立的是知识的碎片化和各科课程之间的割裂。著名的哲学家、数学家怀特海对此给予了猛烈的批评，他认为："世上最无用、最可憎的莫过于那些有脚书橱式的人。我们所致力于培养的人，应该既有文化修养，又有特定的专业知识。"而"一个人的文化修养体现为活跃的思维，以及对美和高尚情操的感受力，这与掌握零碎的知识毫不相干"。他在演讲稿《教育的目的》中指出："如何让知识保持活力，从而避免僵化，这是一切教育的核心问题。""如果教师零敲碎打地教授很多科目，学生就只能被动地接受那些不连贯的知识，却不能受到任何富有活力的思想的启发。"怀特海告诉我们，综合化的学习既能提高一个人的文化修养，还能激发学生思想的活力，促进学生的自我发展。这与我们今天倡导的综合育人教育理念是一致的。

当前课改的热点探索的背后都能看到综合化的思想，如以"大概念"为核心的教学改革。对于什么是"大概念"有多种不同的阐释，但是大家基本上形成了一个共识——大概念是抽象出来的概念，是能够将各种概念和理解联系成为一个连贯整体的概念，是超越个别知识和技能、能够在更大范围迁移应用的概念。可见，知识的综合性与联系性是大概念的应有之义。

四川师范大学教育科学学院李松林教授将大概念由低到高分为四个层次：学科课时内的大概念、学科单元内的大概念、学科单元间的大概念、跨学科的大概念。这与当下很多学校开展的课程整合探索路径似曾相识，这反过来促使我们思考：推进课程整合的内在逻辑和依据是什么？其实就是能把相关知识串联起来的、处于更高层次、居于中心地位的大概念。综合性是大概念和课程整合的内在灵魂，正是在综合性的学习中，学生打通了知识之间的内在关联，从而形成了整体认知。围绕以上这些问题，我们把专业的解决方案呈现如下：

（1）学科核心素养呼唤单元教学。核心素养是指学生"在什么情境下运用什么知识能做什么事（关键能力），是否持续地做事（必备品格），是否正确地做成事（价值观念）"。学科核心素养同样是人的属性，而不是学科的属性，只不过它是通过学生的学科学习逐渐形成的。在学科核心素养的形成过程中，没有学科内容，就不会有学科核心素养，但学科内容尤其是一直以来备受重视的学科知识点只是素养形成的素材或载体，只有通过对这些素材的学习或借助于这些载体，学生才能将其内化成为相关的关键能力、必备品格和价值观念，学科核心素养才算真正形成。

既然核心素养要求学生掌握在特定情境中解决问题的知识与技能，那么，教学设计单位也应从具体的知识点走向相对完整的学习单元。这里的"单元"，既不是"教材（学科）单元"，也不是"经验（生活）单元"，而是有明确的核心素养目标导向、依据教材内容与学生生活经验重新组织的一个个学习活动。确切地说，它是"课程单元"，即有目标、有计划、有指导的学习单元，是围绕学科核心素养，对知识、技能、问题、情境、活动、评价等进行组织或结构化所形成的"一个完整的学习事件"。通过一个个单元，有效整合学科知识，连接知识点目标与学科核心素养；建立学习内容与真实情境之间的关系，打通知识学习与应用的"最后一公里"，连通书本世界与生活世界；强化学用结合与知行合一，实现深度学习与意义学习。因此，单元教学是实现学科核心素养目标的必由之路。

（2）大单元设计支撑学科核心素养。什么叫"大"？其实，"大"单元中的"大"有三层意思：一是单元设计的着眼点要从知识点（内容）转到学生（人）身上，针对教师习惯于按一个个具体的知识点（小主题）来设计教学，导致学生"记住了很多，有用的太少"的问题，要求教师立足素养目标，提高站位，着眼学生学会用什么来设计教学；二是单元组织需要有一个与核心素养目标对应的"大"的观念或问题或任务或项目，这个"大"的观念或问题或任务或项目是落实学科核心素养的路径，是学生学科学习之"纲"；三是从时间维度来看，大单元通常需要用多个课时来完成，至少包括两个课时。但大单元不是越大越好，它介乎两个课时与一个学期之间；它也不是按一个学期来设计的，一个学期课程至少可以分为两个单元。

（3）大单元划分考验教师专业水平。校本课程建设中的大单元设计，每一步思考与设计对教学设计者而言都充满着挑战，教师专业发展水平对此有直接影响。一是参研教师要研读课程标准和教材，把握教材单元的组织方式，如教材是按大观念还是大问题或大任务或大项目来组织的；二是对于没有按大单元设计的教材，教师要立足学科核心素养，根据课程标准、教材中的主题、学情综合考虑，确定以什么方式来组建单元更有利于学科核心素养的培育或学生学习，然后组建单元；三是新组建的单元可以直接以教材单元为单位，也可以根据需要对教材单元进行重组、改编，甚至是新编，这取决于教材编制质量与教师专业发展水平；四是不论怎样，每个大单元至少对标一个学科核心素养，而且要体现学习的完整性、深层性与真实性。接下来就是如何设计一个完整的单元。单元设计最关键的就是把六个问题想清楚，即课时安排、设定单元目标、单元评价、过程优化、作业检测和师生课后反思。

那么，有了新课标、新高考，教学怎么创新？如何建构一种能够培养时代新人、面向未来的教学系统？这是新时代教学创新的重大课题。华东师范大学崔允漷教授认为"新教学"有三大特征，即素养本位的单元设计、真实情境的深度学习、线上线下的智能系统。在本章关于素养本位的单元设计研究实践中，教师一定要清楚的是，学习的责任在学生，教师不能替代学习，也不能剥夺学生学习。教师只是引起、维持与促进学生学习，把反思支架和反思路径设计出来，以便学生自己去感悟、去思考已学的知识。只有这样的经历，所学的知识才能有效转化为学科核心素养。同时，在素养本位的单元设计实践过程中，现代信息技术给我们带来极大的便利就是过程数据。我们常提到的高考综合素质评价，就是过程数据。它让每个高中学生把三年的学习记录下来，基于课程、证据和关键事件，这就是过程数据，这也是素养的评价改革。

以上是我们对全国五个课程建设优秀案例的分享。通过这些优秀案例理念的指导，实地参观和深度研讨，要让大家明白的是，校本课程建设是一项非常重要的专业实践，对于落实课程育人、深化教学变革、提升专业素养、促进学校发展起着重要的引领和示范作用。它需要各课题研究小组参研教师们的集体智慧与积极参与，这是我们课题组的共同责任与担当。真诚地希望我们每一位"当事人"都做好必要的准备，积极引领组内其他教师在专业的实践中实现自身的专业发展。

第三节 团队的合作，成于实践

基于前期意识的唤醒、案例的分享，我们现在进入第三个环节，即团队合作与行动跟进。基于此，我们引入"深度研究共同体"这个教研概念，质量的提升，源于合作；团队的合作，成于实践；实践的目的，在于共赢。在这个过程中，我们每个人打开自己、改变自己，在成就自己的同时，成就团队。本章节我们将以集体备课、课堂改革、课程开发的推动过程为线索，阐释深度学习共同体变革的历程；以学科集体备课为抓手推进学习共同体的课例研究；组建跨学科研究团队，形成校内领航教师队伍；提升学校办学理念，与学习共同体同仁共创共研；课题引领，构建全校性深度学习共同体，从而为读者提供改革框架和案例。

教育领域对"专业共同体"探索的渊源可追溯到杜威的学校概念。杜威认为："教育即生活经历，而学校即社会生活的一种形式"，学校并不是专门学习知识或技能的一个场所，而是一个社会组织。既然我们要构建全校性深度学习共同体，那何为深度、何为共研？教师自己的视野有多宽，学生的视野就有多宽；教师的思想有多深，学生能够达到的思想深度就有多深。作为一线教师，秉持"静心教书，潜心育人"的教育信念，真正静下心来工作，潜下心来研究，沉下心来反思，克服浮躁的急功近利的想法，突破自我，锤炼自我，完善自我，才能深度潜入学科教学领域，看到"教育的诗与远方"。行以求知知更行，我们要站在人类社会历史发展的大背景下来思考教育问题，从培养学生核心素养、促进学生全面发展的角度，关注校本教研、课程建设与学科教学的深度融合研究，让以学生为主体的教育理念在深度学习教学中得以落实。

一、开展深度理念研究，引导学生深度学习

2021 年是我国开展第八次基础教育课程改革的第 20 年。2020 年年底，基础教育领域的课程开发和建设取得了重大成就，尤其是印发修订后的普通高中课程标准以及一系列相关文件后，教学改革受到了前所未有的重视。2013 年年底，为了从根本上落实立德树人的育人目标，更好地实现课程育人，教育部基础教育课程教材发展中心以"边研究边实验"的行动策

略，研发了"深度学习"教学改进项目。正是在这样的背景下，课题组开始了对"深度学习"项目的积极回应与实践关切。大家相信，只有立足"学"，才能弄清楚"教"。深度学习，它并不是一个全新的学术概念，所有关于教的问题的思考和设计，都应以对学的理解和把握为基础，所有有深度的教学都必须建立在促进学校有深度的学习的基础上。开展基于核心素养深度学习的课堂教学策略研究正是在深入研读深度学习理论的基础上，通过改革当前课堂学习中存在的浅层学习、虚假学习问题而提出的一种引导教师调整理念和教学行为的具体行动，以教人者教己，在劳力上劳心。

（1）浅表学习致"学困生"数量增加。学习是以解决问题为导向的、复杂的思维训练过程。现实中，有的学生在课堂上就是做做样子，假装在努力学习，实际上根本没有真正进入学习状态，而是用各种手段来"伪装""逃避"学习。

究其原因，一是基础薄弱，学习目的不够明确，对学习的内容提不起兴趣，找不到感觉；二是思维跟不上教师的节奏，随声附和。诸如此类，学生的真实学习需求得不到关注和回应，他们就会慢慢陷入学习的死循环，这就要求我们必须对课堂教学进行深刻检视与反思。

（2）虚假学习使"伪学生"逐渐下沉。思维不是自然而然发生的，是由难题和疑问引发的，正是由于学生有解决问题的需求，才引导着思维的产生。在这个过程中，如果我们的教师没有耐心给予学生专业的、细腻的回应与解答，慢慢地，问题越积越多，学生也就对这个学科、对这个教师失去了热情，课堂教学的困境就会越来越深。因此，我们的课堂必须向促进学生深度学习转型。

以前我们讲三维目标。在三维目标中，情感、态度和价值观最能体现课堂教学中"以人为本"的目标。现在，我们谈核心素养。从学科核心素养的角度看，我们要在"内化"上下功夫。只有把情感、态度和价值观内化为学生的品格，转化为学生的精神世界，使学生成为一个精神丰富、有品位的人，情感、态度和价值观维度的目标才有终极意义。"若失品格，一切皆失"。目前，教学存在的突出问题是：作为工具、媒介、手段、材料的知识反倒变成了教学的目的，知识被绝对化、神圣化，教育成为"为了知识的教育"，而能力和素养却被弱化、被边缘化了，有知识没能力缺素养成为我们教学最突出、最致命的问题。因此，深度学习是深化基础教育改革的必然选择，是"基于核心素养"教学改革的实现机制，是师生共同经历的一场成长之旅。

在这条深度学习的道路上，我们课题组主张教、学、做三者合一，在做上教，在做上学。学科知识只是形成学科素养的载体，学科活动才是形成学科素养的渠道，它意味着深度学习需要的是学生积极的参与式学习，对学科知识的加工、消化、吸收，以及在此基础上的内化、转化、升华，从而创造性地解决问题。高中课标修订版用了"学科活动"统整三维目标中的"过程和方法"以及学习方式中的"自主、合作、探究学习"，目的就是强化学科教学的学科性，聚焦学科核心素养的形成。教师在设计和开展教学时必须以学科核心素养为导向，充分体现学科的性质和特点，使学科教学过程成为学科核心素养的形成过程。

二、整合意义连接的学习内容，引导教师学会合作互助

深度学习，源自对课堂的观察、反思与改进。六年来，各个子课题研究小组主研通过教学常规督查、课堂教学巡查、开展推门听课、组织课堂教学技能大赛以及担任崇州市级及其以上学科赛课评委系列活动发现，很多教师教得很认真，学生学得很辛苦，结果探究与真理渐行渐远。教育的行与知，不是简单地在课堂上添加一些昂贵的技术工具，尝试一些所谓的新的学习方式，更不是跑马观花式地展示一些PPT，而是在教师的方法指导下，围绕具有挑战性的学习主题，通过师生共同的有效参与和探究，深刻地掌握学科核心知识，并积极运用该知识解决实际问题。

教育的目的是什么？不是教会孩子成长为自己，而是我们和孩子一道成长为自己，这是作为教师的一份荣幸。在教育教学实践中，我们不要用昨天的教育来培养今天的孩子。如果我们的教没有遵循规律，没有讲究方法，我们眼中只装了学科知识，失了学科思维，简单地先将孤立的、非情境性的知识呈现给学生，然后通过举例、活动等方式让学生记忆和理解知识，那这样的课堂就无法实现在学生"元认知"上进行再构建，以此创生新知。所谓深度学习，就是基于问题的多维知识整合，需要教师全面地分析教材、深入地挖掘教材、灵活地整合教材，即将教材的内容打散重新组合，使内容具有"弹性化"和"框架式"特征，将孤立的知识要素连接起来，将知识以整合的、情境化的方式存储于记忆中。

可要想有效整合，教师单干，学生独学，是教不出好学生的，也是办

不出一所好学校的。"教学私事化"是眼前最为突出的问题，自己玩命干，个别的可以走起来，但总体起不来。我们要避免单兵作战，学会合作、享受合作，强化集体备课，研讨出真知，研讨出效率，取长补短，合作共赢。一种思想与另一种思想交换，可以形成两种思想。通过名优教师、特级教师的思想引领，进行规律探索，才能做到对学生学习进行有效引领，让学生的学习不仅有方向，方向还要正确；不仅有思路，思路还要科学；不仅有路径，路径还要准确。让教师们从点状思维中解放出来，不就事论事，不就题解题，不就课论课，要有教育眼光，整本视野，系统思维，真正利用和发挥生成性资源的价值，解放课堂，改变学生。

三、创设深度学习的真实情境，引导学生积极参加学科活动

从深度学习的内涵来看，它着重在迁移运用，要求学生不仅要理解学习内容，还要深入理解学习情境。只有把握了情境的关键要素，才可弄清差异，对新情境作出"举一反三"、准确明晰的判断，从而实现原理方法的顺利迁移运用。这就要求我们一定要根据学习内容的特点、教学目标的要求、学生思维的发展状况适时创设能够促进深度学习的课堂情境，并引导学生自主合作探究，最终达到将所学知识与情境建立联系并实现迁移的目的。

教师应做些什么？关注学科核心知识、能力和思想方法，关注学生的想法，站在学生的立场思考问题；关注"人"，将人本理念贯彻于教育教学活动中；关注学习基础，在学科教学中落实"四基"；关注教学着力点，把握知识本质，创设教学情境。将"教为中心"的课堂转变为"学为中心"的课堂，让课堂真正成为学生学习的场所，让能力成为课堂活动的核心。在教学活动中，教师要在内容的深处、难处、转折处和争议处有智慧地激发、鼓励和引领学生学习，要尊重学生的个体差异，使"学"走在"教"的前头，不同的学生应该得到不同的帮助、点化及提升。用"深度教学"落实"核心素养"，不应以思维速度作为评价学生学习情况的主要标准，而是应当更加重视如何能为学生"长时间思考"营造必要的环境或氛围，给学生安静读书、专注思考、完整表达、紧张操练的权利，让学生在学科活动中能力得到提升、品格逐渐完善。

"深度学习"项目不主张为教师提供一个现成的、固定的教学方法或教学模式，而是定位于让教师掌握思考教学问题的基本思想方法，搭建探

索教学的"脚手架"，使其学会理解教学、反思教学中存在的问题，尝试通过自己或与伙伴合作，运用现有的或新进的知识积累研究解决教学中的核心问题，并通过不断改进达成教学的更优状态。从心理学和生理学的角度来看，如何引导学生积极参加"学科活动"，让"以人为本"的生本课堂真正落到实处，根据对深度学习能力的认知、人际和个体三维划分研究，笔者认为需要特别关注以下四个方面的内容。

（1）深度学习"深"在个体认知中，牢固树立学生的主体地位，学习永远是学习者自己的事，其他任何人都无法替代。所以，教师要唤醒学生的自主意识，指导学生自主制定学习目标，让学生知道自己需要什么，该学什么，查阅什么资料，解决什么问题，培养什么能力。

（2）深度学习"深"在系统结构中，它并不是对昨天课堂的颠覆，而是改进，是希望我们的课堂少些学生学习表面的热闹、多些能力的成长，特别是思维力度、思维密度的加大。我们的课堂要"以学生为主"，把学生置于充满好奇心的氛围中，教给学生质疑和释疑的方法，只有在互动和质疑中，才谈得上深度学习。

（3）深度学习"深"在教学规律中，课堂教学推的不是模式，而是思想、思路，当我们的学生在课堂中敢于思考，善于总结，我们才可以说我们在学生核心素养的养分中植入了智慧的内核。我们不是玩概念，仅重形式，教师要指导学生从亲身体验中获取深刻认识，促使学生学会合作、学会交流、学会批判、学会反思，培养其思维能力。

（4）深度学习"深"在合作探究中，真正的合作，是乐于合作，彼此接纳欣赏，相互取长补短和携手共同进步。教育无须花架子，有些教师一有问题，不管合适与否、难易如何，都要求学生合作讨论，而缺乏一定的思维容量，既浪费学生的热情，也有悖于学生合作学习的真谛。因为合作不只是一种学习方法，还是一种学习内容，不仅是一种教学方式，也是一种生活态度。

四、正确面对城乡学生之间深度学习的差异性

学校教育的着眼点是学生，着力点是教师，要引发学生的深度学习，需要学校、教师和学生三方联动：校长要"躬身入局"，局部试点，重点把控，边行边改，正确指引，找到促进教师"边学边改"的路径策略与评价机制；教师要"立行立改"，不仅是简单地接受这个概念，而是要明确

如何有效操作，如何针对自己的学生学情有的放矢，逐步优化，毕竟，教育的对象是活生生的人，人的成长需要主观和客观诸多要素，城乡学校之间，除了受教师因素、设备资源影响外，学校地理位置、学校类型、学校办学性质、学校管理和办学自主权五大学校因素也在不同程度上影响着学校办学成绩和学生个体发展。

从本质和现实来讲，既然我们不能选择合适的学生，我们就应创造适合学生的教育。作为一所普通的农村寄宿制高中，怀远中学教学资源不足、教学基础薄弱是客观事实，我们正是在这样的夹缝中求生存、谋发展。不仅是学校教育，城乡孩子所接受的家庭教育也存在相当明显的差异，因此，我们所倡导并践行的"深度学习观"更为重要的一点就是，承认并尊重学生个性差异，注重因材施教，分层管理，为学生的全面健康发展提供适宜的土壤和自主的成长空间。

首先是尊重差异。在人的一生中，其生命内在的规律与生命的密码已经蕴藏了许多东西，这些东西都是与生俱来的。成长对于每个人来讲都是不可代替的，与庄稼的生长一样，人的成长也是一个缓慢的过程，谁都不能拔苗助长。舒缓自然，是生命成长的本真状态，也是教育本该具有的自然姿态。城乡学生之间存在先天素质、生活环境的不同，其心理特征、生理特点、兴趣、爱好与不足之处也均有所不同，发展的速度和轨迹也有所差异。所以，笔者反对以学习能力为标准将学生分为优等生、中等生和差等生，以学习速度为标准把学生分为"尖子生"和"学困生"。在这种区别的理解和对待中，教师显然鼓励了那些暂时占优势的学生们，而另一些学生则在无形中得到了心理暗示——我不够好。著名教育学者、"差点教育"理念提出人黄宝国教授强调教育里没有差生只有差异，教育要培养不同学生的差异化发展。我们只有客观地认同了学生的个体差异，才有可能把学生的个性潜质充分挖掘出来。

其次是研究"差点"。"差点"的起伏，取决于学生自我努力与否，体现的是自身成绩的纵向比较。如果我们每个学生通过和自己的过去竞争，体验学习的乐趣，获得学习的动力，也就获得了有利于自身健康、富有意义且科学正确的自主学习方式。通过对"自我进步"的肯定，真正激发了学生本人的学习热忱与动力。可见，我们的教育特别是基础教育，应该从"差点"中得到启示，研究教育中的"差点"。为学生提供适宜的资源分配，使全体学生都能够享受到符合其自身特点的教育，鼓励学生与自己比，使其在关注每一次自我超越的成长中，获得成功体验，感受学习的快乐。

最后是缩小差距。城乡之间、学生之间的差距是客观存在的，作为教师，其首要任务不是将差距拉大，也不可能使差距完全消除，而是要扬长避短。扬长避短是尊重生命的具体体现，对于每个生命个体来说，最有效的教育应该是"扬长避短"，而不是"取长补短"。教育者要善于发现学生的"长"，规避其不可逆转的"短"。实践表明，基于新高考改革背景下的艺体发展已经逐渐成为怀远中学前进的一个有效举措。作为学校，我们的策略和路径是，深度研究校情、学情，深入了解个体差距，因势利导，因材施教，为学生创设有利于其发挥特长、张扬个性的学习环境。

教育的"差点"，对于每一个生命个体来说，既是优点也是缺点；深度学习的"实践"，对于学校教育来说，既是重点也是难点。六年来，怀远中学在省级课题《校本课程实践追踪与反思研究》的引领下，课题组注重研究学生身上的"差点"，关注学生个体纵向的发展变化，从集体备课、校本教研、课程建设、课堂革命以及评价机制改革五个维度促进每个学生自我激励、自我反思，创造适合每个学生发展的教育模式，最终使每位生命个体都在阳光下健康成长。

还有一点需要提出的是，除了给予学生理性指导和分层管理外，对于教师群体，也适合"多元诊断式分层培训"，造就一支适合我校孩子成长的教师队伍。关于这一点，我们将在后面章节具体阐述。

第三章 实地跟岗：
守正出新 重道立人

编者按： 网络研修了省外先进学校的课程建设经验之后，笔者来到了成都市铁路中学，以"课堂观察，自我凝视，深度提炼"为出发点，通过培训日志的形式，按照培训进程和工作安排，出于从"为人"到"为己"、研教到研学、绝对到相对、发明到发现的教研目的，建立起自我反思的课程意识，提高课程决策的科学性；通过不同观点的碰撞，丰富课题组看问题的视角，获得研发思维的启迪；通过教研教改经验感悟的分享，舒缓压力，明确今后教研教改、课程建设的方向，获得持续前进的能量。

精神文化是凝聚人心的支撑性力量。使命是什么？清华附小窦桂梅校长提出：为聪慧而高尚的人生奠基，这就是一种使命。北京玉泉小学高峰校长提出：建设一座伟大的学校，这也是一种使命。作为一所普通农村高中，或许我们怀远中学的教育使命并没有那么伟大，但是也要让师生感受到强大的精神力量，"办人民满意的学校，育社会需要的人才"，"以课程视野的宽度，让教学充满爱的温度"，"关注每一个生命个体的发展"。

使命是一种文化力，更是一种信仰力，它能够让身处其中的教师有追求、有激情、有责任。在铁中实地跟岗学习的过程中，通过与一线教师的交流、教研教改的实践、行政班子的座谈，事前分析、事中观察、事后反思，笔者发现，虽然压力大，委屈多，但大家很齐心，也很用心，靠的就是"守正出新，重道立人"的责任担当，靠的就是"团结合作，无私奉献"的教育情怀。下面章节，笔者将铁中课程建设的部分环节以案例的形式呈现出来，作为管理方向的指引、育人智慧的驱动、专业成长的回忆。

带着崇州市委市政府、市教育局党组的重托与厚望，怀揣着对学校管理、教研教改、课程建设的情感与使命，2020 年 9 月 25 日，笔者在成都市金牛区教育局参加完崇州市学校干部赴金牛区挂职跟岗学习座谈会后，随即跟随铁中杨云雄校长来到学校，正式开始了跟岗挂职锻炼。一路上，杨校长的介绍，总是让人感觉那么亲切，那么随和，那么自然。作为四川省中小学正高级教师、四川省中小学名校长，云雄校长既有学者的风范，也有儒雅的气质，更有"雄哥"（学校师生对校长的昵称）的耿直与豪爽。他不仅详细地介绍了学校的办学历史、育人文化，还给笔者详细讲解了学校今后的发展规划、办学理念。铁中不断积淀与奋进，在这里，教育教学不再是升学的手段，而被赋予了更多的人文色彩；学习也不再是枯燥的文山题海，而成为学生成长的愉悦享受。在铁中的交流学习、观摩研讨、实践反思的过程中，笔者渐渐明白了：身处铁中这个和谐上进的育人环境，你不想积极学习都不行，你不想努力进步都困难，这里有适合师生成长的良性土壤。

正所谓：教育有法，教无定法。铁中所取得的教育教学业绩不是偶然的，而是有章可循的。其中，固然有制度、文化、师资、管理、生源等诸多因素的影响，但在笔者看来，学校在人文管理、课程建设等主观上的努力，更值得大家借鉴和学习。人们经常说，一所成功的学校，必定是先讲课程，再谈课堂，才能谋发展。从各位专家型校长紧紧围绕课程建设体系、核心素养培养、教师专业发展三个维度一次次的日常交流与专题讲座中，笔者渐渐明白了铁中"守正出新、重道立人"办学理念的真正含义。

一所成功的学校，不仅要多出人才，更重要的是出健康的人才。也就是说，教育的目的，不仅要让学生成为"某种人"，更重要的是要让学生"成为人"。在"双新"时代背景下，我们必须回答好"培养什么人，怎样培养人"这个根本性、全局性的重大课题。因此，一所成功的学校，不仅是为升学服务的学校，更应该是为学生未来创造美好生活的阵地。这里谈"美好生活"，不仅意味着谋生就业能力，也意味着正确的价值观、丰富的精神世界、厚重的家国情怀、强烈的社会责任感、健康的自我调节能力、和谐的人际交往能力。与此同时，学校也应该是教师的幸福所在，只有深处其中的每个教师从心底理解认同教师职业，才能真正参与学生的快乐成长，才能实现自身的职业价值，收获作为教师的幸福感与成就感。

一个成功的校长，其教育价值的取向、思考教育的方式要随着时代的发展而变化。基于对"没有公平的质量是不道德的，没有质量的公平是低层次的"的深刻认识，我们需要从整体上、系统上思考破解制约基础教育发展的问题与障碍，保障每一个生命个体身心潜能得到全面发展。这不仅考量校长的办学领导力，包括坚持正确的办学方向、优良的道德品质、坚守与重塑教育的定力，更是在积极回应人民对美好生活的期盼，回应时代对教育质量和教育公平的呼唤。作为校长，我们要"习惯于择高处立，寻平处坐，向宽处行，求真，务实，但内心却始终追求教育的理想，探寻理想的教育"。判断一个校长成功与否的标准很多，我们可以从能否在繁忙的事务间隙反思完善、能否不断注入生命的激情、能否搭建平台助推教师专业成长、能否不断发现存在无限潜能的孩子等多个维度找到答案。"当我哪一天不再做校长时，如果教师们在背后这样说：'想当年，某人做校长的时候，我们是真的在快乐地工作着。'——那就是对我做人做事最高的褒奖了。"

一个成功的教师，首先是一个精神丰富的人。教师是学生精神生活的引领者。无论是当好"四有"好教师，还是做好四个"引路人"，教师自身的精神修养、意识唤醒是前提，是保障。这其中不仅包括坚定的理想信念、崇高的道德修养、传递正能量的意识和能力、教学特色与风格的打磨，还有对丰富个性的包容、对生命个体发展的充分认识、从学生真实生活出发建设课程，等等。善于发现、研究、实践、反思是每一个成功教师共同的特质，他们通过学习、思考、行动来调整自己的教学节奏和育人方式，跟着时代一起进步，陪伴学生"教学相长"。校本课程建设正是满足了这一需求，为学生的今天负责，为学生的明天奠基。当然，我们不必追求体量大、品种全、体系强的理想校本课程，只要课程的设计、实施和追踪是基于学生真实生活、源于真实问题情景的智慧，是师生共同经历、共同创造的课程，更易于激发学生的学习热情，带来师生关系的融洽，使学生获得美好而有价值的学校生活经历，就发挥了校本课程的应有之义。

基于新时代的历史性把握，追求理性的获得与人性的提升构成了学校发展的命脉，达成了共生共享的学校发展愿景，让每一个身处其中的人都能获得最大可能的充分发展与自我彰显。

第一节　日常管理中的智慧把控

人大附中的老校长刘彭芝说：校长是个"领跑人"，领着教职工不停地奔跑，领着一茬又一茬的孩子不停地奔跑。领跑人的办学理念在奔跑中反映，领跑人的心智感情在奔跑中展现，领跑人的人生价值在奔跑中实现。做一个优秀的领跑人必须跑得比别人快，跑得比别人远。这就需要过人的综合素质，需要过人的精神状态，需要比别人的思想更超前，更勇于创新，善于创新。

在调研中，笔者学到了"艺术带教"的育人方法，感悟了铁中"智慧带管"的育人文化。除了日常性的会议、听课、教研、讲座，更多的时候，笔者都在感悟、分析、思考，如何在今后具体的学校管理过程中，努力去传承这种文化，去延续这种精神，以期凝"新"合力，薪火相传，在行动中研究，在反思中成熟，在实践中升华。

一、重习惯

著名教育专家魏书生认为，抓习惯就是抓质量——无论是学生的行为习惯还是学习习惯，无论是教学常规管理还是德育常规落地。人们总是在不知不觉中养成习惯，在不知不觉中成就自己或是阻碍自己。对于绝大多数教师（学生）来说，事业的好坏（成绩的高低），20%与智力因素相关，80%与非智力因素相关。古今中外在学术上、管理上有所建树者，无一不具有良好的学习习惯、生活习惯、工作习惯和思维习惯。齐心协力的教师队伍，紧密团结的干群关系，就是从思维习惯、工作方式、艺术管理开始，正所谓"智慧带教，艺术带管"。

"少成若天性，习惯成自然。"如何让校长不累？养成良好的工作习惯就不累了，校长的工作就变轻松了。刷牙累不累？刚开始可能累，一旦养成习惯就不觉得累了，成为我们自然而然会做的事情。学校的管理工作也是这样，巡课、巡考累不累，刚开始可能会累，一旦养成了每天在学校里走一圈的习惯，哪天不走反而不习惯了——这样其实并不累。校长养成了每天写点管理心得的习惯，哪天不写就不自在；校长养成了每天至少和一位教师谈话的习惯，养成每次发言都能够讲出几点认识的习惯……所有这些好习惯一旦养成便不累了。

每天早上7点钟，无论风里雨里，杨校长都是提前来到学校，站在校门口迎接师生返校。这看起来只是一个简单的问候、一个浅浅的微笑，带给教师的却是一种关心、一种示范、一种引领。早中晚一日三巡，看校园，查课堂，从高中到初中，从一楼到四楼。一路上，"雄哥"与教师们亲切交谈，嘘寒问暖，发现问题，记在心里，专人落实。在"雄哥"看来，校长成天在办公室里做管理是没有任何作用的，一所学校必须有管理者在校园里"晃动"。播种了行为，便会有习惯的收获；播种了习惯，便会有品德的收获；播种了品德，便会有命运的收获。行为养成习惯，习惯造就性格，性格决定命运。从跟岗锻炼的第一天起，笔者就在内心告诫自己，从思维改变、路径优化入手，积极改变提升。

二、抓用人

有人说校长是一所学校的灵魂，认为校长的工作非常复杂，事务非常繁杂。作为一所学校的领跑人，校长怎样才能做到轻装上阵，走得轻松跑得快，不至于那么累呢？在我看来，一个优秀的校长要向刘邦学习，卓越的领导者不过于关注自己有多少超凡的能力或独特的魅力，而要乐于培养自己的下属成为领导者。强化教师思想意识的正面引导，激发教师行动的执行力度，让教师成为发展的主体，才是做校长最重要的职责，也才有机会使教师成长为最好的自我。

把恰当的人放在恰当的岗位上，发挥最大的作用，做出最大的成绩，这就是校长最该思考、最应做好的事情。作为四川省一级示范校，铁中近年来重点本科率在80%以上，本科率在99%左右，艺体特色硕果累累，理科品牌创建成绩突显。当然，铁中的成功，有铁中的做法；管理的突破，有独到的打法。以杨校长的话来讲，我们将永远铭记"来时路"之艰难，强化"脚下路"之责任，坚定"未来路"之梦想，始终把新理念、新思想、新战略融入血脉灵魂，化为思想自觉、研究自觉、行动自觉，以坚定的理念引领、强烈的实干担当精神育先机、开新局。无论是校本教研、课堂教学，还是年级运筹、班级管理，有了富有铁中文化精髓的理念引导与正面宣传，年级团队凝聚力才会迅速增强。

三、善培养

教育是一种文化传承，更是一种精神延续。校级领导要做正确的事，中层领导要正确地做事，普通教师要把事情做正确，这不是一蹴而就的，它需要有一个过程。作为四川省正高级教师、金牛区2020年感动金牛教育灯塔人物，杨校长非常重视青年教师的培养与指导，他说这是学校可持续发展的原动力，是铁中教育集团化未来发展的希望。

我们从一个简单的视角看，2020年9月27日下午，铁中五楼多媒体教室里，新入职的两位高中物理学科教师罗天玺、刘紫宇分别展示了一堂汇报课，拉开了年度新进教师汇报课的序幕。这是铁中的传承，1学期4次新入职教师汇报课展示，质量与要求逐月递增：9月底汇报课，备课小组活动成效凸显；10月底汇报课，半期成绩数据体现；11月汇报课，教研组建设成果展现；12月汇报课，向学校、学生和家长上交自己的答卷。同时，行政会上每月2次青年教师培养计划的布置与安排、观课议课教师发自肺腑的真诚建议，让笔者一次次见证了铁中教研活动的真实、高效，目睹了铁中人的友爱、互助。

为了减少自身成长的时间成本，青年教师要善于用好组内优秀资源，主动请教，对指导意见做到仔细聆听、认真思考、用心领会、反复琢磨，时刻保持着一颗谦逊好学的心，即使压力大，也要对自己有信心，坚信"能力不足时间补"。当我们面对压力的时候，保持积极乐观的心态，努力地改变自己，压力就会变成前进的推动力。对于成功者来说，压力越大，动力越大，越能激发自身的无限潜能，越能成就更出色、更优秀的自己。

四、会读书

腹有诗书气自华。对我们的眼睛来说，读书是一种行动，一目十行就是一种读书的动作。对于我们的内心来说，读书是一场对话，是和高尚的灵魂进行对话。大师季羡林说："人必须读书，才能继承和发扬前人的智慧。"读书会给人带来一种骨气，这是一种浑然天成的自信，令人神往的韵味。因为读书需要坚持，这就需要磨砺我们的意志。

西汉刘向说："书犹药也，善读之可以医愚。"读书能增长我们的智慧，培养我们独立思考的能力，帮助我们看清事物的本质，让我们不因小事而不开心，相信方法总比困难多，让我们生活得坦然和通透。

一是学生要读。尽管整本书阅读、全科阅读已经成为全民共识，但关于阅读问题的探讨，当下大多是围绕"读什么""怎么读""读多少"展开的，很少触及"为何而读"这一根本问题。"为何而读"实质上是目标问题，目标清晰则路径明确，借助方法引领，培养阅读兴趣，形成阅读习惯，提升阅读能力，我们不是"为了考试而阅读"，而是为了阅读素养的提升而读。"双新"背景下，全科阅读不再仅仅是学生在学校教育期间具备的能力，更是指向终身学习者必须具备的素养，即更关注阅读的实践性、发展性和终身性。读书的时候一定要安静，让自己沉浸其中，不要读一会儿书，玩一会儿，而要学会安安静静地读书。

二是教师要读。要给学生一碗水，我们自己得有一桶水。我们要具备充分的学科阅读意识，才能在系统和完整的学科素养框架下，帮助学生通过学科阅读来实现跨学科素养的迁移。同时，不同的教师群体，不同的成长阶段，其阅读要求、阅读书目、阅读冲动也不一样。事实上，我们每一位教师内心都有着"想学""想读"的朴素愿望，即使没有整块的时间可以用来读书，也可以化零为整，集腋成裘。

三是校长要读。读书大部分时候不是为了解决具体问题，有时甚至会带给我们更多迷惑，正是这些迷惑引导我们去看更多的书，点点吸收，徐徐积累，常用常新。我们读《中国教育寻变》《学校管理的 50 个典型案例》《校长的勇气》《教师领导的 20 种可能》……对于一个优秀校长而言，最应该做的事情之一就是阅读并随之进入深度思考。校长闲下来，学校才能静下来。因为校长不仅是"实践派"，同时也是"思想者"，没有阅读的积淀，教学与管理就难有章程。多读多看，然后才能知道自己缺了什么；从阅读中去领悟他人的智慧，才能清楚自己要读什么；从实践中借鉴大咖的路径，才能明白自己为何要读。

当然，我们要认认真真、仔仔细细地读，一边读一边思考，一边读一边分析，一边读一边记录。"好记性不如烂笔头""不动笔墨不读书"，把重要的内容勾画下来，把有用的东西记录下来，把需要用的、含金量高的句子背诵下来。赫尔曼·黑塞说："世界上任何书籍都不能带给你好运，但它们能让你悄悄成为自己。"这或许就是在告诉世人，要会读书，在阅读中做最好的自己。

五、强研究

教科研是思维的盛宴，是一个学校内涵发展的牵引力，是每位教师专业发展的支撑力。行动实践中，我们只做全员科研，不做少数人做出来的教科研。比如我们做"四学一写"（课题组教师每月在学校阅览室、集体备课室学习四个课时的理论文章，撰写一篇读后感），"每月两会"（教科室主任主持、各课题负责人参与的科研例会和一次课题组例会）做到"三定二有"（定时定内容定中心发言人，有研讨氛围、有文字记录），"五个一"（一份研究计划、一份教学设计、一份课后反思、一个研究故事、一篇优质论文）。

药物好不好，看疗效；科研好不好，看实效。学校如何做科研才有实效？如何做研究才能避免教育教学工作与科研工作两张皮？笔者的理解是，把研究工作下沉到课堂，使科研工作和常规工作进行充分融合，合理优化科研工作与常规考核。"双新"背景下，时代对学生、教师和校长提出了更高的管理要求。一个优秀的校长必须是有想法、有办法的人，才能做到工作专业化、成果可见化。持续的组织培训和自我学习，必得一二，积小成大，由近及远，最后自然能达到帮助学生成才、教师成长、自身优秀、学校繁荣的四级目标。

第二节　品牌建设中的学科融合

在清华大学附属小学校长窦桂梅看来，一个名校长时刻要有一种积极向上的追求，带给师生一种强烈的发展愿望，从内心深处展现一种自我领导力。正是在这种群体领导力的指引下，大家才心中有信仰，脚下有力量。要让所有教师成为自己想要的样子，成为学生的审美对象，以此理念和价值追求，去影响、培养和造就一批有定力、有方向感的教师队伍，努力让教师有职业认同感和专业尊严。

校长要从自身专业中"站立"起来，拥有学科教学与人格信服度，创造性、笃实精神和集体意识并举，具有强大的自信心，强烈的内生力。校长要从学校日常管理中"站立"起来，居安思危，锚定目标，在课程实践中，打开办学思维，构建实践路径，以高度的思想、文化和行为自觉，把学校逐渐发展成为"情感共同体""利益共同体"，走出一条独特、出色、可持续的发展之路。

2020年10月23日下午，成都未来名师理科综合班培训工作在铁中开展，作为四川省首批高中语文骨干教师、成都市高中语文学科带头人、金牛区教育专家，金东清副校长做了题为"学科融合助推五育并举"的专题讲座。11月27日下午，铁中"高中理科综合学科"品牌建设项目学术委员会成立，来自四川大学公共管理学院、四川省教科院的5位教授成为该项目的指导专家。委员会紧紧围绕学校管理、学科建设、教研融合3个维度，开展了"面对面""一对一"的激情交流，增加了课程思维的厚度，提升了课程视野的高度。

我们要清楚的是，传统教育之所以存在不够融合的顽疾，根源在于思维方式的点状、割裂，导致各种教育力的相互抵消与排斥，难以产生如叶澜教授所言的"系统教育力"。当下，在育什么人和为谁育人已然明晰的情况下，怎样育人以及如何提升育人质量已经成为教育改革亟须回答的重大问题，"五育融合""学科融合""融合教研"已经成为基础教育改革最重要的发展方向和有效路径，彰显的是一种独特而重要的育人实践。从根本上讲，这是一种系统思维，包含了"有机关联式思维""整体融通式思维""综合渗透式思维"要素。我们所提倡的"融合"不是简单的跨学科教育以及不同学科知识的拼凑和混搭，而是要积极构建知识之间的相互联系——基于教学主题的学科融合，突破知识整合的难点；基于活动主题的教研融合，突破能力融通的难点；基于成长主题的"五育融合"，突破素养生成的难点——让学校提出的办学理念、形成的办学思想，通过课程优化实施，经过岁月考验，指向未来发展，可谓"名副其实"。

我们要做到的是，让所有的教研组长、备课组长开学科讲座，讲该学科的前世今生，讲该学科今后的发展方向，讲可能涉及的学科融合课程；共同构建和践行学校发展愿景，充分发挥学校发展的第一资源和最关键要素的教师作用，把我们自己发展成为有前瞻性、全局性的课程建设主体，通过学科教学来有效实施，通过活动开展来融通能力，通过生涯规划来生成素养，做适合学生的教育，落实高品质的学校建设。在这个过程中，我们要把握一个核心和一个关键：打造学校品牌，突破学科边界，促进学科渗透，实现以人为本的课程发展；展现办学成果，建设教师队伍，推进课程建设，提升课堂教育教学质量。

我们要探究融合机制的构建。一是融合过程机制，回答"如何让学科融合、教研融合在日常生活中真实发生？""融合的阶段、步骤、载体和方式有哪些？"等问题，为此需要对融合的过程进行"整体设计"。二是融合评价机制。如何整体评价融合的效果？这将是一种全新的教育质量评价体系，不再是孤立地评价某个学科成效，而是以融合度为评价单位，进行整体评价。三是融合保障机制。保障融合真实、有效且持续发生，让存在于宏观、中观、微观等不同层次的各级各类教育主体各自承担其融合责任。

延伸阅读材料:

重建"五育融合"的学习生态应该以学习共同体为中心,这在本质上认可了学习者的主体性,使教师由施教者向导学者、促学者转换。学习生态系统中的生物与非生物环境相互作用,能量的多主体、多层次结构以及多形态互动流动是对学习内容、学习时空、学习主体的超越,实现了从"成绩"到"成人"的转变,打造了健康的生态循环。

第一,"五育融合"的学习生态打通了学习内容的边界。"五育"并举和共生让学习不限于知识习得,而是包括认识、技能、态度和价值观的统合,走向"以学定教";学习的目的指向品德、智慧、体能、审美、劳动等方面的创生,而不再是知识的灌输和成绩的提升。

第二,"五育融合"的学习生态打通了学习时间和空间的边界。融合的特质让学习不再是"一次性"和"终结性"的,学习不仅是为了应对复杂社会变化的被动改变,而且是发自学习者内在兴趣、基于学习者真实需要的欣然行动;学习不仅是在校学习以及在校学习的"家庭化""社会化""网络化",而且是学习场所、空间的无限延伸和包容。学习的"无处不在、无时不有"向正规学习、非正规学习以及非正式学习的建构和发展提出了更高要求,由开放、互联构成的学习生态系统为学习时空边界的打通提供了可能。

第三,"五育融合"的学习生态打破了学习主体的边界。"五育融合"实践的落实不应限于正规教育系统,而是旨在培养真实、全面、自由发展的人。这一视域下对于人的培养必然要求学习主体不能限于学生,而是要面向所有的人,这也进一步扩展了教师身份的内涵。学习是面向所有学习者的,自然会在所有学习者中发生,学习既是目的也是手段,既为了个人成长也为了社会发展。

第四,扎根课堂,少教真学,保障每一名学习者的学习权。课堂是"五育融合"的关键。由于学科课程之间的边界阻隔,课堂呈现出"串联"而非"并联"的关联方式,教师的"教"没有融合,学生的"学"也存在局限。这种"灌输教学""应试教学"的模式导致学生机械学习、逃避学习、厌恶学习。为了让学生主动学习、乐于学习并获得深刻理解,课堂必须提供高质量的教学内容。虽然不同的学科有不同的逻辑方式和演变轨迹,但知识背后蕴含着共同的育人价值,也发挥着共通的育人功能。"融合课堂"的实现必须在共同育人价值的统领下，解构学科知识，重建"五育"知识体系、课程体系和教学体系，开发以学生为本位、适应时代发展需要的学习资源，精简课程、变革课堂、少教真学，不断实现知识的联结、转化、生成。

"双减"背景下，学生的学习要从"多用点时间学习"转向"高质量利用学习时间"。少教真学的教学方式首先是学习环境的改变。在学习共同体中，学生的位置不再是一成不变的，课堂从教师的"独白"变成师生之间、同伴之间、学生与文本之间的"对话"，学习壁垒被打破，各要素系统"能量流动"路径畅通。教师变身指导者、倾听者、对话者，学生在合作中学习、在交往中学习、在反思中学习，学生的主体性得以彰显，学生的学习权得到保障，学习的品质也有明显提升。在"自我"与"共同体"的交互中，学习内容不再窄化、割裂，学习时空不再封闭、终结，一种融合、健康的学习生态产生了。

第五，创新评价，用好评价，研发基于"五育融合"的分学段和真实性学习生态评价体系与机制，激活每个学生的"学习内驱力"和每个教师的"融合育人责任心"。学校应该坚持"轻评价、低利害、侧对话、重鼓励"的评价导向，多把"尺子"量学生，深度推进增值性、发展性和真实性学习生态测评方法与工具的开发；充分利用教育智能技术和大数据，既考量学生群体的"五育"综合素养全面发展水平，也关注每个学生诸项素养的"最近发展区"和"积极学习体验"，更加关注学生外显或内隐的"问题解决能力""成长型思维""学习内驱力"等。

第六，多元统合，家庭、学校、社会协同推进。学习生态危机的应对需要在系统内外的审视中找到出路，走向"五育融合"的学习生态需要家庭、学校、社会协同推进，以学习者的学习为突破口，强调知识的活化与生成、知情意行的关联与共生，多元统合，彰显共通的育人价值观。在这样的大趋势下，家庭、学校、社会携手前行的"家校社学习共同体"，也将成为"五育融合"实践的一种新常态和新生态。

（作者宁本涛、樊小伟分别系华东师范大学基础教育改革与发展研究所五育融合研究中心主任、华东师范大学教育学系在读博士生，原文载于《中国教师报》2022年3月2日第4版）

第三节　班级管理中的文化植根

从 16 年的班主任工作生涯中，从 9 年的学校教育教学管理过程中，从铁中跟岗锻炼中，笔者能够充分感受到的是：教育不是牺牲，而是享受；教育不是悲壮，而是幸福；教育不是重复，而是创造；教育不是谋生的手段，而是生活本身；教育不一定要抛夫别子、丢家舍业，而在于生活与事业的和谐统一。因此，无论是教学这条线，还是德育这条线，我们都得紧紧围绕培养什么人这一根本问题，科学设置课程内容，因地制宜实施情景式、案例式、活动式、项目式等课程教法，建设学生真心喜爱、终身受益的校本课程，进教材、进课表、进课堂，走进学生心中，落到育人实处。

一、孕育班级管理智慧

（一）做"慧"教师

慧，即清心净虑、洞察真相、思想明晰；慧，就是思想能抵达事物本质的、彻悟的、行事有道的一种思维方式。要做"慧"教师，就要有情怀、有担当、有能力、有爱心。作为学校工作的灵魂，从根本上说，德育工作着眼于人的发展，着眼于学生的整体发展和长远发展，通过创造出一个合乎人性的、宽松的、健康的环境，对学生健康成长和学校工作起着导向、动力和保障作用，体现着学校教育的基本目的。2020 年 10 月，笔者选择了心理健康、生涯规划、课程育人、评价体系、管理系统五个方面跟岗学习项目，深度挖掘，摸索制度的重心，探寻管理的核心，走进学生的内心，做"慧"教师。

1. 服务思想

"细"与"实"是德育工作中我们时刻对自己的提醒。"天下大事，必作于细"，我们有了从细处着手的服务思想，学生才感觉到自己是集体的主人，才敢说话，敢参与管理，敢负责任。一个班级不是教师说了算，"我管你听，我说你服"的班集体走不出真正优秀的学生。

2. 相互成就

教师帮助学生学"会学习"，学生帮助教师学"会教书"，学会管理班级。师生分头承包班级事务，人人有事干，事事有人干，没有没人干的事，也不会出现没事干的人。

3. 共同提高

后进生有三大优点，顽强的意志、较强的抗挫折能力、开阔的胸怀。大夫的医疗技术水平是怎么提高的？答案是在治疗各种疑难杂症的医疗实践中提高的。同理，班主任的管理技术水平是怎么提高的？答案是在"治疗"学生各种心灵上的"疑难杂症"的教育实践中提高的。

（二）育"慧"学生

教育质量是学校发展的生命线。教育质量不是分数和成绩，而是我们培养的人的质量。在"五育"并举的时代要求下，对"培养什么人""怎样培养人""为谁培养人"三个问题回答好了，落实好了，就是学校的成功、教育的成功。

1. 自我挖掘

要千方百计地发展学生心灵深处的人性和个性，坚信所有的人都有向真、向善、向美的一面。后进生需要做的第一件事就是——每个人自己找优点长处。若他找不到自己的优点和长处，就让他写 1 000 字的自我教育说明书，或许结果会让你吃惊。

2. 目标引领

我们"心灵的摄像机"对准一日常规、一周常规、一月常规、学期常规、学年常规。我们按时间范畴订计划，时时有事做，事事有时间做；按空间范畴订计划，人人有事做，事事有人做。守住心灵的宁静，享受尽责的快乐。

3. 行动跟进

例如，每天进行至少 1 分钟注意力或记忆力的训练。这是因为学生的注意力集中了，思维活跃了，体力好了，精气神好了，意志力好了，迁移到学习上，就很可能出成绩。每阶段让学生写自我教育计划，学中求乐，苦中作乐。

二、构建校本德育课程

什么是最有效的德育路径？第一是课程，第二是课堂。育人，不是纯技术层面的问题，我们的课堂是要带着理想情怀和责任担当的。教师在传授知识的同时，要学会传播思想和真理，因为"育人"重于"育分"，"关注成长"大于"关注成绩"。教师的一生就是由无数个 40 分钟为单位串起的课堂人生，学生的成长就是由无数个40分钟的单位串起的历程。德育课程的范围很广，在本节我们选择其中两个方面的德育校本课程，并结合学校行动实践，与大家分享。

（一）心理健康课程

1. 心理健康课程认知

心理健康课程是一门普及心理健康常识、解决学生心理困惑、帮助学生调适心理、促进其身心健康与和谐发展的课程，是进一步加强与改进中小学德育工作、全面推进素质教育的重要组成部分。中小学生正处在身心发展的重要时期，随着生理、心理的发育与发展，社会阅历的扩展及思维方式的变化，特别是面对社会竞争的巨大压力，他们在学习、生活、自我意识、情绪调适、人际交往与升学就业等方面，会遇到各种各样的心理困扰或问题。因此，在中小学开展心理健康教育，是学生身心健康成长的需要，是全面发展学生核心素养的必然要求。

我们都知道，健康才是人生的第一财富，心理健康更是学业进步、事业成功、生活快乐的基础。心理健康是指一个人具有正常的智力、积极的情绪、适度的情感、坚强的意志、和谐的人际关系、良好的人格品质和成熟的心理行为，能正确面对周围的人和事。心理问题尤其是抑郁症，已经越来越多地出现在中小学学生群体中，引发了社会、学校与家长担忧。从我们接触的不少案例中，可以明显发现，因学校硬件建设而造成的安全事故其实并不多，更多事故的发生都跟我们师生的危机把控和心态认知相关。因此，对师生的心理健康问题追问和反思就提上了学校工作的议事日程。值得庆幸的是，大部分学校已经在基础学科的课堂教育教学过程中，落实了心理教育、心理知识的有效渗透。但不少学校容易忽视的问题，或者说比较薄弱的一个环节是，心理健康教育的点与面的有效结合。

2. 心理健康课程目标

在大德育范畴，开展心理健康教育，就是使学生学会学习与生活，正确认识自我，提高自主、自助与自我教育的能力，增强调控情绪、承受挫折、适应环境的能力，培养学生健全的人格与良好的个性心理品质；对有心理困扰或心理问题的学生，进行科学有效的心理辅导，及时给予必要的危机干预，提高其心理健康水平。

心理健康课程目标主要包括提高常识水平、意识水平与行为水平三个方面。其中常识水平包括普及心理健康常识，认识一些心理异常现象，了解心理健康保健的常识、调节方法与技能。意识水平就是指在认识心理健康常识水平的基础上，认识到心理健康教育的重要性，树立心理健康意识，积极关注个体的心理状态，当有心理困扰的时候能够及时寻求心理援助，缓解并解决心理困扰。行为水平则是指在掌握一些基本的心理健康保健常识与调节技能的基础上，能够自主调节，通过自助、他助与助他三种方式进行心理疏导与心理干预。

3. 心理健康课程标准

《心理健康教育课程标准》（2014 版）指出，初中年级心理健康教育内容包括：帮助学生加强自我认识，客观地评价自己，认识青春期的生理特征与心理特征，适应中学阶段的学习环境与学习要求，培养正确的学习观念，发展学习能力，改善学习方法，提高学习效率；积极与教师及父母进行沟通，把握与异性交往的尺度，建立良好的人际关系；鼓励学生进行积极的情绪体验与表达，并对自己的情绪进行有效管理，正确处理厌学心理，抑制冲动行为；把握升学选择的方向，培养职业规划意识，树立早期职业发展目标；逐步适应社会与生活的各种变化，着重培养应对失败与挫折的能力。

如何落实心理健康教育课程标准呢？作为成都市心理健康特色学校，铁中的心理健康教育值得借鉴：一是以心理健康教育中心下设的心情驿站、心灵氧吧为平台，每周一至周五 12:10～14:00，开展一对一学生心理辅导；二是以课程建设为抓手，推进心理健康教育课程进教材、进课表，同时定期举办年级学生心理讲座、班主任心理教育讲座、中高考考前心理培训。心理健康教育中心负责人胡琳老师谈道，为了让心理健康课程教育落实、落地、落细，我们要掌握好以下八类关键词：

（1）心理辅导室设计、规划。

（2）专职心理辅导教师培训、总结提炼、内驱力。

（3）班级心理观察员、心理委员的选拔。

（4）学生心理健康全员筛选、档案。

（5）每周有课程，每月有活动（心理健康活动月）。

（6）沙盘治疗、艺术治疗、家庭治疗、认知疗法、游戏疗法。

（7）师生重大心理问题转介。

（8）自我探索、校本提炼、行动跟进。

4. 心理健康课程实践

为进一步提高学生心理健康工作的针对性和有效性，切实加强专业支撑和科学管理，提升学生心理健康素养，2021年7月，教育部办公厅印发了《教育部办公厅关于加强学生心理健康管理工作的通知》。该通知从四个方面对学校心理健康工作提出了要求，其中第二点明确指出要加强过程管理，提升及早发现能力，做好心理健康测评，加强日常防控。作为一所农村普通高中，2021年铁中有学生3 641人，学生心理素养参差不齐，心理问题突出的学生较多。在学校2021年进行的心理测评中，严重心理问题学生有364人，危机心理问题学生有55人，从初一到高三，每个年级都有心理问题学生，比较棘手。究其原因，主要是农村学校留守儿童、离异家庭的学生较多，并且学生易受网络的不良价值观、人生观影响。我们具体落实了以下三项工作：

（1）预防为主，重视测评，全面干预。每周一下午都安排一节专门的心理班会课，班主任结合班级实际，确定合适主题，普及心理健康教育知识；每天18:00~18:30，安排30分钟的安全教育课时间，加强安全和心理健康教育；每学年对全校学生进行心理健康测试，开放全部机房，2天时间完成69个班的全部测试，根据筛查结果，结合班主任对学生学情的了解，对存在严重心理问题的学生进行第二次筛查，以提高测试的有效性和可靠性。

（2）多措并举，家校协力，共护健康。加强心理健康教育队伍建设，配备了3名专兼职教师；班主任团队全员持证（成都市心理辅导员证）上岗，其中持B证的班主任有32名，持C证的班主任有27名；成立了学校心理社团，每年协助学校开展"'5·25'心理活动月"、走进敬老院、走进班级团体辅导三大主题活动；每天13:00~14:00开放心理辅导中心，安排2名心理老师接待个体心理辅导，心理社团成员也参与其中；开展以点带面的心理团体辅导活动，通过各种有趣、有意义的心理游戏，让学生在活动中感悟，在活动中成长，让有心理困惑的学生能多一些方式倾诉，最大限度地降低严重和危机心理问题出现的可能性（见图3.1）。

图 3.1 学生在活动中成长

（3）安全观察员，一对一陪伴。在班级实践中，每个班级都设立了安全委员（心理委员），建立了心理观察员制度，职责在于协助班主任关注同学们的心理动态，关注在心理健康测试中表现出有严重和危机问题的学生，走近他们，关心他们。在他们表现出异常行为，需要帮助时，安全委员及时给予援助并告知班主任，达到有效防范的目的。学校心理社团定期对班级安全委员（心理委员）进行培训，让他们了解一些心理问题的表现、掌握一些人际交往的方式，在自我提高的同时，也能及时有效地开展工作。对于心理出现异常的学生，班主任会记录他们的各类信息，形成个人发展档案；同时，会就出现的问题联系学生家长，共同协商孩子心理发展的问题，给出合理适当的建议，并安排学生进行"一对一"看护，随时关注其心理动态，做到心中有数，随时掌控。下面，我们选择了一个学生参加完学校心理团体培训和辅导之后的一些感悟，分享给大家。

"在还没上心理课的时候，我就对心理课程有着一种莫名的感情——也说不清是怎样的感情，就是有一股想把它学好的冲动，甚至希望自己能够从中找寻到属于自己的一片天空。班主任讲了学校要开展心理培训和团体辅导的事情后，我就立即报了名。通过几周的学习，我被它的科学性、真实性折服，可以说它是实实在在存在的东西，与此同时，我还发现心理健康与身体健康同样重要，两者之间是相互联系、相互影响的。心理学不仅具有科学性，而且不乏应用性。心理理论固然枯燥，但配以实例，不但不乏味，反而让人有一种从生活中悟出哲理的感觉，视野也开阔了。心理学来源于生活，又指导生活。"

　　"学习了心理课后，我感觉我的性格、为人处事的方式，甚至价值观都发生了很大的变化。我开始知道如何去关心他人，处理事情时也考虑得更周到。我逐渐开始观察、理解朋友的心理和情绪上的变化，并力所能及地给予安慰，以缓解他们轻度的心理上的问题。心理课的学习使我无论从文化知识上，还是从自身修养上都进步了不少，在这个过程中，我也在不断地成长。我很感谢许倪倪老师，让我懂得了许多。心理学不仅让我了解了许多心理特点，也让我掌握了如何正确对待周围的朋友，但最重要的是我学会了自我调整。失意的时候，悲伤的时候，我会安慰自己：快乐其实很简单，只要我们敞开胸襟，包容这个世界，我们的生活会很超然，成功也会与我们不期而遇。"

（二）生涯规划课程

　　"亲其师，信其道。"这里的"亲"不只指亲近、亲爱，学生对教师的"亲"，更多的是一种由衷的佩服。而真正赢得学生佩服的，是教师深厚的文化底蕴和人格魅力。德育处的几个教师给我最深的印象就是学生都很喜欢他们、信任他们。团委书记黄平老师说："几乎每届高三的学生我都认识，并且他们毕业多年之后我们都还能够建立良好的关系。对活动的开展，我更多是指导，更多是参与，更多是协调，而不是组织。"正所谓管理不是把学生管住了，让学生听话，而是要激活学生，调动学生的积极性，让他们通过参与管理活动，锻炼、展示、提升自己。

1. 机制健全

学校成立了学生生涯规划教育指导中心，开设了高中生职业生涯规划辅导选修课，创办了《启点》小报（见图3.2）。课程内容上，选修课可包含学术性选修课和职业性（或技术性）选修课。前者侧重于教授基础文化知识和基本技能方面的知识，包括高深型、拓宽型、趣味型学术性选修课，学生在学术性选修课中发挥特长，培养个性，这对学生的学术走向有特别重要的意义。职业性（或技术性）选修课包括农业类、工业类和商业类选修课，目的在于使中学生了解一些工业、农业、商业发展的历史与现状，增进学生对于感兴趣的行业的了解，掌握一些知识与技能，为今后的就业做准备。

图3.2 《启点》小报

（1）队伍建设。要开展生涯规划教育，首先要有专业化的师资队伍。我们聘请校外专家，加强对全体教师的生涯规划通识培训，普及相关生涯规划教育理论知识、职业指导技能，了解社会最新就业动态与职业需求，并将生涯规划教育与日常管理工作、德育实践活动相结合。同时，建立以心理健康教师及班主任为骨干的生涯规划教育的师资队伍，选派优秀教师到生涯规划教育开展得比较好的中学观摩学习，接受培训，借鉴成功经验，以便结合本校实际开展教师生涯规划教育。此外，学校可定期开展教师生涯教育研讨会，与教师共同探讨和解决教育过程中出现的难题，制定适合本校的生涯规划教育体系，提高教师生涯规划教育的水平和质量。

（2）模式创新。建立分类型、有重点、面向全体学生的导师制教育模式，全体教师作为导师与全部学生结对。每位导师要善于转换育人模式，积极与学生家长、其他任课教师联络，全面了解学生在各方面的表现，引导学生逐步学会规划人生以及准确评价自己的特点和优势，初步确立人生方向和奋斗目标，分析现状和目标的差异，在学科的选择和志愿的填写中科学定位职业方向，为终身发展奠定基础。

（3）学科融合。各学科教材的内容既是学生未来从业必须掌握的基础知识，又是进行人生规划指导的重要载体。教师在学科教学过程中，要培养学生的理想和规划意识，让学生了解社会上与此门学科相关的职业类型，有意识地发现学生在课堂中表现出来的爱好和特长、职业兴趣、气质和能力。学校通过对学科教师的培训，引导教师发掘学科教材中所涉及的生涯发展相关事例，选择合适的切入角度，因材施教。

2. 活动育人

教师心中有学生的一个重要前提是：不能把学生单纯地看作受教育者、被管理者，而要将他们看作一群有思想、有感情、有性格、有欲望的人。教师与学生之间的心灵差距越小，教师的教育效果越好。用"脑"思考教育、用"心"理解学生、用"情"感化孩子。正是基于这样的认知和理解、反思与实践，我们以下的三项常态化活动才能取得积极的育人效果。

（1）生涯讲坛。聘请大学教授、家长、职场专业人士、优秀校友到校开展生涯讲坛活动。大学教授向学生介绍他们的学术研究领域、他们的人生发展轨迹，分享他们成长过程中的选择历程。以班级为单位，邀请家长走进班级教室，为学生介绍身边的职业，介绍该职业岗位的实际工作情况。聘请金融、法律等热门行业的相关职场人士到校开展专题讲座，介绍其工作的主要内容、所需技能、市场前景、行业相关信息，帮助学生进行职业探索和认识职业环境，进而让学生有效地进行职业生涯规划。以年级或班级为单位邀请优秀毕业生返校和学弟学妹们进行交流，介绍自己高中三年的学业规划，在目标管理、时间管理方面的经验，以及自己所就读的大学及专业情况，可以以身边的榜样力量引导在校的高中生坚定目标，明确发展方向并为之而努力。

（2）职业体验。学生利用寒暑假社会实践的机会开展生涯体验活动，通过亲身实践，不断明确学习成长目标，为专业性发展、职业倾向选择提供判断依据。"踏上父母上班路"活动，让学生到父母工作的单位进行职业探索和体验;"高校专业探索",让学生针对自己感兴趣的高校及专业进行探索和了解;"职业体验",让学生以学习小组为单位,到企事业单位体验感兴趣的职业。

(3)开展"高校节"。"高校节"(见图3.3)作为学生生涯规划的创新项目,在每年寒假散学典礼前夕由学生组织,共有北京大学、复旦大学、中国科技大学等五十余所高校的一百多位铁中校友,面向有兴趣参加此活动的广大学生和家长,开展高校介绍和专业选择等现场咨询,更有部分高校招生办老师亲自坐镇。在"走近大学"校级宣讲会上,高校校友代表从不同的角度讲述自己的学习生活,为高三学生指点迷津;在"我的大学"班级宣讲会上,部分校友走进班级,与高二、高三学生进行面对面交流,细致分享。

图3.3　成都市铁路中学校第二届高校节毕业校友面对面交流环节

三、有效完善评价体系

评价体系的建立,对一个班级的群体价值观具有很强的引导、激励和诊断作用。一个优秀的班主任,要建设优良的班风与学风,有两个东西需要掌握:一是管理要求,二是评价制度。其实,生活在社会上的每一个人,都很在意别人的评价。评价位于前,是引导和激励;评价立于后,是强化与诊断。

评价,即使是对一个人的评价,也是一个复杂的系统,更不用说对一个班级的评价——这涉及多种理论和支撑数据。教育部《基础教育课程改革纲要》明确指出,要"建立促进学生全面发展的评价体系。评价不仅要关注学生的学业成绩，而且要发现和发展学生多方面的潜能，了解学生发展中的需求，帮助学生认识自我，建立自信。发挥评价的教育功能，促进学生在原有水平上的发展。"每一个班主任、班级评价制度的主导者，都要以此作为班级评价体系的指导思想，发展学生核心素养。

既然是评价，就要体现客观、公平、公正。我们在设计评价制度时，要尽可能回避量化评价的缺陷，如以扣分为主要手段，负面评价占比较大；评价项目基本局限于常规表现；无论加分还是扣分，没有明显的配套措施，不痛不痒，不能引起学生的重视。因此，我们要把班级评价项目的设计与班级工作目标相匹配，与班级文化建设相匹配，与学生个体发展相匹配，把诸如学习评价、班务工作评价、活动评价、品行评价、综合评价纳入"班级管理日志"，专人负责，按照议定规则自动生成"每周班级之星"、班级月度/年度人物。

四、提升班级管理质量

既然提出"管理系统"这个概念，那就是说各个要素之间、各个环节之间有连接，相互作用。没有连接，沙子永远是沙子，不会成为"塔"。一个班级中，教育、教学、管理三者相辅相成，缺一不可。实践中，大多数学校，都是教学优先，"重教学，轻管理"的现象比较普遍。有人认为，只要学生不出事，考试成绩才是重点。殊不知，对于大部分普通高中而言，没有纪律约束的课堂，没有规则管理的校园，没有"德育固本"，就不能有很好的"质量中心"，正所谓："五育"并举，德育为先。

班级管理能力是班主任首要的专业能力。抓实了班级事务的管理、学生行为的管理，"不会做"，我们就"教他做"；"不想做"，我们就"引导做"；"忘记做"，我们就"提醒做"。这个分类解决处理问题的过程，不仅为教育教学提供了保障，本身也有重要的教育价值。班级管理中包含了大量的教育元素，通过参与班级管理工作，学生可以提升自己的能力和素养。学生在班级管理工作中接受了教育、发展了自己，这种提升是上课、考试不能做到的。管理从来就不是为管而管，或只为教学而管。这一点，或许很多人没有认识到。

我们要知道的是，班级本身并没有一套原创的管理方法，科学有效的管理班级的方法来自近现代的企业管理。我们结合班级自身的特点和教育教学实践，在行动中研究，在研究中提升，最终形成了班级管理九项 36

字方针的完整闭环系统。具体如下：

（1）制定目标。

（2）完善机构。

（3）明确岗位。

（4）分工协作。

（5）细化流程。

（6）督促执行。

（7）处理疑难。

（8）考核评价。

（9）回应目标。

班级管理中，教师让学生心理"服"了，才能让教育管理真正发生，学生参与班级事务工作的主动性、积极性才会提高，学生的综合能力才能得到极大的提升，这是一种情商。心理学家丹尼尔·戈尔曼认为："情商"包括自我意识、控制情绪、自我激励、认知他人情绪、处理相互关系，它涵盖了情绪、意志、认知能力、抗挫能力等多种品质。笔者更愿意将其概括和提炼为两个字——"情"和"感"，即对自己情绪的认知和把控。对自己教育对象的感知和理解，这是落实班级常规、提升管理质量的根基。智商高、学历高，但情商偏低，将会对自己的教育教学工作造成障碍。

班级是每个人的班级，只有全员参与的班级管理才是最好的管理。我们以自身的人格魅力，通过小组推荐、他人推荐，让更多的学生深度介入班级管理，"位得其人，人尽其责"，尽可能提供各种尝试的机会，让普通学生都能介入班级一些重大问题的研究讨论——研究班级事务、讨论工作如何开展、收集意见和建议及反馈——会收到意想不到的效果。试想，当一名普通的学生也能介入班级最核心的事务的讨论时，他不仅感受到了一种尊重，而且还会产生"我是班级主人"的集体荣誉感和责任感，从而有效改变"少数人管理多数人"的局面，实现了教育、教学和管理的初衷——发展学生，改变学生，成就学生。

第四节　亲清家校中的理念创新

家庭与学校是学生成长过程中最重要的两个场所。家庭与学校，二者并非互不相干，而是密切联系；不是隔门相望，而是共同参与。从时间起始角度看，家庭教育对人的影响更早。家庭是孩子最先接触和了解的地方，是孩子行为习惯养成的地方，是孩子接受熏陶时间最长、作用最大、最不可或缺的地方。全国优秀教师李镇西在一次关于家庭教育的报告中说过："学校教育非常重要，但无论多么重要，都只是家庭教育的重要补充。"一个孩子优秀与否，首先是由其父母决定的。就品行而言，孩子做人的高下，最重要的是取决于其父母的家庭教育。

一、专业视野下的家校共育

家庭教育是人类的一种教育实践，是在家庭互动过程中父母对子女的成长发展所产生的教育影响。它是父母或者家中长辈对年轻一代或者家庭成员进行的教育，并且这种教育是在有目的、有意识的前提下进行的。家庭教育也有广义和狭义的分别：广义的家庭教育指除自己以外的家庭成员对自我有目的、有意识的影响，这种教育通常久远，甚至影响一生；狭义的家庭教育指一个人成年之前，父母或家里的长辈对其进行有目的、有意识的教育。家庭教育伴随人的一生，影响人的一生，对一个人的成长成才至关重要。教育家蔡元培先生说："家庭者，人生最初之学校也。"清醒认识家庭教育的重要作用，对于我们每个人、每个家庭乃至整个社会都有十分重要的意义。可见家庭对孩子的影响不能忽视，好的家庭教育能成就孩子健康发展的全程。

"父母是孩子最好的起跑线。"这句话的意思是，孩子的一切都是其父母的折射。父母的品质将决定孩子的素养。没有天生的成功父母，也没有不需要学习的父母，成功的父母亲需要不断地学习和提高。但是，如何更好地教育孩子是家长们公认的一大难题。很多家长在孩子家庭教育方面很是迷茫，没有正确的方法。我们提出"亲清家校"这个课题，就是让家长在迷茫的时候能找到今后生活与教育的方向，各个项目的有效实施，让家校合作的资源越来越丰富，沟通越来越和谐，交流越来越温馨，让家长和教师在这个课题研究的过程中汲取智慧的营养，教会学生怎样做人、怎样做一个成功的人，并引领他们思考和感悟人生，为实现人生目标、取得成功做好充分准备。

二、家校共育的内容与层次

"言传不如身教。"家庭是孩子成长的第一环境，一个人社会化的过程始于家庭。基本生活技能的掌握、社会规范的接受、生活目标的确立、生活方式的形成、社会角色的培养等，最初都是在家庭中形成的。家庭教育是否得当，在很大程度上影响着孩子的健康成长。恰当有效的家庭教育宛如和风细雨，与专门的学校教育相比，家庭的教育功能有着隐蔽和间接的特征，家庭教育与生活的时间、空间、活动往往是统一的。在高频、细节的接触中，父母的思维及行为方式被孩子不知不觉习得、内化，并深刻地影响其一生的成长与生活。

（一）家校共育背景

开放、民主的新时代向传统家庭教育观念、家庭教育方式提出了挑战，呼唤家庭教育的新视角、新理念、新方法，以提高家庭教育效能，促进形成家校教育合力。家校合作是为了孩子的健康成长，让孩子充分享受来自教师和家长的关怀，以及教育给孩子带来的欢乐。由于家庭的千差万别，家长对教育子女的目标、成才的观念各不相同，因此家长对子女的教育理念也不相同，所以家庭教育必须在学校教育的配合下，具体分析每个孩子的实际情况，正确引导孩子成才，让孩子健康成长，成为有用之才。家校合作关系的建立能更好地优化学校教育的环境。社会和家长对学校的要求也是学校教育不断优化的一种动力。学校充分利用家长这一有力的教育资源去优化学校内外的教育环境，会使学生接受的教育更完整。

我们在探索家校共育工作的过程中，广泛加强并优化家庭教育工作，努力培育"亲清"和谐的家校共育环境。"亲清家校"，一是要打造体现亲近亲密的家庭教育、学校教育之间的关系，家长与学校之间因为孩子而彼此走近、齐心协力，逐步产生相互依赖的和谐关系；二是要职责分工清晰明确。家庭和学校是孩子健康成长的两个不同环境，家庭教育优势在于塑造孩子的品格和习惯养成，学校教育优势在于知识传授和能力培养。

为秉承学校、家庭、社会共育的大教育理念，进一步推进和落实市教育局构建"亲清家校"关系工作，我校将广泛加强并优化家庭教育工作，努力培育"亲清"和谐的家校共育环境。笔者结合铁中实际，梳理本项目的具体亮点。

（二）家校共育主体

（1）家长主体责任。一是要依法履行家庭教育职责，及时了解孩子不同年龄段的表现和成长特点，真正做到因材施教。二是要严格遵循孩子成长规律，明确各个阶段家庭教育的重点内容和要求。三是不断提升家庭教育水平。

（2）学校引导作用。学校不应是家庭教育的旁观者，而应是积极的参与者、科学的引领者。学校应该在家庭与家庭之间、家庭与学校之间、学生与家庭之间架起沟通交流的桥梁，充分发挥学校的引领作用。统筹家长委员会、家长会、家访、家长接待日等各种家校沟通渠道，为孩子的健康成长营造和谐、健康的"亲清"环境。

（3）社会支持网络。一是构建家庭教育社区支持体系；二是统筹协调各类社会资源单位；三是给予家庭困难学生更多关爱帮扶；四是创设各类家庭教育宣传平台。

总之，应加强学校与家长、社会之间的协作与互动，引导广大家庭和社会主动配合学校教育，形成携手共育的强大合力。

（三）家校共育类型

家校合作是一种双向、互动的合作，需要家校双方的共同参与。家校双方合作有三个层次：信息交流层次、意义沟通层次、价值劝说层次。作为家校合作的前提，信息交流是指家校双方互通信息，保持信息畅通；意义沟通是指家校双方在信息交流畅通的基础上，能够相互尊重，站在对方的角度相互理解；价值劝说是指家校双方在沟通理解的基础上，学校对家庭教育进行指导，从而促进学生健康成长。这三个层次依次递进，相辅相成。

（1）信息交流。交流的内容既可以是学校的方针、政策、教育管理理念、孩子在校期间的行为表现，也可以是家庭的结构、现状、家长对孩子教育的困惑以及对孩子的期望。

（2）意义沟通。著名教育家苏霍姆林斯基这样说道："教育的效果取决于学校家庭的一致性。"有沟通才会有认同，有认同才会有理解。我们都站在对方的立场想问题，家校配合就会提升教育的有效性。家长开放日活动反馈表如表3.1所示。

表 3.1　家长开放日活动反馈表

活动时间		班级	
学生姓名		家长姓名	

您的孩子对学校、班主任和任课教师的评价如何？
参加了本次家长开放日活动，您对孩子所在年级、班级的总体印象是什么？
听课后，您对学科教师课堂教学以及您的孩子课堂表现的总体评价怎么样？
您对学校的总体印象和评价，以及您对学校今后家长开放日活动有什么意见或建议？

（四）家校共育举措

（1）家长学校课程。依托市家庭教育学会和德育 APP 统筹安排各级家长学校课程和相关活动，通过专题培训讲座、咨询答疑等方式为区域内家长提供专业高效的育人知识、技巧等课程。

（2）家庭教育团队。打造一支以学校德育校长、德育主任、年级组长、班主任为主体，优秀家长共同参与的家庭教育指导团队，开展家庭教育研究、探讨、指导工作，发挥示范、辐射和带头作用，在辅助班主任工作的同时，减少班级管理的一些矛盾。

（3）家长资源构建。健全学校、年级、班级的家长委员会机制，形成四级家长资源库，实现家长委员会工作网格管理。

（4）家庭教育课程。在市级家庭教育课程的基础上，开发校级课程，促进学校家庭教育工作的落地。

（5）多元媒体呈现。用好新媒体交流平台，继续利用微信、QQ、校园网等平台与家长随时随地进行交流，及时解答困惑家长的问题，为家长支招。

（6）完善家庭教育评价体系。探索构建家长"金字塔"成长体系，以校为单位进行学习、培训、考核，促使家长自我成长，颁发相应的学校优秀家长学员证书，激励家长持续学习。在学校教育活动的开展过程中，不是单单发挥学校教育的作用就能实现培养高素质人才这一目标，而是需要将学校教育和家庭教育紧密相连，协调二者的作用，共同促进学生全方面发展。在学生的教育过程中，充分发挥学校教育和家庭教育的优点，在此基础上将二者有机结合，从而推动学生朝着更好的方向发展。

（五）家校共育范式

（1）高中：职业体验。学生利用假期跟随父亲或母亲到他（她）的工作单位，观察其工作环境，了解其工作内容，感受其工作节奏和劳作心境，完成实践报告。从远观父母每天的工作到学生的亲身体验，有利于家庭亲子关系的良性发展；学生深入真正的工作环境，感受日常上班的压力，完成工作任务，打破纸上谈兵式的职业想象，有利于学生更好地认识社会分工，也有利于学生更好地联系所学知识，挖掘大学专业的具体内容，进行兴趣爱好和特长所对口的职业生涯规划。

（2）初中：今日当家。学生和家长进行角色扮演，利用半天或一天时间互换角色，孩子扮演"父母"，父母扮演"孩子"。双方通过体验和实践对方的角色，体验对方在不同情况下的内心感受，从而对自己的行为、情绪、想法有所觉察，更好地理解对方，以促进亲子关系的良性发展。

（3）心理咨询辅导。学校心理咨询室在开展个别心理辅导的过程中，针对出现心理问题（特别是因亲子关系不佳引发的心理问题）的学生，及时与其家长进行沟通交流，通知家长到校进行四方会谈（学校领导、班主任、心理老师、家长），告知家长孩子可能存在的潜在风险，建议家长及早带孩子到专业医院进行进一步评估诊断，同时告知家长严密监护，警惕孩子出现高危行为。

源于探索，成于实践。为了保障家校共育的实践成效和育人效果，课题组将进一步强化家庭教育队伍建设，优化家教机构，组建师资队伍；积极做好家庭教育媒体建设，建立家教网络机构，学校网站开辟家教栏目内容，以扩大家教知识的传播力度，不断完善家教策略，提高家教的科学性和实效性；利用每个宣传阵地、每个宣传方式，做好家校工作。多渠道下发家庭教育的调查问卷，了解家长对学校教育教学的评价与建议；建立信息反馈制度，认真做好家校的信息交流工作，并有资料记录。

三、典型案例分析

案例一 "叫家长"背后的无奈

"叫家长"或"请家长"，是一个口语化的词，在师生、家长中很流行，通常是指教师主动联系学生家长，请家长到学校，沟通一下学生的思想情况、学习成绩和行为表现。现实中，从学生和家长的心理来看，"叫家长"又被很多家长戏称为"训家长"。由"叫家长"到"训家长"的差距，我们可以感受到家长对"叫家长"的头疼与害怕。以下是几位家长的感慨：

家长 1："每次孩子班主任把我叫过去，除了告状就是教训，为了孩子，还不能顶嘴，只能耐心听着。上班听老板训，下班听教师训，真难受啊！"

家长 2："班主任打电话来准没好事，电话还不能不接，除了批评我家孩子，一句好听的都没有。教师训过之后也不提供建议，我们从哪管，怎么管啊？"

家长 3："每次班主任叫孩子爸爸去学校，教师说孩子这不好、那不好，就是怪家里没管好。爸爸挨了一通批评回来，我们家就闹得鸡飞狗跳的。"

家长们的内心感慨，透露着许多的无奈。在传统的"尊师重道"思想的影响下，有些班主任认为其地位神圣不可侵犯。因此，这些班主任在与家长面对面交流时，往往是一种居高临下的姿态。"叫家长"或"请家长"，更多是因为学生在校表现不良，师生之间沟通又不畅，无形中家校沟通就变成了班主任在指责家长、批评家长，甚至是教训家长。班主任出于沟通的目的，但却没有收到沟通的效果。家长则在班主任的"训斥"中，对班主任产生抵触情绪，严重影响了班主任和家长的后续深度交流。所以，班主任在与家长沟通时要注意平等性原则，尊重家长，并及时听取家长的意见，了解家长在家庭教育中的困难，不能一味地指责。要使家校沟通形成一种平等宽松的氛围，以利于信息的交流、问题的沟通，从而促进孩子的成长。

另外，班主任在"叫家长"前，要平和心态，明确与家长交流沟通的目的。在班主任"请家长"到校时，除了指出学生的问题之外，还应该为家长提供家庭教育的指导，就是我们常讲的要坚持家校沟通中的指导性原则。家长 2 烦恼的其实不是班主任的"训"，而是如何"教"，如何用科学的方法来教育子女，纠正子女的问题行为。家长 3 家里的"鸡飞狗跳"，正是由于家长没有合理的方法去教育孩子，所以在学校了解到问题后，回到家里只能采取更加严厉的的惩罚措施，甚至是体罚。"爸爸打，妈妈拉，孩子哭"，其结果往往是打过、吼过、骂过，孩子当时承认了错误，但是没几天就又"原形毕露"了。这说明方法不合适，没有真正地触及孩子的内心，或者说没有帮助孩子真正地认识错误、改正错误。家长们的这些感慨、这些怨言，正是说明教育能力缺乏的无奈。

因此，班主任不能将"叫家长"或"请家长"这种沟通方式变成单向的指出问题，而应该结合学生的具体情况，帮助家长找到一条合适的、有效的教育途径，以培养和提高家长的家庭教育能力，指导家长形成科学的家庭教育意识。班主任应该用专业素养，为家长提供家庭教育知识和指导意见，不能忽略家长的教育热情。家长往往是在无奈的情况下，才选择"教育放弃"，一切归教师管。这种情况，是我们在家校合作中最不愿见到的，也是最不理想的。

案例二 来自学校的"关爱"

"又来了！每天最少三条，多则有七八条。我收到最多的短信是来自学校的，而不是客户的。而微信、QQ更多，一会儿是疫情通知、信息收集，一会儿是学科答案订正，有时长达十几页。"一位家长刘先生有些无奈地说。他感慨道："虽然校讯通、微信群、QQ群方便了家长第一时间了解情况，但有时数量多得让人抓狂，班主任要发各类通知、上传各类信息，语文、数学、英语老师发作业和答案，体育老师还要发运动要求，甚至有时校方也在发，从上午到晚上没停过。有时，你上班忙着，或者因为其他事务耽搁，教师的批评马上来了，某某家长还没有回复，某某家长还没有订正答案，心里'咯噔'一下，工作的心情也被影响了。"

在这里，校讯通、微信群、QQ群不仅没有达到相应的效果，反而给家校之间的信息交流带来了某种心理上的阻碍。从性质上讲，校讯通、微信群、QQ群是现在社会上最普遍的三种家校沟通方式。校讯通、微信群、QQ群的出现为家长和学校沟通建立起了良好的桥梁，班主任或任课教师通过这些方式及时地通知家长各项事宜，使家长更好地了解学生的在校表现。但是如果教师教育观念落后或管理不善，就会出现一些问题，如只是把它作为通知家长每日学校布置的家庭作业的工具。但是，并不是所有家长都能使用智能手机。作为班主任或者任课老师，我们有时可否换一种方式，让家校沟通的效果更深入、更有效？

四、家校共育指导对策

1. 把握与家长沟通的技巧，掌握与家长沟通的艺术

一个班主任或者任课教师，要面对 50 位甚至 100 位左右的家长，而每位家长的性格、职业、教育背景都不同，有的家长属于知识型、有的家长属于溺爱型、有的家长属于放任不管型、有的家长属于脾气暴躁型，等等。因此，在家校沟通时，要针对不同的家长采取不同的策略。但无论怎样讲，教师对学生的评价要公正、客观、全面，让家长听完后，觉得这是教师的肺腑之言。教师要多鼓励、赞扬学生，把自己对学生的期望和肯定通过家长传输到学生那里，让家长和学生都充满信心，不要等到学生犯了错误才家访、请家长。当学生有错时，教师不要让家长感觉到教师在推卸责任，要把学生犯的错误通过提供可行性的建议表达出来，或换一个语言表达的角度，使学生和家长都能够接受。

2. 建立平等的沟通机制，畅通家校共育的渠道

班主任在对家庭进行教育指导时，首先要摆好自己的心态，不能是一副高高在上的样子，要求学生家长完全按照自己的方式开展家庭教育。要给学生家庭充分发挥的空间，只有这样，家长才会乐于让班主任或者任课教师进入自己的家庭进行指导。家校合作不光需要班主任和家长的参与，也需要学校给予更大的支持。校方德育办应搭建一个全校、全年级班主任集思广益的平台，加强班主任管理过程中的集体备课工作，并让班主任共同商讨家校合作中遇到的问题，从而提出有效的解决办法。

3. 指导方式多样性，指导效果针对性

客观地讲，家校共育工作特别需要班主任的耐心、细心与恒心，对工作保持永久的积极性和热情。但是，仅凭耐心也是不够的。校级德育管理人员、年级管理团队要开动脑筋，开展各种家庭教育活动。比如可以开办家长课程，开设知识讲座，进行家教行为指导，宣讲教育政策法规，讲授教育学、心理卫生等知识。开办讲座前，通过每学期开学时发放给家长的学校课程意见征询表，了解家长需要哪些知识、哪些帮助，然后整理出切合家长愿望的家长学校课程，组织专题讲座。再如，针对放学时家长等待接孩子的现象，学校可开设流动的家长学校，把家长请进学校的阶梯教室，滚动播放一些家庭教育宣传片，既保持了校门口安静的环境，又能让家长接受一些教育知识。除此之外，学校还可以开办家长俱乐部，选择部

分优秀的班主任进行及时而有效的指导。

需要指出的是，班主任对家长家庭教育指导的有效性，首先表现在指导的科学性上、实用性上。这就是说，给家长的建议要条理清晰、言简意赅，最重要的是科学、实用。没有把握的不要说，记不准确的不能说，有争议的不要说，要实事求是，不能言过其实，故作高深。试想，如果教师的建议不科学、不合理，教师在家长心中的威信就会大打折扣。所以教师一定要加强自身的理论素养，积极探索，勤于思考，善于表达，学会反思。例如，教师应认真学习包括法律、教学、学生心理、家长心理、指导策略等。但是只是在理论上具备这些知识是不够的，还要主动积累与家长打交道的经验，学会应对各种"疑难杂症"。除此之外，还要有良好的心理素质，因为家校共育工作不会如我们想象中的一帆风顺，我们要及时地调整好自己的心态，掌握好以下三种基本方法：

（1）个案指导法。学校针对一些因家长与班主任意见分歧而引发冲突的案例，从学生、家长、教师等不同角度寻找与分析家校沟通不良的原因。教师要通过介入学生家庭，以朋友的身份和家长进行沟通，并与学生进行交谈，充分倾听各方的"陈述"，理清家校沟通中的"障碍点"，从而提出合理建议。同时，要创设班主任与家长面对面沟通的环境，让双方交换各自的想法，以消除彼此的"心结"，缓解紧张关系。通过对典型个案的实践指导，班主任才能掌握对这类家庭进行教育指导的策略、步骤和方式。

（2）自我反思法。班主任梳理与家长沟通中达成共识以及引发冲突的案例，进行分析、比较、反思，总结成败原因，并借助年级同事的启发指导，调整行为策略，设计"再沟通"方案，并予以实施。通过自我反思、同事互助、集体诊断，教师相互之间就建立起了积极的伙伴关系，形成了能够交流经验、切磋心得的研究团队。

（3）借鉴创新法。班主任可通过对典型案例的学习与研究，学会换位思考，调整处理问题的方式。我们可以发现，有些家长文化素质不是很高，生存压力较大，家庭教育方式不够灵活，特别需要得到班主任、任课老师的关注和指导。若教师在家校沟通中责备家长，这种沟通将会变成"僵局"，严重影响问题的及时有效处理。与这类家长沟通、指导时，更需要我们良好的心理素质和服务态度，无论是在多么尴尬或困难的情况下，都要体现自己的人格素养，赢得家长和学生的理解，这样才能达到家校共育的最佳效果。

第四章　行动研究：
校本教研助推　对话优质课堂

编者按：行动研究——通过网络研修、深度研讨、实地跟岗，学习了省内外专家团队、名校长、教研员的课程建设、教学管理经验之后，怀远中学开展了2020—2021学年度四川省崇州市怀远中学第十届教师课堂教学技能大赛暨第二届学术交流研讨活动，共计八个模块。一方面，以赛促研，组织教研组长、把关教师、学科教师共同制定学科优质课堂评价量表，细化评价指标，分学科开展新授课、复习课、讲评课、实验课课型研究，课例设计，提炼怀远中学课堂教学模式；另一方面，以赛促教，采用行政蹲点听课，年级分部和把关教师指定听课、推门听课、集体评课等活动，指导授课教师开展有效反思，以"关注、指导、评价、对话"带动教师对优质课堂、课程建设进行实践追踪、探索追求。

第一节　浸润教研文化，行动助推发展

开展校本课程研发追踪与反思研究，构建绿色指标评价体系，努力实现国家课程校本化、校本课程特色化、特色课程使用价值最大化，用"循环实证"推进教学科研工作健康发展，这既是怀远中学课程建设的目标，又是学校今后前进的方向。在这个过程中，我们不仅有省内外专家、特级教师的学科把关，同时也要激发近年来新引进的28名研究生学历教师的科研热情，既为省级课题组的建设补充新鲜血液，又能促进青年教师的专业成长。下面笔者要阐释的主题是：行动中研究，发展中蜕变。

作为教育管理者，笔者总是困惑于学校特色发展的着力点是什么。作为青年教师，笔者总是在主动寻找自身专业成长的突破点。在新高考综合改革背景下，为降低青年教师成长的时间成本，学校各处室、各年级分部，始终坚持以问题为导向，以课题为引领，以课堂为载体，积极开展教师队伍建设专题研究、校本课程研发追踪、课堂教学技能大赛（共计六个模块），组织参加省市课堂信息化教学大赛、微课制作、优课晒课，组织编写课堂教学案例集、科研论文集、课例设计案例集，探索并形成农村普通高中具体可操作的、促进教师"坐而合、教而研、研且改"的实践经验。

我们来看两组数据。第一组数据在本书前面已经提到，作为学校发展未来的中青年教师，35 岁以下教师 48 人，占比 17.65%，但教研教改经验获取渠道比较有限，观课议课技巧不够；中年教师居多，其中 45 岁以上教师 98 人，占比 36.03%，虽积累了一定的教育教学经验，但已步入"职业高原期"，明显产生了职业倦怠。

第二组数据，2020 年 7 月高三毕业班摸底考试中，青年教师李红艳所任教的历史学科平均分位列年级第 2 名；青年教师周洪西、余丝、武秋云撰写的教学论文、教学案例，被收录在省市级教育科研成果集 3 次；青年教师李红艳、周洪西、武秋云、刘起利、邓椽在学科"师父"的指导下，积极参加树德教育集团课堂教学技能大赛、成都市信息化教学大赛，分别获得特等奖、二等奖的优异成绩；万丽老师作为 101 智慧教育种子教师，积极参加教育教学培训，探究智慧课堂发展思路，于 2020 年 9 月被评为"优秀教育工作者"。

大鹏之动，非一羽之轻也；骐骥之速，非一足之力也。6 年来，正是由于这些青年教师的谦虚好学，积极探索，且行且思，正是由于各位指导教师的耐心指点，倾力相助，内因与外因充分融合，才有了我们今天取得的成绩。在目前已经结对的 21 组青年教师中，研究生学历的青年教师占比达 95%，他们专业素养高，理论水平高，指导教师均为各学科骨干教师、校内名师，实践经验丰富，在过去的一年中，我们坚持从学情分析、教案打磨、课堂教学、作业批改、踩线生辅导、心理疏导中发现问题，从观课议课、课后反思、教研集备、教师传媒中寻找解决办法，以教学科研为抓手，以优质课标准为参照，紧跟学科和班级管理指导教师步伐，紧跟年级分部管理节奏和工作要求，紧扣春晖行动考核目标和考核细则，以学定教，因材施教，还通过努力编写了课程研究成果（见图 4.1）。

图 4.1 怀远中学青年教师专业发展课程研究成果-26-封面

俗话说：少而好学，如日出之阳；壮而好学，如日中之光；老而好学，如秉烛之明。学校的教学科研如何切入？如何找到突破口？如何实现科研、教学的"双赢"？如何最大限度地降低青年教师发展的时间成本？思路决定出路，态度决定高度，通过探索、实践与反思，课题组为我们找到了"1+1+1"的有效路径与策略。具体包括：

一、瞄准一个突破点：教科协同化

在青年教师培养指导过程中，我们要有明确的意识，明确的目标，以德为先，有方法，讲艺术，求落实。

（1）确立一个思想：教科合一的思想，由教导处、教科室对教学与科研进行统筹管理，分工合作，不给教师添加额外负担。

（2）抓好两个建设：备课组建设与课题组建设。

（3）注重三个结合：教学与教研相结合，教学科研与教师培训相结合，整体要求与尊重个性相结合，不搞"两张皮"。

（4）坚持四个落实：一是坚持省、市、区、校四级培训，以专家讲座、小组研讨和教研沙龙等形式，智慧带教，艺术带管。二是研究目光聚焦在课堂，认真做到"三研究"：研究教材、研究课堂、研究学生。三是把教学活动、科研活动、课题活动充分融合在一起，做到教研活动课题化、科研活动常态化。四是成果评价多元化，鼓励撰写教学论文、案例分析、教育叙事，高标准编写《教育科研与教师成长案例集》《课题研究优秀论文集》《校本课程开发中的教研寻变》，将校本教研成果宣传推广，充分体现教师职业的获得感、成就感与幸福感。

（5）夯实"五项"管理：教学常规和科研管理一体化、课堂教学与科研活动一体化、教学骨干与科研骨干培养一体化、课堂实践与科研成果一体化、教研考核与课题考核一体化。

（6）"6个1"活动。组建四川省教育科研课题研究小组，每个小组确定1个子课题研究方向，梳理1套先进研究资料定期组织教师学习，每学月开展1次学科教研沙龙，每学月组织1次课例研讨活动，每学期开展1次课题研究阶段性反思，每学期撰写1篇教学论文或者课题研究论文。

通过落实上述工作，把教学与科研有机整合起来，把教研组建设成为学习型、研究型、思辨型的育人单元。

二、抓住一个重点：制度规范、行动跟进

（1）规范并细化《四川省崇州市怀远中学备课本》《教师专业发展手册》，并确立"思（撰写教学反思）、讲（春晖行动暨青年教师发展论坛）、评（课例评析与教案展评）"的特色教研制度，引领教师专业发展。

（2）"三抓"，抓常规、抓课堂、抓教师，带领大家走出理论与实践之间的"真空地带"，把教育理念转化为教育实践，以教学观念的更新和教学行为的改进为重点，注重教师教学潜能的开发和教学研究水平的提高。

（3）教导处、教科室积极开展"智慧课堂""五课建设"磨课活动，邀请101平台、市内外专家进行观课议课，指导教师一课多磨、一课多上、一课多改，促使教师不断追问"为什么要这样设计教学？""哪些地方还需完善？"把自己的实践变成一种反思性实践，提升教学研究的深度和高度。

（4）以坚持落实"四清"质量措施为抓手，抓实课改过程细节。

①通过抓学生自主学习，当堂过关落实"堂堂清"；

②通过科代表组织生生盯背，师生盯练落实"日日清"；

③通过学科单元检测卷，查缺补漏落实"周周清"；

④通过学月考试质量检测，数据分析落实"月月清"。

三、夯实一个关键：锻造教师队伍

为了提高教师队伍整体素质，我们注重突出"两个优化"：

（一）优化培养方式

开展春晖行动暨青年教师培养工程，春晖行动贵在落实老中青教师之间沟通学习，为了教学，为了学生，师带徒，结对子，传师德，帮教法，带新人，薪火相传，绿树常青；开展"五课"建设，强化组内外互听互学，美人之美，美美共享，具体包括：

（1）新进教师汇报课。

（2）青年教师优质课。

（3）高初一101智慧课堂入格课。

（4）高初二101智慧课堂示范课。

（5）校内名师研讨课。

在此基础上，积极组织教师参加崇州市同课异构课堂教学大赛、成都市说课比赛、成都市一师一优课晒课、成都市教师信息化教学大赛、树德集团课堂教学大赛、巴蜀好教育联盟赛课，充分展示教科协同化实践模式的效果，外塑形象。

（二）扩大培养范围

本学期开始，将新班主任培训纳入春晖行动，同新教师培训一样，时间为三年，前两年跟岗培训，跟指导教师学习课堂教学和班级管理经验，第三年为总结、提炼阶段。

教科室采取"请进来"与"走出去"的培训方式，苦练内功，青年教师专业成长指导与培训的内容有：大纲、教材与课程标准培训，教学方法、教学技能、教学理念培训，迎考准备与心理干预方面培训，学历提升与现代课堂技术培训，班主任户外拓展培训。同时，考虑邀请优秀青年教师代表进行教学设计、论文撰写、课题研究讲座。另外，创新集体备课实践模式，开展校本课程实践追踪，固化课题研究成果，提升教师获得感与成就感。其中，年度培训计划如表4.1所示。

表4.1 年度培训计划

时间	主题	四川省崇州市怀远中学2022年度教师培训
	模块	项目式培训计划与内容
2022年2月	开学行政会，教研组长、备课组长、课题组长会：整体谋划	

第一阶段：研究如何发生？		
2022 年 3 月	意识转变与 学习规律	1. 青年教师专业成长专题工作会 2. 微型课题申报评审 3. 省级课题整体推进 4. 骨干教师示范课、模式建构
第二阶段：新时代教育教学研究		
2022 年 4 月	新课标与 新教材	1. 课程标准解读（分学段进行） 2. 新课标与核心素养 3. 中小学教材变化内容与分析 4. 重点学科新课标、新教材实施建议
2022 年 5—6 月	教学设计与 方法策略	1. 做好教学设计的基本要素、方法与策略 2. 如何编写教学设计与教案 3. 聚焦核心素养的单元整体教学探究 4. 基于大单元教学的项目式学习（PBL） 5. 思维导学课堂构建
	教研观摩 带领学科教师，访学 2~3 所基地，主要活动包括： 1. 分学科随堂听课 2. 参加校内备课活动 3. 参加教研活动：参加名校教研展示、名师工作室教研活动等	
2022 年 7—8 月	课堂转型与 深度教学	1. 回归本质——课堂教学的整体性认识 2. 学习方式——问题化学习与深度学习 3. 教学模式——教学模式的创新与改革 4. 课程规划——学科和跨学科课程
	线下集中研修： "基于深度学习的教学评一体化设计与实践"深度学习与教学改革教师工作坊	
2022 年 9 月	作业设计与 试题命制	1.《关于加强义务学校作业管理的通知》解读 2. "双减"背景下作业有效性及其评价 3. 核心素养导向的作业设计与试题命制 4. 综合实践活动作业设计探索

表4.1(续)

2022 年 10 月	教学观察与诊断评价	1. 如何基于课堂观察做好有效的听评课 2. 新课程理念下的教学评价标准 3. 教师教学工作评价（教学设计、组织、实施等） 4. 教师教学评估（课堂、课外） 5. 学生学习效果评价（考试与测验）
	教研观摩 访学 2~3 所基地，主要活动包括： 1. 分学科随堂听课 2. 参加校内备课活动 3. 参加教研活动：参加名校教研展示、名师工作室教研活动等	
2022 年 11 月	信息技术与自适应学习	1. 教育信息化 2.0 时代的自适应学习 2. 信息技术应用与信息素养提升 3. 学科与技术融合的设计与策略 4. 教学资源的设计、开发与应用
第三阶段：教研胜任力		
2022 年 12 月	活动组织与领导力提升	1. 新课程背景下教研活动重新审视与整体设计 2. 教研活动与教师专业发展 3. 教研组活动——集体备课 4. 教研组活动——校本教研 5. 科组管理能力——科组规范管理与特色科组建设
2023 年 1 月	教研科研与课题研究	1. 怎样做课题研究——小课题研究的方法与策略 2. 教育科研课题的悬着与研究 3. 如何进行课题申报与写好课题申报书 4. 科研写作与论文发表
2023 年 2 月	综合素养	1. 阅读与写作 2. 有效沟通 3. 积极心理学
	结业仪式	1. 成果汇报 2. 心得分享

（三）优化激励机制

构建成长路径，方法激励，评价激励，让教师体会到人生的价值和成功的喜悦。

（1）学习理论，激发职业热情。鼓励青年教师学习的理论有：古今中外的教育名家著作、当代教育心理学的基础常识、党和国家有关教育的法律法规、各类核心期刊关于教研教改的文章等。

（2）勇挑重担，搭建成长阶梯。落实岗位职责，将工作细化，鼓励青年教师勤于实践、勇于探索、敢于担当。责任心强的，可以安排担任班主任；教学严谨认真的，可以安排当备课组组长；肯为集体奉献的，可以在功能室或各处室兼职。要激发年轻人的主动性、自觉性、创造性，充分发挥青年教师的工作热情，让他们在工作中探索，在实践中成长，努力实现"一年合格，两年成熟，三年骨干"的目标。

（3）激励认可，提供展示平台。梳理培养目录，记录成长档案，形成学校教师队伍建设长效机制。学校在对青年教师的考核评价中，赏罚分明，体现多劳多得与优质优酬，注重专业发展的引领，倡导积极向上、努力进取的良好风气。青年教师成绩突出的，评优晋级时优先考虑，补充进入学校管理团队，同时通过多种渠道将优秀的青年教师"推出去"，让其体会到人生的价值和成功的喜悦，春晖行动教师考核细则及具体标准见表4.2。

表4.2 四川省崇州市怀远中学春晖行动教师考核细则及具体标准

统计科室：教科室   统计时间：2021年9月

序号	青年教师姓名	工作计划（5）	师德师风（10）	教学常规（25）	教学业绩（15）	教学比赛（15）	工作总结（5）	课题研究（15）	论文撰写（10）
1									
2									
3									
4									
5									

备注：

（1）考核科室：师德师风由办公室考核，教学常规和教学业绩由教导处考核，工作总结、教学比赛由教科室考核，班级管理由政教处考核，总分为100分。

（2）论文撰写和课题研究作为加分项目单独计入，由教科室负责考核。各部门形成具体细则后，由教科室统一汇总，交学校审定。

（3）各部门考核数据可根据实际细化，考核结果纳入年终绩效考评，同时作为评优晋级参考依据。

延伸阅读材料

从要求上，2018 年国家针对教师队伍建设存在的"重硬件轻软件、重外延轻内涵"现象，于《关于全面深化新时代教师队伍建设改革的意见》中明确了"促进教师终身学习和专业发展"的要求。2021 年，教育部部长陈宝生强调要加强教师队伍建设，夯实高质量发展人才支撑。2021 年 4 月 2 日，教育部印发《中学教育专业师范生教师职业能力标准（试行）》等五个文件（以下简称《能力标准》），分别明确中学教育、小学教育、学前教育、中等职业教育和特殊教育专业师范生教师职业基本能力，即师德践行能力、教学实践能力、综合育人能力和自主发展能力。教师的"专业发展"到底需要发展什么？如何实现发展？

从实践中，剖析一位优秀教师的专业素养，我们总结出以下要素：高尚的职业理想、先进的教育观、合理的知识结构、高超的教学能力、良好的教学行为。教师的发展遵循一定的规律，教师发展的目标指向教师专业素质的提升，教师专业能力是专业素质的核心。现代教学技术教育部重点实验室主任胡卫平教授团队以思维型教学理论为基础，提出了螺旋递进的教师专业能力层级结构，相较《能力标准》明确的四大能力标准，有了进一步的深化和系统性解读。

教师专业能力层级结构指出了优秀教师的能力发展历程：需要经历基本能力、教学能力、教育能力、教学研究与自我发展能力、教学改革与创新能力的阶梯式变化。

其中，基本能力是教师从事教师工作的基本要求，即"教师基本功"，包括思维能力、口语表达、文字表达、板书设计、三笔字等。教学能力是教师专业能力的核心，包括教学设计能力、情境创设能力、提问解释能力、探究教学能力、合作论证能力、评价总结能力、应用迁移能力和教学反思能力等。教育能力是指教师促进学生的必备品格发展的能力，体现在班级管理、思想品德教育、心理健康教育与学生发展指导等方面。自我发展能力则是教师不断增强专业知识，强化专业信念，提升专业素养和凝聚专业认同的能力，其核心是对自身发展的认知调控和反思批判能力。教学创新能力是教师专业能力高水平发展的标志，也是教师创造性实施教学改革及因材施教的基础，是指教师能够创造性地解决教学问题和推动教学实践的能力，具体包括教学理念创新、教学内容创新、教学模式与方法创新、教学技术创造性应用等能力。

（材料来源：思维智汇）

第二节　课堂深度探究，细节严谨把控

"欲求新，则求变。欲求完美，求常变。"现在处于信息时代，教育也会随之转型，进入智能革命时代。2021年是学校变革的分水岭，大家都在努力转型，如果我们错过了，或许就错过了一个发展的机会，错过了一个伟大的变革时代。在下一个10年，我们身边的中小学校将会发生根本性的变化，现代信息技术与课堂教育教学的融合将更有深度和高度，相应地，青年教师专业成长的设计与指导方向也就更加明确。我经常都在思考这样几个问题：

（1）为什么很多教师能成为骨干教师，但很难成为卓越教师？

（2）为什么听了那么多课，依然上不好公开课？

（3）如何走出教学"套路太深"的误区？

（4）作为教师，怎样才能真正走进学生的内心，让学生产生自主学习的动力，让学生健康快乐成长？

校本教研过程中，以前我们看一个教师的基本功，主要看能不能讲；现在是看一个教师能不能调动学生积极地展示，能不能培养学生的思维品质，能不能挖掘学生的潜能，能不能培养学生的质疑能力。其实当教师当久了，你就会发现，一定要多琢磨，只有多琢磨，才能上出好课。我们把工夫花在"功夫"上，好好练朗读，好好练板书，好好写批注，提升了自己的基本功，上好课就是很自然的事情了。与其花更多时间磨课，不如更多地磨自己，磨自己的教育思想，磨自己的教学技能。自身水平提高了，授课水平也就提高了。

从很多名师的案例中，你会渐渐明白，与其"磨你千遍不厌倦"，不如"让自己成为一本教科书"，不如更多地磨自己，打磨自己的教育思想，磨炼自己的教学技能，从而形成自身的教学特色。用心栽培自己，提升个人素养，才是一个教师最好的"磨砺"啊！有时你会突然醒悟，把太多时间花在打磨一节精品课上，失去的，不仅仅是读书的时间，常常湮没了自己的教学个性。刚入职的教师，多花时间磨自己的课；走向成熟的教师，要多花时间磨自己这个人。

探索到知道的距离，只差一个行动。

知道到做到的距离，只差一个行动。

做到到成熟的距离，只差一个行动。

各位教研组长，大家要知道的是，你们是学校教研工作的核心，大家的工作动机与工作能力直接决定一个学校教研工作的质量和水平。可现实的状况往往是，教研组长在绝大多数学校并非行政职务，一些教研组长害怕激发矛盾，逐渐将自己修炼成"好好先生"，只充当"上传下达"的"传话筒"，导致传达变味、执行变通，甚至欺上瞒下的状况时有发生。好的教研组长应该是什么模样呢？

一是要行动，要有结合实际的行动。例如，以集体备课，或者课堂观察，研究这个教师写的课后反思，认真研究他的题目和构思，你会发现，貌似信手拈来，实则匠心独运，要去琢磨、行动、尝试。又如，观课议课后，你会发现自己课堂的诸多不足，形成心得感悟，写成经验文章，慢慢就在模仿的过程中超越了他人，成为你自己。

二是可获得，研究之后的获得。每个教师在教育教学成长路上，问题的发现就是你研究的开始；每次对课堂教育教学过程中问题的探究，就是你成长的开始。无论你是教研组长，还是备课组长，我们要跟组员们分享的是，只要我们用心去听，细心去看，用心去研究，实地去操作，把教学科研下沉备课组或者微型课题研究小组，你都会发现某个细节处理得恰到好处，某个棘手的问题迎刃而解。

一、听——两种声音

一是自然的掌声。发自内心的掌声让课堂有意义。学生们希望在课堂上能听到来自教师或者同学的深刻而精彩的见解，简便而有效的解题思路和解题方法，能让自己有所感悟。

学生在你的课堂上听了半天，然而一句精彩的话都没听到，一次可以，两次可以，十次、二十次他就会很失望。如果你赶到北京、上海去听专家讲课，没有一句话能打动你，你是不是会感到很遗憾。我们的学生有这样一种期盼，有这样一种要求，其实非常好理解。我们在听有些教师的课时，当发现学生回答问题正确时，教师就组织学生鼓掌，并且这个鼓掌很有节奏感，但是这是组织起来的，不是学生们发自内心的掌声，这个掌声的意义就不一样了。

二是会心的笑声。学生们希望听到生动而精彩的课，这会让他们产生兴趣。课题组做了一次问卷调查，问学生们最喜欢什么样的教师，83%的学生回答："最喜欢有幽默感的教师。"这是有道理的。很多教师希望从上午的第一节课开始，到下午的最后一节课结束，学生的注意力都能高度集中，这可能吗？不可能。学生是要走神的，是要休息的。优秀教师上课上到一定程度的时候，会有意识地开个玩笑，把全班同学逗笑了，让学生们的大脑集体放松一下，然后重新回到课堂，大家才会感到神清气爽。

一个青年教师如果只知道模仿而不会创新，那么他永远成不了真正的名师。因为"名师"名就名在不同凡响，"名师"名就名在他有超人之处。没有个性，就没有教学风采；没有个性，就没有课堂的生命。每一个青年教师都要注意发现自己的长处，张扬自己的教学个性，从而形成自己独特的教学风格。

二、看——两个细节

其一，关注思维方式。一般来讲，很多数理化教师都是这么上课的，先讲定义、定理、公式，之后带着学生解例题，解完例题以后再去做作业。公式、定理是什么？就是一般规律。具体题目是什么？是个别现象。由一般到个别，就是演绎法。演绎法可不可以？当然是可以的。演绎法有没有问题？当然是有问题的。如果你永远使用演绎法进行教学，就会带来一个新的问题——高分低能。学生只有掌握了一个公式，然后才能去解决一个与此相关的具体问题。面对一个新的问题，学生永远无法去解决它。我们要让学生面对生活，面对现象，而不是直接面对公式，公式是可以推出来的，但思维方式的培养却是慢慢浸润的。因此，课堂教学最重要的一点就是培养学生的思维，注重整个思维过程的启迪，而不仅仅是答案本身。铁中新入职物理老师罗天玺就是这样一位老师，听他的课，很清晰，就连我这样的物理"学渣"都能听得很轻松。

其二，关注课堂的开放度。比如罗老师最喜欢问一句"还可以用什么方法计算"，就可以为学生打开一扇小小的窗户。过去我们不太关注课程资源的开发，但是今天我们的课程改革强调要关注课程资源的开发；过去我们说"教科书是学生的世界"，学生看来看去就看教科书，今天我们讲，"世界是学生的教科书"，一切可以利用的资源都可以拿来为我所用。我们有一些教师这方面做得很好，一些教师在这方面做得不好。有的教师讲了一道例题，给学生们提供一个配套的跟这个题目完全相似的题目，学生们也会做了，这样就认为学生懂了。真懂了吗？稍微变一变，学生就不懂了，学生就不会了。因此，我们在听课的过程当中，要观察教师是不是只涉及了一个方面的正相关的例子，而没有举反例。变异理论证明，学习迁移的必要条件是同时具备共同性和差异性，既要有相同的，还要有相反的，有差异的。从这个意义上来讲，为什么我们很多教师课上得好？为什么学生学习效率高？原因就在这里，他们给的不是一个方面的东西，而是多方面的、立体的、全面的。

三、做——两个维度

（一）小课题研究

"教而不研则浅，研而不教则空。"一个教师在成长的过程中是集千辛万苦于一身的，他们的每一步都是极为艰难的，练好课堂技艺要经受很多的磨难，但这是非常有必要的。小课题研究具有选题小、周期短、易操作、见效快、便于推广等特点，对教育教学一线具有很强的应用价值。作为教研组长、备课组长，我们要指导组内教师积极开展小课题研究，从"小"处着手，在"实"字上做文章，找寻真实的"问题点"，始于选题，谋于立项，定于开题，续于中期，成于结题，善于应用。例如"基于学业改进的中学个性化诊断与反馈实践研究""以跨界学习提升教师专业素养的行动研究"，这些小课题都是基于需要的，科学具体的，适合可行的，都是教师们在工作实际中发现的值得关注的问题，都可以作为小课题研究的主题。

在对前期大破大立、浩浩荡荡的课改进行冷静思考的基础上，我们提出了"微创教学改革"的理念，从备课、作业设计、培优补差等一些常态化工作入手，聚焦真问题，寻求真点子，形成来自教学一线的微型课题，终成独具一格的教研智慧。在这里以培优补差为例，分享一些观点和可操作的做法。

当前的培优补差，多由教师在课前饭后、学生放学后甚至牺牲休息口进行，这不仅大大加重了教师负担，还因学生主观上不太乐意，补差过程不在状态，效果不太明显。更多的优秀教师认为，培优补差主战场应在课堂，在课堂上落实培优补差，形成独到的"点子"。

例如，在英语、语文早读课上，优等生不陪读，完成规定任务后可以启动个人早读目标，把学困生单独集中，安排早读任务，让班级设立的领读员（科代表）帮助学困生先会读，然后再到小组长那里去背诵、去记忆。例如，在下午第四节课、课后活动、晚自习后两节课时间，使用"1+1×3自习法"，让前10名特优生自主"拔高"，中间10名优等生为后30名普通生讲题，让差生学会，中等生也更清晰明白，在一节自习课上这样制定内容让不同层次的学生都能有所发展。再如，在作业布置上，提出按照"学困生与优等生做题的数量时间应大致相当"的原则，优等生可不同类型各做一道，重题型；学困生基础重点同类型做多道，重掌握。

（二）读书活动

一个人无法到达的地方，文字载你过去；一个人无法经历的人生，书籍带你相遇。读书，不仅仅是让现实的旅行更加丰富，更重要的是，让精神突破现实和身体的桎梏，来一场灵魂与灵魂的互动。教研组长是教育系统最小的"官"，没有"实权"，难以从行政上约束教师，更难从经济上激励教师。基于这样的角色认知，我的理解是，教研组长不妨换个视角看问题，做一只"聪明的懒蚂蚁"，不给答案给方向，不给批评给激励，不给资金给机会，让每一位教师都练就压箱底的绝活，成为引领前沿教研的"风向标"。

如果我们想要做好这个工作，教研管理团队就必须"走"在前面，"研"在实践，针对教育部2022版义务教育课程方案和课程标准、核心素养引领下的大单元教学设计理念、"双减"下"五项管理""五育并举"等热门领域开展集体研读，关注已有研究成果和研究短板。同时，带领每个教师明晰研究方向，全身心卷入研究过程，尽享研究带来的获得感和幸福感。

一方面，因为前面提到的微型课题研究需要，开展课题研究需要教师具备一定的理论基础，部分教师在运用教育学、心理学及学科理论知识指导实践时往往显得力不从心；另一方面，很多教师对具体问题的分析往往停留于表面，无法透过现象看到问题的本质，这些都制约着教师对课题展开深度分析，也影响着研究的深入开展。为此，各个课题组前期开展的读书活动，可以继续深入推进，通过营造浓厚的学校科研氛围，以多种方式帮助教师打好理论"底子"，从而让微型课题研究更加深刻，同时为教师留存一份成长记忆。

各位教研组长、备课组长行动的力度，决定了该组教师之后的高度、反思的强度，决定了该组教师今后课堂的温度。在我看来，一位好教研组长就是一个品牌教研组，一个品牌教研组可以带动一批品牌教师，一批品牌教师可以培养一批品牌学生，一批品牌学生可以成就一批品牌学校。因此，大家要顺势而为，主动有为，夯实底气、展现锐气、营造风气、成就大气，以自身的气质和品位，引领一线教师从普通走向优秀，从优秀走向卓越，真正成为德艺双馨的学术领袖和精神标杆。我们以如下几个问题来结束今天的讲座：你对今天这堂课最独特的感受和体验是什么？你最满意的是哪一个教学环节？调整后的教学研究有哪些新发现？你的课堂有没有给学生的精神成长留下难忘的痕迹？如果重新设计本学期的教研工作计划，你会怎样想、怎样做？

教研组、备课组量化评估考核指标见表4.3。

表4.3 四川省崇州市怀远中学教研组、备课组量化评估考核

统计部门：教导处、教科室　　　　　　　　　　　　　　　　统计时间：

序号	组别	教研	听课	赛课	晒课	小课题	读书	论文	教学业绩	简报	合计	名次	等级
1	高中语文												
2	高中数学												
3	高中英语												
4	高中物理												
5	高中化学												
6	高中生物												
7	高中政治												
8	高中历史												
9	高中地理												
10	高中艺体												
11	信息技术												

延伸阅读材料

客观地讲，目前，各个学校的教师专业发展工作面临着诸多现实困境，其中的核心问题是目标、规划和方法的问题：

（1）培养目标强调教学基本技能和基本理念，忽视高水平的教师专业能力培养，特别是教学研究与创新能力培养严重不足。

（2）缺乏对教师专业发展的系统设计和分层培训，项目零散重复。

（3）教师培训方法存在理论与实践脱节的问题，缺少基于能力的实训。

（4）缺乏现代教学技术平台和教学资源的支撑。

（5）教师培训的效果存在学习投入度较低、素质提高有限等情况。

要切实发展教师的专业能力，我们必须直面上述现实困境，探寻实现教师专业发展的有效路径。面对重重问题，教师专业能力如何有效发展？为了应对教师专业发展和培训培养过程中的种种问题，使更多教师受益，胡卫平教授团队基于思维型教学，从教师专业能力的层级结构出发，系统建设了一套独具特色的教师专业能力发展模式。

一、理论引领，直指育人核心

教师需要教学思想贯穿教育历程。历经30余年的研究，现代教学技术教育部重点实验室主任胡卫平教授团队提出了思维型教学理论，其核心理念是教学的核心是思维，学习的关键是思考。为了解决如何激发学生的思维，促进学生积极思考的问题，思维型教学理论提出了五大基本原理（动机激发、认知冲突、自主建构、总结反思、应用迁移）。这种模式能有效解决教师培养目标的简单化和片面化问题，避免不顾自身条件的"拿来主义"以及仅强调教师群体在升学考试中所处的地位、占有的教育资源、所起功能作用的"实用主义"。

二、系统规划，实现螺旋式进阶

对新任教师、骨干教师以及专家型教师进行分层指导和实训，培养新任教师的基本能力和教学能力，加强骨干教师的教育能力和教研与自我发展能力，促进优秀教师的教学改革与创新能力的发展。这样的设计既能针对不同阶段教师发展的特点，规划适合该阶段教师的发展目标和路径，又能描绘符合教师发展规律的培养蓝图，有利于解决教师培训缺乏系统规划的问题。

三、思行统一，遵循科学发展模式

系统实训模式构建了以理论指导、案例分析、情景模拟、自主反思、行为反馈为内容的五大学习模块，以线下培训为主，将理论解读与案例分析相结合。混合实训模式则积极探索基于网络学习，将学生自主反思、教师指导、能力测评融合的实训路径。

（材料来源：思维智汇）

第三节　厘清高效概念，扎实课堂改革

什么样的课是一堂好课？这个问题一直深深地萦绕在我们每一位怀中教育人的心里。"好课"，是一个开放性的概念，它没有一个统一的标准，因为评价标准可以随学校、教师、学生、学科、教材等情况的不同而不同，我们对好课的评价也会随着教育生涯的推进而发生变化。

一、两个层面

很多新入职教师走上工作岗位以前，听过不少培训专家说"教无定法"，这实际上是进入了"教无定法"的认识误区。"教有常法，教无定法，贵在得法"，它是有逻辑顺序的。"教无定法"在完整的语言环境里，毋庸置疑是对的，我们不能跳过"教有常法"去探索"教无定法"，而是先要走进"教有常法"，然后淡出"常法"，才能进入"教无定法"这一较高的教育教学境界。

高效课堂，就是一种更高的境界了。在课题组看来，高效课堂的"高效"二字，首先体现在管理的高效，其次才是课堂的高效。老子云："天下难事必作于易，天下大事必作于细。"激情高效的环境离不开科学精细的管理，精细管理也是打造高效课堂的根本保障。精细管理既是一种文化，又是一种意志和品质，更是一份责任与担当，精细管理应该弥散于整个校园，无所不在。

要想有效开展"课堂革命"，打造高效课堂的育人氛围，需先从小处着眼，管理着手。在我们的校园里应该没有"官"的概念，扁平式管理机制下，指挥员必定是战斗员，教务处、教科室应该是服务部门，为教师做好教育教学服务工作，并积极参与其中，多观察、多建议，与教师平等对话，想教师所想，急教师所急，因为人少，这里没有推诿，所以效率倍增。

（一）追求细节

为了将各项工作做到极致，就连作息时间上 5 分钟的微调这种学校常规工作的"琐事"，师生都要刻意设计、精细而为。早操前、三餐前就地阅读，时间加起来可达半个小时以上。为了回避单调性，我们一改传统的语文、英语早读隔天上的习惯，而是每天都要读这两个学科，加大了诵读量。所谓"书读百遍，其义自现"，我们经常谈到的培优补差从早读就开始了。

（二）规范过程

为了确保备课高效，从备课环节给予规范，如个人初备的手稿如何写、分几个流程要求；集体备课时教师们的发言顺序，要求到位、准确明白；学生使用双色笔怎样在《导学案》的引导下圈点勾画；如何落实错题的梳理、原因的挖掘、方法的探究。将每位教师的教学流程分割详尽，并对每一个环节进行深化和细化的设计，既体现了每个教师结合学情独立的个体创新思维，又对统一的流程环节进行管理约束。

二、三个维度

现在，我们再论课堂高效本身，所谓课堂的高效，是低投入高产出的教学过程，是对课堂"常法"进行彻底的本质探寻，把教的"常法"和个人的特质充分结合起来，以问题为导向、以合作为手段的合适课堂。在实践中，面对课堂教学三要素，即教师、学生和教材，这里有三种组合方式：教师带着教材走向学生、教师带着学生走向教材、学生带着教材走向教师。

（一）教师带着教材走向学生

这是典型的以教师为中心、以教材为中心，没有充分体现以学生为主体，是传统课堂中的高效课堂，我们不予考虑，在此也就不详细讨论了。

（二）教师带着学生走向教材

针对传统课堂以教师为主的问题，新高考改革倡导以学生为主体、以教师为主导，教师是课堂学习活动的组织者，学生是课堂学习的主体，像蜜蜂一样在教材中采蜜，在课堂中师生互动，教师引领学生走进文本深处、教材深处。

同样的课文，同样的内容，不同的方法产生不同的效果，差异很大。充分尊重学生的主体性，设问具有开放性，需要思考才能回答，教师顺着学生走，而不是牵着学生走，学生从被动回答问题变为主动阐述自身的感悟，很有深度。

（三）学生带着教材走向教师

学生是学习的主动者，自己学习，自己设问，自己思考，自己解决问题，当思考无法深入之时，遇到无法逾越的障碍之时，向教师请教，这是课堂教学的最高境界，但并不是所有课堂、所有同学都能实现的，难度很大。牛津大学一名教授曾说："我可以把马领到河边，但我无法保证它们都喝水。"教师在课堂学习的过程中的主要作用在于：于无向处指向，于无法处教法，于无疑处生疑，于无力处给力。当下教师在促进学生自主学习方面尚缺少一些实质性的进展，这个就需要我们部分教师先行先试了。

这里，我们着重说一下第二点，教师带着学生走进教材，此理念是以教师为主导、学生为主体，这就要求在学校管理上"相信教师、解放教师、利用教师、发展教师"，在教学管理上"相信学生、解放学生、利用学生、发展学生"。在这个核心理念里，"相信"是基石，离开了"相信"，整个理念就是崩塌的。

我们要知道的是，一切的学习和生长都不可被人为地替代包办，学校必须要让学习和成长发生在学生身上。因而，学校的挑战和使命是为学习和生长创造、提供更多"发生可能"的因素，如环境、动机、手段、机制等，这样众多因素的聚合是教育教学的前提，是过程甚至更是教育教学本身，学校的价值就体现在它的生态意义上。也就是说，学校即生态，那么基于这个理念，我们对于教师有三个要求：

一是学校生态的建构者，是提供学习和生长条件的人，离开教师这个特殊角色，就意味着有可能失去"发生"，教师是一个必需条件，它的价值体现在——是学习和生长的"可能性"。

二是一个学习和生长的开发者，你千万不要单纯以为教师是教材、课程的开发者，这或许是远远不够的，我们讲有什么样的教师就有什么样的学生，教师对学习和生长的开发意味着首先是对学生潜能、思维、学习力等基本素质和能力的开发；其次是对学习的开发，要敢于"放手"，大胆让学生在"经历中体验"，在"失败中矫正"，从"感悟中成长"；最后是对生长的开发，条条大路通罗马，"人学"的教育主张是建议要从差异出发，接受差异、尊重差异、包容差异，准许学生"遵照自己的方式"去学习和生长，要敢于让每个学生"走自己的路"，而教育教学的内容指向性则更加清晰——生活、生命、生存。

三是一个信念的传播者，教师必须以自己的信念去影响学生的世界观、人生观、价值观，其实，当我们概述学校即生态、教师即条件时，其中就包含着"文化"指向，有时候需要从"教育即信仰"的角度去领会教师对信念的传播。

在笔者看来，学生生活、学习、成长的主要场所是学校和课堂。可是我们的很多课堂，除了知识之外，似乎没有别的内容，如果教育是"人学"，又主张"以人为本""全面发展"，那么，课堂显然要补充"筋骨"，尤其是要具有生命的价值意义。"知识的超市、生命的狂欢"，这个概括包含了我对课堂的全部主张，与其说课堂是学习知识的场所，不如说它是一个生命场，它应该包含了所有与生活和生命相关联的内容。比如我们主张学生的生命是由无数个 40 分钟组成的，那么，我们就有责任让课堂充满感动和快乐，无论怎样，我们都不该"与生命为敌"！

三、四点建议

（一）学生群学

有效预习的方式有导学案、10 分钟微视频、思路引导法、问题发现法、任务驱动法等，这都是指导学生有效预习的手段。重点在学生有效预习以后，教师要能够通过群学的检查，掌握学生的预习情况，结果可分为三种：

一是全班都对的、全班都会的不需要教师讲，全班全会的问题教师还要挂在嘴上就不是高效的课堂。

二是有人对有人错的，要组织学生合作探究，让学生自己教育自己，纠正错误，取得成功。

三是个别问题全班全错的，这时合作讨论的基础就不存在了，教师应该在引导启发的前提下讲授。

（二）二次备课

第一次备课备教材，备教材是为了指导学生有效预习。基于对学生先学、群学后学情的掌握，教师进行第二次备课，基于学习目的导出最佳问题，设置问题解决的路线图。这样的课堂就不是"胸中有书、目中无人"，而是高效率的好课堂。当然，二次备课"帮助老师，成就学生"是一个过程，会出现各种各样的实际问题，但是好的课堂从来不是追求完美的，有时候好课堂的价值取向是追求缺陷的美。

（三）合作探究

基于合作，需要课堂实现理念与行为的转变。现在的课堂，教师是教班的，能不能从教班走向教组呢？教师要把学生组织起来，引导有领导力的学生争当学习小组长，形成小组文化，课堂植入即时评价、有效激励的元素，这样我们的教师就能结束教班，走进教组。

（四）合适教育

这里谈合适的教育，就是要求教师具备读懂课程标准和教材的能力。一门学科知识点有多少？能力要求是什么？这是课程标准，国标是相同的。学生的起点不同，知识点不等于合适点，合适点在哪里？这是校标，是因校而异的。基于课标，基于知识点与合适点，围绕每一个合适的知识点，要研究题型有几种？题目是做不完的，但题型是有限的。今天的教育，在云平台、大数据时代，强调学海无涯苦作舟是不太合适的。

总之，评价课堂，过去我们总是看教师的讲解精彩度，教师讲解得精彩就是好课，今天我们应该看学生的参与度，学生深度参与的课才是好课。过去我们总是强调教学环节的完备性，环节完备就是好课，今天我们更应该考虑教学结构的合理性，结构合理才是好课。过去我们总是看课堂教学的活跃度，以为活跃的课堂就是好课，今天我们更应该看每个学生是否真正进入学习状态，进入状态才是好课。

延伸阅读材料

针对当前教师专业发展方面的诸多问题，国家教育行政学院副主任于维涛及齐鲁师范学院地理与旅游管理学院副院长杨乐英明确指出，现行的教师专业发展面临着"拿来主义""实用主义"等挑战。

一方面，不切实际地照搬、效仿国外的教师专业发展理论与实践，忽视了国情和自身特色；另一方面，单纯地将教师专业发展建立在实用主义的基础之上，弱化了教师专业发展的内涵与价值，也忽视了教育教学管理对教师专业发展的重要意义。权，然后知轻重；度，然后知长短。教师专业发展能力的提高需要经历实践，教师的专业发展离不开行动研究的过程。

在课题组看来，当前的教师专业发展以及培训培养过程，的确存在着一些普遍性的问题，那就是如何"管"与"理"的问题。作为课堂革命、校本教研、课程建设的引路人，学校教育教学管理团队必须在管理上下苦功，有智慧，讲艺术。管理，顾名思义就是"管"和"理"。管，就是管人、管事、管物，最终实现管住；理，就是道理、梳理、合理，最终实现理顺。事和物都需要人来实现，所以说，管理的核心就是管人。通过对人的管理，从而达到人、事、物的和谐统一！既然是对人的管理，管理的本质体现在如下三个方面：

一是人性的激发。管理的核心精髓并不是管理人的行为，而是管理人心和人性。教育管理者通过与教师的和谐沟通、感情渗透、生活关心和人格尊重，从而使大家产生信赖和认同，继而激发人性善良和积极的因子，使其活跃起来，然后才能主动自发地去工作。

二是潜能的开发。如果说教育管理的精髓是激发人性，那么，教育管理的本质就是开发潜能。调查表明，一个人在工作中投入的时间和精力，是其全部能量的五分之一，深藏的潜能不可限量。这意味着一个优秀的学校教育管理者会通过高超的管理艺术，让教师们跑起来，把大家的潜能尽可能开发出来。

三是效能的爆发。教育管理的终极目的就是提高有效性和效率，也就是效能！一个高效能的团队与一个低效能的团队，其团队战斗力以及所取得的成绩差距甚大。所以，如何提高学校教师团队的效能，既是管理的终极目标，也是每个管理者永恒的课题。

然而，在管理实践中我们会发现，很多人听到管人这个词，心中会产生抵触情绪，因为没有人喜欢被管。我们都知道的是优秀的人不需要管理，他们清楚自己要做什么，并且具备了将事情做好的专业能力。但我们还要清楚的一点是，绝大多数人都只是普通人，更容易受人性弱点的控制，缺乏自律性和自觉性，需要进行有效的监督和指导。

所以，为了进一步做好管理工作，我们的建议是，要抓住以下三点：

（1）让合适的人去做合适的工作，即用对人和用好人。

（2）教会他们怎样才能做好事，培育新管理者的能力。

（3）给予适当的授权和充分信任。

第四节　倾听一线声音，引发模式思考

教学模式是在一定教学思想或教学理论指导下建立起来的较为稳定的教学活动结构框架和活动程序。结构框架，显示了教学模式从宏观上把握教学活动整体及各要素之间内部的关系和功能；活动程序则突出了教学模式的有序性和可操作性。目前，教学模式有发现式模式、合作学习模式、奥苏贝尔模式、现象分析模式、范例教学模式、巴特勒七段模式、探究式、传递接受式、自学辅导式、深度学习模式等。

在铁中跟岗学习期间，笔者与四川省特级教师、中学语文正高级教师杨小川有过这么一段有趣的交流。

课题组于正超（以下简称"于"）：大家知道，教学模式是一个非常稳定的教学活动的结构框架，是一种活动程序。请问杨老师，您的教学模式是什么？

铁中杨小川（中学语文正高级教师，以下简称"杨"）：我没有模式。没有模式才是语文教学艺术性的关键所在。因为模式很难建，创建一个模式要有理论阐释，相关的实证性的研究。要说模式好建也好建，有人做过研究，目前我们中国的教学模式有 6 900 多种，我们把所有模式放在一起加以比较，就会发现，甲模式和乙模式，A 模式和 B 模式，有差异，但差异是非常细微的，或许只是增加一个环节或者减少一个环节，或是换一个概念，或强调一个什么东西。模式建构到了今天，我们要反过来想，解决了多少问题，还有多少问题没有解决。

于：对模式本身的研究我们可以进一步探索，您认为模式建构本身有问题吗？

杨：我觉得可能是有问题的。问题在哪里呢？我觉得我们可能太着眼于形式化的东西了。

于：我们建构的许多模式，这些模式有例外吗？换句话说，我们课堂教学丰富多彩，模式之外有例外吗？

杨：我们所有的形式，我们语文教学的这些形式，包括我们今天强调的以学生为主体，包括郭思乐教授提出来的"生本教育"，有道理吗？好像有道理。但我个人觉得，如果把一种东西推到极端的时候，它一定是有问题的。课堂所采用的各种形式，目的是什么？都是为了学生。好了，我们再往下想，为了学生什么？我个人觉得重要的是要激活学生的思维。你不论用什么方式，用什么手段，说到底，你应该激活学生的思维。教育的本质是培养思维，培养思维的最好场所是课堂。所以说，模式不能僵化，要有多元模式。我说模式不能僵化，僵化的模式一定会导致思维的僵化。教师是僵化的，学生也一定是僵化的。如果学生不僵化，一定是反叛你的教学，不是接受你的教学。我们思维僵化，肯定会导致孩子思维僵化，孩子们的所谓主体意识根本没法激活起来。古语说，"取法乎上，仅得其中；

取法乎中，仅得其下"。如果教师自我放逐，在课堂上不作为的话，那么学生和学生之间的交流和学习怎么体现"取法乎上"呢？换句话说，如果教师不引导的话，还要教师干什么？

于：模式的建构，除了形式的规程，我们还需要注意哪些方面？模式的研究，模式的建构，可不可以有变化？更进一步，模式的建构是不是也应该有一定的张力？

杨：我们是不是能换个角度看问题，我们一切的形式，说到底根本目的在哪里——激活学生。如果这个是可以承认的话，那么我就引出另外一个概念，叫作"思维流量"。衡量一节课的好坏，看这节课教师和学生之间的思维流量到底怎么样，教师流出多少，学生流出多少，流出的质量到底如何。翻转课堂，风靡一时，什么翻转课堂，颠过来倒过去，有用吗？肯定有用。有问题吗？肯定有问题。说到底还只是形式上的变化。形式上的变化，为了什么，目的是什么，可能值得我们掂量掂量。我们现在教师提供给孩子的都是套路式的结论，它是不解决问题的结论。比如历史课讲隋朝为什么能开通大运河，三个理由，国家统一，经济繁荣，前代有基础。经济繁荣就一定能修大运河吗？看看中国的现实就知道，新中国成立以后的水利建设，主要是 20 世纪五六十年代修的。我们今天其实还在享用当时水利建设的红利。经济繁荣和大运河开通有没有必然联系？你要让孩子思考。你是要把孩子教成"傻子"，你就给他提供套路式的结论，你要是想把孩子教成聪明的孩子，就要激活他的思维，这值得我们掂量掂量。

以上对话和事例，就是要让大家明白一个道理：一个学校，教学是学校中心工作，教学部门关于常规管理的研究、组织、执行与落实，无论是模式探索，还是实践操作，从根本上决定着学校教育质量和学生的身心发展水平。

一、教学常规管理的生命力

教学常规管理贵在科学，精在规范，赢在执行。正如苏霍姆林斯基所说："学校的领导，首先是教育思想的领导，其次才是行政的领导"。我们要充分认识到教学常规的导向功能、教育功能，也就是说，没有科学的、规范的、适合学校发展的教学管理，一切教学活动都会成为无序无意义的躁动。

二、我们要处理的关系

在研究教学模式的过程中，我们要处理好三对关系：需要与可能的关系、现实与长远的关系和常规与创新的关系。

在这个过程中，我们要"吃透上头，摸准下头"，既要把握教育部门关于教学管理的顶层设计，又要满足教师、学生的现实需求，探寻出适合不同教师、不同课型的课堂教学实践操作模式，确保效果，抓住特色。课堂教学实践中，部分一线教师先行先试，根据校情、学情，探索和实践了各类有效教学设计模式，既具有实用性，又便于操作。下面，课题组选择了高中生物学科李嘉洁老师基于深度学习（depth of knowledge，DOK）理论的"细胞核的结构与功能"教学设计、高中数学学科赵俊老师基于APOS（action-process-object-schema）理论的智慧课堂与高中数学教学的应用探究、高中英语学科万丽老师基于自主学习模式的高中英语词汇教学探索，供各位读者研究探讨，请大家为课题组提出宝贵的意见和设计优化建议。

三、操作范式（案例分享）

实践案例（一）

基于DOK理论的"细胞核的结构与功能"教学设计

李嘉洁　四川省崇州市怀远中学高中生物课题组

摘要：我国中学教育已进入了"核心素养"时代，本文基于韦伯的深度学习模型（DOK理论）设计"细胞核"一节的课堂教学，旨在探索生物学学科核心素养在高中生物课堂中的落实途径。

关键词：深度学习；高中生物；细胞核

1. 教材分析

"细胞核——系统的控制中心"位于人教版高中生物《必修1·分子与细胞》第3章第3节，主要内容是细胞核的结构和功能，上承细胞的组成、生物膜，下启细胞分裂、遗传变异、基因表达等内容，是教学的重点内容，且本课内容体现了生命观念中的结构与功能观。

2. 学情分析

本课教授对象是高一学生，踏入新阶段的学习，学习积极性普遍较高，思维相对比较活跃，能够在一定的情境中进行自主学习和合作学习。刚入高一的学生对细胞核相关的前概念认识很少，不能科学运用结构与功能观解释一些生命现象。基于核心素养的培养和深度学习的理念，本教学设计通过课前自主学习、课上小组合作学习、分析资料、建构模型等方法，让每位学生真正参与到学习中，在体验中内化知识、提升能力，培养生物学学科核心素养。

3. 教学目标

知识目标：阐明细胞核的结构和功能；简述染色体和 DNA 的关系。

能力目标：通过搜集与分析资料，提高信息获取能力和总结归纳能力；尝试构建细胞核概念图，培养科学思维。

情感态度与价值观目标：认同细胞核是生命系统的控制中心；认同生物体结构与功能相统一的生物学观念，并能用此观念科学解释生命现象；通过了解动物核移植技术在生活中的应用，培养社会责任。

4. 教学重难点

教学重点：细胞核的结构和功能；细胞核是细胞代谢和遗传的控制中心。

教学难点：染色质与染色体的关系；结构与功能观的运用。

5. 深度学习模型

DOK 理论是由美国教育评价专家韦伯提出来的，从评价指向课堂教学，根据教学内容和学生特点，设计具有不同层次的教学任务、活动和问题，是促进学生深度学习、培养学生高阶思维、落实学科核心素养的有力工具。本节课根据其四个维度设计问题和任务（见表 4.4）。

表 4.4　DOK 模型下教学任务

教学过程	DOK1	DOK2	DOK3	DOK4
	回忆与重现	技能和概念	策略性思考与推理	拓展性思考
教学问题	细胞核的结构和功能是什么	细胞核的结构与功能有什么联系	细胞核是如何透过与细胞质之间的屏障来控制细胞代谢的呢？核膜有通透性，为什么还会有核孔	哺乳动物成熟红细胞是如何生活的？癌细胞在结构和功能上有什么变化

教学过程	DOK1	DOK2	DOK3	DOK4
	回忆与重现	技能和概念	策略性思考与推理	拓展性思考
学习活动	课前预习，结合教材和初中所学知识，写出细胞核的结构和功能	剖析染色体、DNA 和遗传信息的关系，解释细胞核是细胞代谢和遗传的控制中心	比较核膜与细胞膜，分析核膜的特点与功能；分析资料，说出核孔的结构，推测其功能特点	小组讨论，相互交流，查阅相关资料，并分析资料得出基于事实证据的客观结论
学习结果	浅层学习		深度学习	

6. 教学过程

（1）课前自主学习，奠定相关前概念

教师课前准备导学案，内容需包括以下四个方面：

①知识回顾，学生填写真核细胞与原核细胞的区别，判断是否所有真核细胞都具有细胞核。

②教材四则资料并附上相关问题，学生需要分析写出每则资料获得的信息与结论。

③细胞核的结构模式图，学生填写各个结构名称。

④关于核孔的课外补充资料，对于核孔有初步认识。

设计意图：教材事实性知识和前概念采用课前填写的方式，这样既可以避免课堂上枯燥的陈述，同时又可以加强学生对知识的回忆与重现，在此学习过程中可以提高学生的自主学习能力。

（2）创设情境，导入新课

教师播放"分泌蛋白的合成和分泌过程"的动画，并提出：我们知道细胞就像一个工厂，细胞器就像车间，各车间之间配合高效且有序，那细胞中各车间是由谁领导调度的呢？（学生已经预习，回答：细胞核。）然后进行细胞核结构与功能的问答，检测预习效果。

设计意图：引导学生回顾之前所学的知识，检测学生的预习情况，为本节课的教学做好知识准备。

（3）对比分析，加深染色体结构与功能

提问：细胞核为何具有如此"强大"的功能呢？原核细胞没有细胞核，那么它的代谢和遗传又是谁控制的呢？引出对细胞核的结构与功能的联系。

教师首先引导学生明确染色体、DNA、遗传信息的关系：染色体由DNA和蛋白质组成，而DNA又携带遗传信息，所以染色体是细胞核中最重要的结构。随后提出问题：染色质和染色体在结构上有何区别？为什么同一物质会有两种存在形式，意义何在？让学生推测染色体与染色质的关系和存在意义。

学生分组讨论，列表比较染色体与染色质的异同，并尽可能举例说出类比模型，同学间相互分析是否合理，加深对两者的认识。教师提供其中一种类比模型：松散的毛线与毛线团，并提供实物，引导学生结合初中所学细胞分裂知识，模拟分裂过程，分析不同时期染色体/染色质的存在意义。

设计意图：列表比较，加深对理论知识的认识；形象类比，加强对抽象概念的理解；建构模型，加强对染色体和染色质结构的认识。通过层层递进，让学生在理解的基础上认识并掌握各结构及其对应功能，使学生在提高建模能力的同时，还有助于形成结构与功能观，进而形成生命观念，落实对生物学学科核心素养的培养。

（4）资料分析，认识核孔结构与功能

教师：核膜与细胞膜有何不同？分析都是属于生物膜，追问：既然核膜有通透性，为什么还会有核孔呢？核孔存在的意义是什么？

教师展示资料1和资料2[1]，学生小组讨论分析，交流核孔的结构与功能。

资料1：核孔复合体结构模型图显示核孔复合体主要由核被膜、中央栓和核质侧的"核篮"组成。它是生物体内最复杂的蛋白质复合体之一，由30多种不同蛋白质、1 000多个蛋白质分子共同构建。

资料2：1个细胞大约有3 000个核孔。细胞分裂复制染色体时，1个核孔1分钟要运进核内100个蛋白分子。细胞迅速生长时，1个核孔1分钟向细胞质运出3套核糖体前体单位。核孔可以将细胞核内合成的RNA运出细胞核，但是DNA不能运送出核。还有一些蛋白质一经运入核内就不能再离开细胞核。

设计意图：教师通过设问，引起学生的认知冲突。学生通过分析拓展资料，提高获取信息、归纳与概况的能力，同时进行深度思考，加深对知识的理解，形成结构与功能观，并在认知冲突中重构自身知识体系。这两则资料能够帮助学生更好地理解核孔并非孔洞，它是蛋白质复合体，也是具有选择透过性的。

（5）联系生活，知识迁移

细胞核各个结构都有其特定的功能，但又协调一致，共同构成细胞核的结构与功能——细胞核是细胞代谢和遗传的控制中心。

既然细胞核对真核细胞如此重要，那么请思考交流两个问题：

①哺乳动物红细胞是如何生活的？

②癌细胞在结构和功能上有什么变化？这对健康生活有什么指导作用？

设计意图：通过思考与生活息息相关的问题，利用已知知识尝试解决生活实际问题，学以致用，进而加深学生对知识的理解，学会运用结构与功能观解释生命现象。

（6）总结归纳，构建概念模型

学生尝试构建细胞核一节的概念模型。

设计意图：构建概念模型有助于学生将新知与旧知联系起来，形成系统，便于理解与应用。

7. 教学反思

深度教学旨在发展学生的高阶思维，重在培养学生的科学思维、科学探究和运用迁移等关键能力。王剑锋老师就高中生物概念的深度教学提出了一些策略：巧妙设计生物科学史教学；开展现代信息技术与生物概念融合教学；编制适合教学实际的学案；创设真实情境[2]。这些策略所反映的就是让教学真正从学生出发，充分挖掘教材知识，还原或是构建真实的情境，解决实际问题，让学生自主分步构建起新的知识体系。

本节课的设计采用了 DOK 模型，将记忆与理解的浅层学习放在了课前，这样做可以使学生在课堂上的起点基本相同，从而可以在课堂上进行同步的分析、讲解、相互评价的深度学习。本设计弱化了教材关于细胞核功能的资料分析，而是将资料分析应用在了理解细胞核为何如此功能，让学生更深刻地体会结构与功能相适应的观念。设计的学生活动遵循学生的认知发展规律，既有自主学习，又有合作学习，使学生逐渐形成新的生物学概念。

参考文献

[1] 李丽娟，王唐棣. 基于翻转教学的"细胞核：系统的控制中心"一节的教学设计 [J]. 中学生物学，2019，35（4）：33-34.

[2] 王剑锋. 基于生命观念的高中生物概念深度教学策略研究 [J]. 课程与教学，2020（10）：29-30.

实践案例（二）

基于 APOS 理论下智慧课堂与高中数学
教学的应用探究

赵俊　四川省崇州市怀远中学高中数学课题组

摘要：智慧课堂是信息技术与课堂教学相互融合所形成的有效的课前、课中、课后教学模式，与教育部倡导的加强学校信息化改革的指导思想不谋而合。本文通过三年的实践教学，集合 APOS 理论，对 101 智慧课堂的课前、课中、课后三段教学模式加以总结。通过对智慧课堂的三段教学模式的定义、优点、设计、实施、反馈以及存在的问题进行相应的研究，本文充分证明了 101 智慧课堂的教学模式有利于学生优化学习过程，充分利用资源平台，提高课堂学习效率，积极参与到课后的学习反馈中去，提高知识点的掌握与巩固率，极大地提升了学生的数学学习兴趣，增强了学生学习数学的自信心，取得了良好的数学教学效果。

关键词：智慧课堂；APOS 理论；教学模式；数学教学；教学策略

随着大数据时代的来临，加上新冠病毒感染疫情的影响，教学信息化、互联网化受到了前所未有的关注。怎样将传统教学与互联网优势进行有效的融合成了一个迫在眉睫的问题。我校在 2018 年将 101 智慧课堂引入高中教学过程，在此期间我恰好有幸加入智慧课堂的数学教学，通过三年的教学实践研究，形成了具有我校特色的数学教学模式。智慧课堂需要智慧教学云平台的普及与发展，在教学过程中，资源平台有着丰富的学习和教学资源，具体使用方式简单多样，只需多媒体终端和网络即可进行相应的学习和教学，受到广大学生、家长以及教师的好评。在传统教学模式下，高中数学的课堂知识点较多，有部分知识点难度很大，学生的抽象思维能力比较有限，高强度的高中学习使学生在学习过程中往往课堂效率低下，不能有效掌握知识点，更加难以深入地了解知识点的相关性质，课后不能灵活运用知识点解决相关题目，得分率较低，失误率极高。资源平台以及智慧课堂的应用可以使学生在自学的过程中更好地理解知识点，并能及时在自测的过程中发现自己的问题，使教师在课前能够更好地了解学生的认知水平，在教学过程中能够更好地把握教学内容，使学生能够更加直观地了解相应的教学内容，深入学习与数学相关的知识点，并通过课后的反馈及时有效地纠正自己的错误并能进行有效复习。因此将智慧课堂与高中数学教学融合，并在数学教学理论的支撑下不断改进是高中数学教学改革的重要趋势。

智慧课堂的教学模式为三段八环，具体是指：①智慧课堂。创新融合在线学习、传统教学与翻转课堂优势，并常态化应用的高效课堂。②教学模式。在教学思想、教学理论指导下建立的教学活动基本结构、逻辑框架与程序性的策略体系。③教学环节。课前环节：一次备课并发布任务（教师）；自主学习反馈交流（学生）；获取学情并二次备课（教师）。课中环节：学习展示（师生）；合作释疑（师生）；练测内化（学生）；总结提升（师生）。课后环节：个性拓展（学生）。

101 智慧课堂的教学模式本质是学校教育信息化应用于教学、提高课堂效率、关注师生活动的必然结果。智慧课堂的内涵，可以从多角度加以理解。可以从课堂教学和互联网技术应用两个视角来理解智慧课堂的内涵，从课堂教学来看，它是指学生通过前期及预习发现问题，用多种方式来解决问题的高效课堂，是提高学生数学能力的课堂，课堂教学不是单纯地讲解知识点的过程，更是以学习能力为核心的综合素质培养与生成的过程，智慧课堂的根本任务是学会怎样学习，这里智慧课堂的概念是相对于知识点讲解课堂而言的；从互联网角度来看，它是指利用基于各种多媒体终端的先进的信息技术手段实现课堂教学的信息化、智能化，构建富有智慧的课堂教学环境，使得课堂容量和课堂效率远远大于传统课堂的教学。本质上两种角度是相互关联、相互促进的，利用互联网技术和多媒体终端可以丰富智慧课堂的教学环境，其本质目标也是促进传统课堂向智慧课堂转变，提高学生的数学综合水平。

APOS 理论是由美国数学家杜宾斯基等人在 20 世纪 80 年代末到 90 年代初的数学教育研究实践中发展起来的一种数学教学理论，创造了数学概念学习的 APOS 理论模型。基本思想是：学生学习数学概念是要进行心理建构的，这个建构过程主要有四个步骤：操作或活动（action）、过程（process）、对象（object）、概型（schema）阶段。

怀远中学于 2018 年首次将 101 智慧课堂引入高中教学中来。经过三年的教学融合、实践与探究，101 智慧课堂与数学在概念教学中的 APOS 理论不谋而合，符合最基本的数学教学理论。其中的三段八环与 APOS 理论几个实施步骤恰好吻合，在课前环节，教师进行相应内容的备课，并将内容发到学生的平台上，这恰好就是概念教学中的 action，强调学生的参与性，对知识的内容有一个比较初步的了解。学生进一步进行自主学习，并在讨论区进行相应的反馈与交流，这也是概念教学理论中的 process，只有不断强调学生的学习过程，才能将数学概念进一步理解和升华。而后我们根据学生的任务完成情况，进行表彰和提醒，通过学习结果与学习过程相结合，进行个性化的指导，同时注重收集整理学生反馈的心得、问题、困惑，参照相关的平台统计数据和客观分析，进行有针对性的二次备课，这也恰好是概念教学中进一步强调的 object，只有理清了学习目标之后，才能更好地进行概念的教学和学习。在课堂教学环节，进一步将上述的 action、process、object 三步进行复述和巩固，在此基础上进行合作释疑、练测内化、总结提升，从而形成相关概念的 schema。三年的教学实践操作，使课题组建构形成了具有我校特色的 101 智慧课堂教学模式，集体教学环节如下：

一、课前教学环节

课前充分了解学生的情况，发布相应的任务。针对我校学生基础较差、抽象思维能力较差的情况，前期发布较为直观的内容，在数学教学中尽量减少难度较大的运算。高中学生学习科目较多且难度大，检测题应该相对数量较少，筛选比较经典的例题进行检测，使学生在较短的时间能够完成，并且完全经过了自己的思考，可以提高课堂讲解时的效率。具体环节如下：

（一）一次备课，发布任务

教师根据自己所教班级和学生的数学能力整体情况以及对教材的整体把握，预设所授知识点的教学目标，并确认知识点的宽度和深度，为学生匹配合适的学习资源；教师在一次备课时，需注意备课标、备学生、配资源，其中匹配资源包括：微课、学案、测验、自测、课本习题、试题、问题和讨论等。比如在讲解抛物线知识点的时候，可以发布智慧课堂上的微课，还可以发布一个几何画板的小程序，让学生能够自己动手进行轨迹的发现，加深学生对于概念的基本理解。

教师在教学平台上将一次备课准备的学习资源以任务的形式发布给学生，任务形式可以多种多样。一般发布任务的顺序即学生学习的先后顺序，其内在有一定的逻辑性，体现由浅入深、循序渐进的教学原则以及分层分类教学的理念。

发布任务的目的在于让学生进行有效自主学习，完成知识的传递；并发现学生的问题，有利于答疑解惑和针对性教学。所发布任务的关键还在于要让学生完成自主学习后，进行有效的反馈，因此所发布的任务需是一次备课时教师精心设计的程序性学习资源。

（二）自主学习，反馈交流

教师在发布任务之后，学生在教学平台上，在学习任务单的程序引导下，独立学习、自主学习。学生不受时间、空间的限制，可自定步调完成对知识的学习，微课视频可以反复看，测试在提交之前可以修改。

反馈交流：学生在自主学习过程中，可将学习的心得体会、存在的问题或其他反馈任务通过平台及时反馈给教师。师生可在平台开展"讨论"，实现课前"师生""生生"之间的互动反馈。

（三）获取学情，二次备课

平台自动记录与分析学生的自主学习过程数据，教师根据学生任务的完成情况，进行表彰和提醒，通过学习结果与学习过程相结合，进行个性化的指导，同时教师收集整理学生反馈中的心得、问题、困惑，参照平台数据统计和客观分析，进行有针对性的备课（调整教学设计）。

教师分析梳理学生在所学知识中存在的共性、典型问题，调整课中教学目标，聚焦关键问题，有针对性地设计和调整课中教学活动。从一次备课的预设性教学目标到二次备课的生成性教学目标，实现先学后教、以学定教。

课前三环节，是智慧课堂必经且重要的教学流程，相互衔接、不可简化；而课中四环节不是相互衔接的关系，可以根据不同学科和课程特点，灵活变通应用。这个过程非常适合数学概念的教学，更符合学生的思维发展规律。课前教育这个环节和杜宾斯基的 APOS 理论不谋而合。课前教学环节恰好是让学生进行自我操作（action），在这个过程中学生加深了对于数学概念的理解，回归了数学的本质。APOS 理论认为，数学知识是个体在有意识的情况下解决所感知的数学问题的过程中获得的，学生通过自我探究，既可以激发学习数学的兴趣，也可以增强对于知识点的理解，从总体上提高数学水平。

二、课中环节

在第一个课前教学环节的任务之后，对于在第一环节中出现的问题我们在课堂上加以解决。我们可以采取在课堂讲解前，对学生进行分组，针对每组的具体情况发布不同的任务，采用小组学习的模式加以讨论，以便在课堂教学时解决大家的疑问，提高课堂讲解效率。

（一）学习展示

学习展示是指利用多媒体终端进行学习任务的展示。根据第一阶段学习的结果，展示课前学习任务完成情况以及课中学习成果，师生之间进行互动展示，同学之间开展组内研讨、班级分享等。

课中学习成果的展示一般通过教师组织的小组活动，学生之间进行组内研讨，最后将研讨的结果在班级分享，在分享展示的同时，学生之间相互补充、纠错，教师激励并加以引导，从而优化学生学习习惯，培养学习方法，激发学习兴趣。

（二）合作释疑

合作释疑主要是通过学生间的合作解决学生在课前环节中数学知识点的个性、共性和典型性问题。学生通过教师组织开展的实效性小组合作学习、思维碰撞交流、互帮互助、探究问题，教师个性化点拨指导、精要讲解，达到解决学生疑难、激发求知欲、强化责任感、提升团队协作能力的目的。在此过程中鼓励学生进行知识点的讲解，提高学生学习数学的自信心，同时也可以激励其他同学提升自己。

（三）练测内化

练测内化是指限时完成教师布置的随堂练习，或进行相应的达标检测和自主纠错。练测分口答、书面和平板三种形式，可随机抽答或抢答，也可小组讨论后代表小组回答。我们通过上述活动，达到真正理解、应用、内化知识的目的。在这个过程中我们采用智慧课堂的检查功能，可以马上看到学生的正确率，对知识点的掌握有一个大概的了解，区分数学知识的重难点，为下一步总结提升做好相应的铺垫。

（四）总结提升

总结提升是指通过前面的环节后，在课堂教学中进行相应的总结。总结提升可以由教师负责，也可以是在学生之间进行。总结提升不单是出现在临近课堂结束时，在整个课堂中也可对课堂内容、课堂表现、习惯方法进行总结与评价；对知识点进行归纳梳理，对方法、规律进行总结，使学生对知识的理解应用水平提升到更高的层次。我校一般由教师进行相应总结，对在检测中发现的问题着重强调。

教师在课堂教学中引导学生学会总结、学会反思、提高自我的认知能力。完善、机智的评价可以开启学生的学习心智，引发积极向上的学习动力，建立足够的学习自信。课中四环节可在一堂课中重复运用，也可根据内容的特点改变四个环节的先后程序，如"练测内化—合作释疑—学习展示—总结提升"。

在课堂教学环节中，学生通过不断的学习、理解、纠错再总结、归纳与提高，不断经历数学概念学习的这个过程，这恰好是杜宾斯基的 APOS 理论中的第二和第三个步骤——过程（process）、对象（object）。通过在过程中不断学习，让学生不断达成数学知识点的学习目标，加深学生对于数学知识点的理解。

三、课后环节

在学生经历了课前学习和课堂学习之后，学生在教师的建议下可以在课后利用个性化资源平台的同步课堂、状元课堂、高清培优课、超前课堂、综合课堂等栏目进行个性化自主学习，查漏补缺，不能理解的及时向教师或同学等提出疑问，自我完善数学知识体系，提高课堂学习效率，发展学科特长等。教师要根据班级的具体情况指导学生学会"因材施学""因材施练"，帮助学生学会学习、学会思考，鼓励学生发展学科特长，激发学生创新精神和实践能力，勇于激发潜能，挑战自我，从而大幅度提升学生学习的自信心，提高学生学习数学的能力。

通过三段八环的教学，让学生主动参与其中，教师抛出问题，学生解决问题，归纳特点，形成概念。学生还可以反复观看教学微课，仔细学习教学课件，并通过平台来解决实际问题，最后通过相应的检测来查看自己的学习效果，在此过程中，智慧课堂还可以自动收集大家的错题本，为学生后期的数学复习奠定坚实基础。学生通过反复的学习与练习从而形成相关概念的 schema，在此过程中由于学生的主动参与、小组讨论、教师答疑、课后提高，学生更容易形成相关基础概念知识，更重要的是，学生学会了自主学习，自主分析，自主提高，对学生学习习惯的养成有重要作用。

结语：101 智慧课堂的教学模式与传统教学模式有很大的区别，我校采用的基本都是传统的教学模式，部分课堂有多媒体终端，很多课堂都没有采取多媒体教学手段，很多学生都是被动地学习，等待教师去给他们讲解新知识，主观能动性差。

总的来讲，101 智慧课堂给我校的教学带来了很大的提升，给教师和学生们带来了很大的改变。教师在教学过程中学到了更多的教学手段与方法，与传统教学相比较，智慧课堂容量大，学生参与度高，教师能够及时地发现问题和解决问题，还能从课后教学中得到学生的反馈，极大地改善了教学效果。三个智慧课堂班级在历次考试中都取得了极好的教学成绩，对比传统教学有很大的提高。对于学生而言，智慧课堂的学习，提高了学生主动学习数学的能力，增加了学生学习数学的兴趣，并且对于数学知识点有了更深的了解，在后期的复习过程中，智慧课堂能自动形成学生的错题本，让学生能够较快地提高数学成绩，提升学习数学的自信心。在三年的教学过程中也出现了一些问题，如何向学生推送更有效的学习资源，如何提高学生数学学习的主观能动性，都是后期教学工作需要进一步研究和提高的部分。在三年的教学工作中，我校形成了具有自己特色的智慧课堂的教学模式，在今后的工作中，我校教师将会更加充分地利用101智慧课堂的优势，提高学生的数学能力，努力提高教育教学质量。

参考文献：

［1］翁凯庆. 数学教育概论［M］. 成都：四川大学出版社，2007.

［2］鲍建生. 数学学习的心理基础与过程［M］. 上海：上海教育出版社，2009.

［3］秦小舒. 中学生数学思维培养的教学策略［D］. 长春：东北师范大学，2008.

［4］朱擎. 高中数学思维现状实证研究［D］. 武汉：华中师范大学，2013.

［5］陈云中. 数学思维教学的研究与实践［D］. 南昌：江西师范大学，2005.

［6］张金文. 信息技术整合与数学教学对高中生数学观念和数学思维的影响［D］. 上海：华东师范大学，2006.

实践案例（三）

以问题为中心刍议高中物理课堂的教学模式

曹玉和　四川省崇州市怀远中学高中物理课题组

摘要： 在新课改的教学目标指引下，高中物理课堂也应当积极创新教学模式，为学生提供更高质量的教学课堂。在教学过程中，教师可以应用以问题为中心的教学方法，进一步提高课堂活跃度，让每一位学生都能够投入物理学习之中，从而增强学生对物理知识的掌握能力。本文主要分析以问题为中心的教学模式的重要性，并根据传统物理课堂教学的不足制定相应的教学方法，以此来提高物理课堂的教学质量。

关键词：高中物理；问题；教学模式

物理教学的知识内容较为复杂，学生在学习过程中面临着各种各样的问题，而通过以问题为中心的教学方法，能够让学生进一步了解物理知识的来源，帮助学生深入分析物理知识内容，进一步强化学生的物理技能。在教学过程中，教师要及时发现传统物理课堂中的不足，并不断创新当下物理教学模式，通过创设物理情境激发学生学习兴趣等多种教学方法来提高物理课堂的有效性。

一、开展以问题为中心的教学模式的重要性

开展以问题为中心的教学模式，能够有效激发学生的学习兴趣，让学生在课堂中积极主动地表现，从而为提高课堂效率奠定良好基础。就当前高中物理课堂的教学现状来看，很多教师在教学过程中更注重学生的学习成绩，但学生总体的物理知识掌握情况却不是十分理想，而且物理课堂效率也没有得到显著提高[1]。这主要是学生在学习过程中没有积极投入课堂，从而导致学生的参与感较低，出现物理课堂教学效果较差的情况。而以问题为中心的教学模式，能够有效缓解这一情况，教学问题的穿插，能够增强师生之间的黏性，让学生与教师形成良性互动，从而使得课堂活跃起来。另外，教师对学生的问题进行回答，不仅能够增强学生学习的积极性，还能够活跃学生的思维，让学生在理解物理知识时事半功倍。穿插问题的教学方法能够活跃课堂教学氛围，发挥学生的主观能动性，进一步强化高中物理课堂教学效果，提高教学效率。

此外，问题教学法能够夯实学生的学习基础，提高学生的综合能力。在高中阶段，学生更注重自己的成绩，因为要以此来面对高考的挑战，但是学生综合能力的培养也十分重要。教师在教学过程中应该认识到学生综合能力的培养离不开扎实的知识基础。然而，当前部分物理课堂中学生的基础知识较为薄弱，这主要是由于学生对物理课堂的兴致不高，教师的教学方法较为单一，在教学过程中采用的是灌输式的教学方法，不能够充分活跃课堂、增强学生的理解能力。在教学过程中，教师对部分知识点的讲授缺乏针对性，学生对这类物理知识的认知较为模糊，这使得学生的综合能力难以提升。以问题为中心的教学模式，能够帮助教师及时发现学生的

不足，从而采取有针对性的措施，弥补学生的知识漏洞，从而为学生综合能力的培养奠定良好基础，并以此来培养学生的学科素养[2]。

二、传统物理教学课堂的不足

（一）学生主体地位没有得到确立

传统的教学模式仅仅需要教师讲述知识，学生对所接受到的知识进行吸收即可完成学习。此种教学体系下的学生只是被动地接受知识，而不是独立思考，其创造性思维的培养难以实现。长此以往，学生在物理课堂中的积极性就会被压制，创造性思维无法得到培养，学生就会对物理学习产生厌倦情绪，学习效果也就逐渐下降。因此，在传统的教学模式下，教学活动只是提升学习成绩却难以培养综合素质。

（二）教学模式过于单一

过于单一的教学模式，并不能充分发挥教师的创造能力，这使得课堂教学效果难以提升，课堂教学方式较为死板。在日常教学中，大多数教师都会按照教学大纲完成教学，在此种教学模式下，学生与教师都不能获得高效的课堂。受到绩效考核模式的影响，教师也更注重按部就班的教学方法，只求在课堂中不出现错误，顺利完成教学，这导致教师对教学模式的探索能力下降，对传授多样化的知识并不感兴趣，往往只是通过教材来开展物理课堂教学，方法数十年如一日，使得课堂教学创新难以实现[3]。

（三）忽略学生的个性化发展

传统的教学模式以教师为主导，通过对教材内容的探索分别为学生讲述课堂教学知识的难点及重点，然后进行深入剖析，教学内容是否真正属于重点和难点，主要是由考试内容所决定的。就课堂的实际情况来看，每一位学生的理解能力并不相同，对知识的疑惑点也不相同，而课堂教师的教学重点也难以满足学生的需求。在完成一学期的教学后，部分学生表示并没有真正学习到物理知识，这主要是由于教学模式过于死板，在教学过程中忽略了学生的个性化发展，没有真正做到因材施教。

（四）教学模式重教学、轻思维

在传统的物理课堂中，教师更注重学生对物理知识点及物理公式的记忆，学生是否能够灵活运用知识内容不在教学的考察范围之内。学生运用知识的能力是学生思维能力的一种展现，当代社会普遍反映出学生的动手能力较差，因此各个学校都相应加入了实践和实训环节，甚至部分课堂的实践课时已经超过了一半，但这并不是解决重教学、轻思维问题的正确方向[4]。

三、以问题为中心的高中物理课堂教学模式探讨

（一）巧设问题情境，吸引学生的注意力

要想实现对以问题为中心的教学模式的有效应用，高中物理老师应当合理设计教学问题，并为学生营造一个良好的问题情境，让每一位学生都能够对老师提出的问题产生兴趣，然后积极回答并探索物理知识，从而进一步强化提问的重要性。同时物理老师在教学过程中，要结合学生的学习现状及兴趣爱好，巧妙设计教学问题，使得问题能够更符合当代学生的认知，让学生能够充分融入问题情境中，从而帮助学生掌握更加丰富的物理知识，实现物理教学的真正目的。此外，教师也可以根据学生的日常生活设计出与现实生活最为贴近的物理问题，让学生在学习物理的同时学会应用物理知识，进而提高学生的思维能力以及物理的实用性。

例如，在学习教科版《高中物理（必修一）》第三章第六节"自由落体运动"时因为其为匀变速直线运动的特例，所以教师可以在教学前准备同等质量的塑料球和铁球，选择同一高点扔下。教师可以提问学生："哪个小球的落地速度更快？"有的学生会说铁球快，有的学生会说同样快。然后教师可以让学生自己实验，得出结论——两个小球一样快。教师可以以此引出自由落体运动教学。而后讲解完课堂知识后，教师可以再提问学生："如果在真空条件下，与正常条件相比，同学们设想一下，轻重物体哪一个下落更快？"在学生猜想后，教师可以引出影响物体下落快慢的因素有空气阻力。总之，在自主探究的课堂学习模式下，学生能够全身心投入其中，并且能够紧跟教师步伐，探索物理知识。

（二）开展小组合作学习，增强课堂教学效果

新课程教学标准指出，教师要突出学生的主体地位，进一步培养学生的自主学习能力[5]。那么在高中物理教学中，教师可以通过小组合作学习的方式，增强课堂教学效果，帮助学生全面掌握物理教学内容。同时教师也要了解学生的学习特点，针对不同的学生设置不同的问题，真正做到因材施教。在开展小组合作学习时，要突出学生的主观能动性，让小组内的学生共同去探讨物理知识，从而提高学生对物理知识的兴趣。

例如，在学习教科版《高中物理（必修二）》第四章第五节"机械能

守恒定律"时，教师可以先让学生通过观看视频思考问题。教师可以为学生展现荡秋千、过山车以及撑竿跳等活动，并询问学生："这三种活动的动能与势能是如何转换的呢？请同学们以小组为单位共同探讨。"在学生完成讨论后，可以分别邀请三位同学回答问题，回答完毕后，教师则可以总结：通过弹力或者重力做功，机械能能够实现转换，进而引出机械能守恒定律的教学。通过小组合作学习的教学方法，学生能够通过合作探究去学习物理概念，有效强化学生的物理知识掌握能力，让学生能够在后续的物理知识学习中始终保持兴趣，进而增强课堂教学有效性。

（三）先学后教，实现学生个性化发展

高中物理知识涉及多个方面的内容，学生在学习过程中面临着多种多样的挑战，对物理学科难以产生学习兴趣，进而影响物理成绩，这也使得物理课堂的教学质量逐渐下降[6]。故教师在教学过程中可以通过先学后教的教学方法，实现学生个性化发展。教师可以让学生自主预习知识内容，或者带领学生共同学习知识，再根据学生的难点逐个击破，同时教师也要根据不同学生的学习情况因材施教，实现"以学定教"，进而不断强化学生的物理能力，实现物理教学的新突破。

例如，在学习教科版《高中物理（必修二）》第一章第一节"曲线运动"时，教师可以在课前以提问的方式引导学生初步学习："同学们，前面我们学习了直线运动，请问哪位同学记得直线运动都包括什么？"学生回答："自由落体运动、匀速直线运动，还有匀变速直线运动。"然后教师再提问："请问自由落体实验中，小球的轨迹是什么？"学生回答："直线。"而后教师可以应用信息化技术播放抛物线运动，如踢足球等视频，再问学生："足球运动的轨迹是什么？"学生回答："曲线。"教师以此可以引入轨迹是曲线的运动叫曲线运动。在后续教学中，如果学生对曲线运动的某个知识点理解不清，教师则可以根据全班情况，展开难点教学，进而有效提高教学质量。

总而言之，以问题为中心的物理教学课堂的教学效果能够得到有效提升，所以物理老师在教学过程中要深入了解学生的需求，做到因材施教，为学生营造一个良好的学习氛围，通过问题的方式让物理课堂的知识内容更加清晰明确，从而有效提高学生的物理成绩。

参考文献:

[1] 王越. 以问题为中心的高中物理课堂教学研究 [J]. 天天爱科学（教育前沿），2020（1）：186.

[2] 张云. 以问题为中心的高中物理课堂教学模式初探 [J]. 教育观察（上半月），2019，8（2）：34.

[3] 朱宏杰. 以问题为中心的高中物理课堂教学模式探究 [J]. 甘肃教育，2019（3）：86.

[4] 刘彦锋. 新形势下以问题为主线的高中物理课堂教学模式探讨 [J]. 新课程，2020（33）：82.

[5] 汤京. 以问题为中心的高中物理实验教学探讨 [J]. 高考，2021（13）：141-142.

[6] 陈霞. 以问题为中心的高中物理教学策略探讨 [J]. 高考，2020（25）：24，26.

第五节　开展课堂观察，落实课堂评价

我们每次在听大咖们的课时，总是被他们流畅的设计、智慧的把控、独特的思维深深吸引，回头品量不难发现，这些名师的课堂都有一个共同的特征——人课合一，这是师者的最高境界。青年教师的成长路径有很多，但课永远是绕不开的那条路，只有通过课的不断打磨，理解到教育的内涵，才能促使其形成独特的教学风格。为保障课堂监管的有效性，我们要更多的关注每一个平凡的教师，以"推门听课"的方式，了解"原生态"课堂，备教一致，纠正部分"公开课"形式上的"表演""作秀"。推门后，教师们也许能够给我们带来更多的惊喜和发现。

教学是一门关乎生命成长的艺术，课堂则是一个个鲜活生命个休平等对话的舞台。我们要清楚的是，课堂的预设与生成本身就是一对矛盾。事实上，没有任何一个教师不想让自己的学生学会，但由于知识点的难易程度不同、学生的智力水平不同，我们管得过紧，不留空间，会束缚师生思考的自由、交流的自由，扼杀他们生命的创新活力。因此，我们要理性地"推门"，让教师在愉悦的心境下完成课堂教育教学。

作为一种新型的教学管理模式，"推门"听课已经在我校成为一种习惯，教师们都欣然接受，因为这不是为了看哪个教师的笑话、出谁的洋相，而是为了了解学情、生情，帮助教师提高教育教学水平。当然，教学管理者在想"推门"听课之前，要先主动"拉开"自己的课堂之门，欢迎教师们先体验一下"推而听之"的真实感觉，在演绎"推拉自如"的同时精心做好"示范"和"引导"，躬身力行，让原本生硬的管理要求在自己的"轻轻一拉"中得到内化和优化。

我们需要清楚的是，"推门听课"不能仅仅局限于"推门"，更要"推磨、推广、推陈出新"，突出"推"的功效。因此，在"推门"听课之后，如何"评课""议课"？这是我们目前教研的薄弱环节。为此，课题组专题研究学习了成都大学陈大伟教授（怀远中学省级课题指导专家）的文章——《"评课""磨课"和"议课"》（刊于 2008 年 5 月 14 日《教育时报·课改导刊》），以此来指导今后的教研组和备课组的校本教研活动。

全国著名特级教师于漪曾说："我的特级教师是听课听出来的"，这个话听起来似乎很简单，但做起来真的很难。我们依据不同的听课目的和任务来准确定位自己的听课角色，听授课教师的课堂语言、教学过程，听课堂学习中的学生发言、小组合作，记录精妙、不足、疑问与感悟，判定教师主导、学生主体作用发挥得是否到位？思考这节课换我来该怎样上？这个环节我应如何处理？思维训练目标是否达成？与听课评课相比，观课议课主要适用于日常的教研和教师培训活动，学校是最适宜的场所，教师是其中的主体和主角。日常生活性、普遍参与性，既是观课议课的主要特点，又是它的意义和价值所在。评课是对照课堂教学目标，对教师和学生在课堂教学中的活动及其这些活动所引起的变化进行价值判断。评价的目的不是为了证明，而是为了改进，所以评课不会消失，也不会被取代，在需要做出课堂教学评价的时候，如优质课竞赛时，抑或其他涉及选人和判断人的问题时，评课是一种合适的方式。如果需要研究课堂上的问题和发展教师，那么议课的方式更好。从这种意义上说，在校本的基于研究和改进的教研活动中，观课议课可能会成为方向和趋势。通过观课议课获得更高的课堂教学能力和水平以后，教师参与赛课也就更容易取得优异的成绩，这会是观课议课对评课活动的一种贡献。怀远中学教学研究实录见表 4.5。

表 4.5　四川省崇州市怀远中学学科教学研究实录（推门听课）

第_____次教学研究	听课时间_____	观课教师_____
授课教师_____	授课课题_____	授课课型_____

观课亮点：

完善环节：

议课反馈：

　　在日常的校本教研、集体备课活动中，组内教师"怎样评？""如何磨？""何为议？"下面我们就从针对对象、标准与方式、地位与结果三个方面来具体厘清概念，弄清本质，恰当地将其用于课题组的课堂观察操作实践。评是什么呢？评是评价、评定、评论，评课是对课堂教学进行评论、评价和评定。磨是什么呢？在"如琢如磨"中，琢是成型的加工，磨是使其光滑、圆润的加工，磨课是对课进行打磨和加工，使其更加精美。议是议论，是对话，是讨论，议课是讨论和发现课堂中各个环节、因素之间的关系，是探讨课堂教学的种种可能，从而认识课堂、理解课堂、改进课堂。在 2022 年 4 月开展的校内名师、骨干教师示范课活动中，评委小组成员认真对标观察量表各项指标，从课前、课中和课后三大环节，对课程标准的解读与把控、教学设计的生成与评价、思维过程的启迪与训练、核心素养的融入与落地，分工协作，闭环指导。具体课堂教学观察维度及数据见表4.6。

表4.6　四川省崇州市怀远中学课堂教学观察维度及数据量表

研究主题	主要观察维度	组内观课教师具体分工
教学目标达成	①教学环节时间分配 ②全班总体参与率 ③学科核心素养落地	①各个环节所花费时间记录（1人） ②分组统计各个环节学生参与率（8人） ③总体设计与过程展示（1人）
教学形式选择	①教学活动差异 ②重点环节学生表现差异 ③教学模式的选择与运用	①主要教学环节的实施差异记录（2人） ②分组统计重点环节学生参与率（8人）
学生学习效果	①全体学生回答频率与类型 ②问题解答正确率 ③学生思维过程训练	①分组统计学生在各个环节中的回答情况（8人） ②练习环节各题正确率统计（8人，同上） ③回答问题时逻辑思维能力（1人）
学生表现差异	①不同水平学生回答频率和类型 ②不同水平学生问题解答正确率	①不同水平层次学生的课堂行为观察（9人） ②练习环节不同学生正确率统计（9人，同上）
教师教学水平	①教学环节时间分配 ②教师提问频率与类型	①各个环节所花费时间记录（1人） ②整堂课中教师提出的问题数量和类型（2人） ③教师追问与课堂生成有效性（2人）

第一，从对象上，评课主要针对的是授课教师的教育教学行为，当然高明的评委也会由此推测行为背后的教育价值观念，然后做出评判。磨课主要定位于行为改进，更加关注行为，更容易就问题讨论问题，一般来说是出现了什么问题就讨论和解决什么问题。议课定位于以课堂教学为平台发展教师，不就事论事，而是通过可以观察的教和学的行为，讨论和发现"教育假设""教学设计""教的行为""学的行为""学的效果"之间的关系和联系，从考察学习效果入手，反思原有教学设计和教育观念的合理性，思考和设计新的教学行为。议课要通过询问使教师背后的观念、假设明晰化，在议课中，价值观念将成为讨论的对象，即通过议课更新观念，改变假设。崇州市怀远中学校内名师、骨干教师优秀课例研究会见图4.2。

图 4.2 崇州市怀远中学校内名师、骨干教师优秀课例研究会

第二，从标准与方式看，为了优化课堂教学和促进教师专业的成长，既然要"听""磨""评""议"，那么我们心中就要有具体的参照标准。华东师范大学叶澜教授对好课有"5实"要求，即扎实、充实、丰实、平实和真实，好课应是有意义的课，好课应是有效率的课，好课应是有生成的课，好课应是常态下的课，好课应是有缺憾的课。北京教育科学研究院文喆教授对好课有"5要"标准，即学习内容要适切、学习环境要轻松、学习形式要多样、组织过程要科学、评价要求要包容。无论是"5实"要求，还是"5要"标准，都是基于以学生为主体的设计理念，进一步为我们明确了"听""磨""评""议"的侧重点和关键点。如果说备课是在读懂教育的本质，那么观课就是在汲取教育的智慧，磨课是在内化教育的思想，评课是在提升教育的格局。

第三，从地位与结果看，评课是要得出授课教师教学水平和质量的结论，发现授课教师的优势和不足，提供教学改进的方向，有"评"与"被评"的主客体差异。磨课是使这一课更加有效的一条路径，即使课堂教学环节更流畅、师生活动更默契、教学效果更理想，有授课者主动参与讨论，提供自己的问题，提出自己的质疑，存在帮助和被帮助的关系，彼此很难真正的平等对话和交流。而议课是从这一课的故事出发理解教学，认识教学环节、要素之间的关系和联系，一方面对这一课讨论和思考了更多的教学可能，另一方面通过这一课走出这一课，它定位于自助和互助，彼此需要，共同关心，更容易也更需要建立真诚、平等的对话关系。

综上所述，听课评课、观课议课之理，在于"推门"听课之后，听课者要记得"拉上"教师的课堂之门，及时准确地对本节课给予评价和反馈。这就要求"推门者"时刻保持一种欣赏、期待、唤醒的心态，以平等的身份参与议课活动，这样才能综合、整体、有效地评价一堂课的质量。在标准的把握上，"推门者"千万不可以公开课的条条框框去衡量"推门课"，过分挑剔的眼光不是助推教师更上一层楼的善举，会让被听者很难以积极的心态期盼自己的课堂之门再次被"推开"，因为"推门课"毕竟不是反复打磨的公开课，而是"教无定法"的常态课。

在评价标准的取舍上，我们主要关注的要素是教态是否自然、教法有无不当、思维训练过程如何、能力是否得到提高，从而真正起到"推门"听课的良性循环作用，推出和谐，推出质量，推出智慧，推到我们内心，以教促研，以研带教。下面，我们选择两位教师的课堂观察实录，供大家讨论。

课堂观察实录（一）

2021年新高考数学 I 卷第7题的分析与教学启发
吴清明　四川省崇州市怀远中学数学课题组

在高中数学的教学过程中，高考题的研究成为高中数学教研的重点。通过对高考题的研究，可以提升教师的教学能力，让教师紧跟新高考改革的理念与方向，而这正是新高考的核心功能之一———引导教学的体现。

本节习题讲评课，我选用的是2021年新高考数学 I 卷第7题。该题以能力立意，立足于导数的几何意义这个主干知识，考查了学生对高中数学思想的理解，检验了教学对学生数学核心素养的培养，是一道"出人意料"但又"触手可及"的好题，还请各位教师、专家提出宝贵的改进意见，便于我进一步优化。

一、考题呈现与分析

若过点 (a, b) 可以作曲线 $y = e^x$ 的两条切线，则（　　）

A. $e^b < a$　　　　　　B. $e^a < b$

C. $0 < a < e^b$　　　　D. $0 < b < e^a$

分析：首先，微积分的创立与四类科学问题有关，其中之一就是求曲线的切线，因此本题具有浓厚的数学文化；其次，本题的载体是求解过某点的曲线的切线，基础是求解在某点的曲线的切线，是导数的几何意义的直接应用，是对高中的主干知识的考察。

解法一：设曲线 $y = e^x$ 上任意一点 (t, e^t) 为切点，因 $y = e^x$ 的导数 $y' = e^x$，所以，曲线 $y = e^x$ 在点 (t, e^t) 处的切线方程为 $y - e^t = e^t(x - t)$.

由题意知，点 (a, b) 在切线上，则 $b - e^t = e^t(a - t)$，即 $b = e^t(a - t) + e^t = e^t(a + 1 - t)$.

设 $f(t) = e^t(a + 1 - t)$，$t \in R$，则 $f'(t) = e^t \cdot (a + 1 - t) + e^t \cdot (-1) = e^t \cdot (a - t)$，当 $t < a$ 时，$f'(t) > 0$，$f(t)$ 递增；当 $t > a$ 时，$f'(t) < 0$，$f(t)$ 递减，所以，$f(t)_{max} = f(a) = e^a$. 而当 $t < a + 1$ 时，$f(t) > 0$；当 $t > a + 1$ 时，$f(t) < 0$.

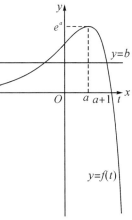

因此，可以作出 $f(t)$ 的函数图象如图 4.3 所示。由图 4.3 可知，当 $0 < b < e^a$ 时，直线 $y = b$ 与曲线 $y = f(t)$ 有两个不同的交点，故选 D.

解法二：设曲线 $y = e^x$ 上任意一点 (t, e^t) 为切点，因 $y = e^x$ 的导数 $y' = e^x$，所以，曲线 $y = e^x$ 在点 (t, e^t) 处的切线方程为 $y - e^t = e^t(x - t)$.

图 4.3　$f(t)$ 的函数图象

由题意知，点 (a, b) 在切线上，则 $b - e^t = e^t(a - t)$，即 $e^t(a - t) + e^t - b = e^t(a + 1 - t) - b = 0$.

设 $f(t) = e^t(a + 1 - t) - b$，$t \in R$，则 $f'(t) = e^t \cdot (a + 1 - t) + e^t \cdot (-1) = e^t \cdot (a - t)$，当 $t < a$ 时，$f'(t) > 0$，$f(t)$ 递增；当 $t > a$ 时，$f'(t) < 0$，$f(t)$ 递减，所以，$f(t)_{max} = f(a) = e^a - b$. 而当 $t < a + 1$ 时，$f(t) > -b$；当 $t > a + 1$ 时，$f(t) < -b$. 因函数 $f(t)$ 有两个不同的零点，

则 $\begin{cases} f(t)_{max} = f(a) = e^a - b > 0 \\ -b < 0 \end{cases}$，即 $0 < b < e^a$，故选 D.

解法一与解法二都是先将点 (a, b) 坐标中的参数 a、b 看作常数，对过定点求曲线的切线方程进行完整的考察，再借助转化与化归思想、数形结合思想完成问题的求解.

解法三：函数 $y' = e^x > 0$ 恒成立，则 $y = e^x$ 是增函数，函数的图象如图 4.4 所示。发现 $y > 0$，即所有点的坐标都在 x 轴上方.

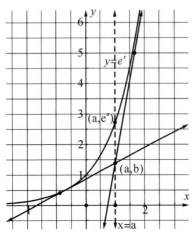

图 4.4 函数图象

如果点 (a, b) 在 x 轴或下方时，只有一条切线.

如果点 (a, b) 在曲线上，只有一条切线.

如果点 (a, b) 在曲线上侧，没有切线.

如果点 (a, b) 在图象的下方，并且在 x 轴上方时,有两条切线,可知 $0 < b < e^a$.

故选 D.

解法三 根据函数的单调性，讨论点 (a, b) 不同位置时的切线条数，确定点 (a, b) 与曲线的位置关系，从而完成问题的求解.

二、教学启发

新高考的核心功能之一是引导教学，具体为主干知识重点考查、反复考查，回归原理认知，注意竞赛强基、高等数学背景试题的改编，注意教材例题、习题的改编，命题时注意知识的综合考查，重视方法总结，少一些刻板化套路。

通过对 2021 年新高考数学 I 卷第 7 题的分析，对求函数 $y = f(x)$ 的切线问题的教学启发有以下四点：

1. 主干知识的系统化是课堂教学的方向

本题的主干知识为求函数 $y = f(x)$ 的切线问题，它应分为两类：

（1）求在点 $P(x_0, y_0)$ 处的切线问题［点 $P(x_0, y_0)$ 是切点］

切点的三重特征 $\begin{cases} (1) \text{ 点 } P(x_0, y_0) \text{ 在曲线 } y = f(x) \text{ 上} \\ (2) \text{ 点 } P(x_0, y_0) \text{ 在切线上} \\ (3) k = f'(x_0) \end{cases}$

切线方程为 $y - f(x_0) = f'(x_0)(x - x_0)$

（2）求过点 $P(x_0, y_0)$ 的切线问题

"设切点，写切线，代入已知点"。

设切点为 $Q(a, f(a))$，则切线为 $y - f(a) = f'(a)(x - a)$。

因点 $P(x_0, y_0)$ 在切线上，将其代入切线方程得到 $y_0 - f(a) = f'(a)(x_0 - a)$，解出 a，即可求出过点 $P(x_0, y_0)$ 的切线方程。

考题中出现了过点作曲线的切线，那么学生只要能清楚题目在考什么，迅速从自己的知识系统中找到相关的知识与入手点，就能直接进入解法一或解法二。

2. 数学思想的学习是培养学生核心素养的有效途径

高中数学的思想包括函数与方程的思想、数形结合的思想、分类与整合的思想、化归与转化的思想、特殊与一般的思想、统计与概率的思想。2021 年新高考数学 I 卷第 7 题考察了函数与方程的思想、数形结合的思想、分类与整合的思想、化归与转化的思想。学生只有对上述思想有了一定的认识后，才能从识别问题在考什么过渡到如何解决以及为什么这么做，最终使问题得到解决。

同时，新高考以能力立意，考题一般为多个知识点的综合，而高中数学的知识点有三千余个。因此，教学中我们除了讲清楚每个知识点外，更要讲清楚知识点与方法背后的数学思想，使学生对数学知识和所使用的方法有本质的认识，从而培养学生的数学核心素养，提升学生分析问题、解决问题的能力。

3. "一题多解" 是习题教学的重点

2021 年新高考数学 I 卷第 7 题解法三是不同于前面两种解法的，是更直接的，也是更简单的。同时，解法三的思维层次低，但入手更难，因为平时的教学中遇到曲线的切线条数问题很少通过作图来进行判断。

一个数学问题，因思考的角度不同可得到多种不同的思路。教学中进行 "一题多解" 的训练，寻找多种解法，有助于拓宽解题思路，发展学生思维能力，提高学生分析问题的能力。

4. 微专题教学是巩固主干知识、提升学生思维能力的重要方法

微专题是基于米勒的信息加工能力的局限研究，将相关联的知识、方法进行归类、整合。高中的学习时间紧、任务重、压力大，而微专题可以提升学生的学习效率，帮助学生对某个具体的主干知识有完整的掌握。

针对 2021 年新高考数学 I 卷第 7 题所考察的求函数 $y = f(x)$ 的切线问题可以设计以下小专题：

（一）知识回顾

求在点 $P(x_0, y_0)$ 处的切线问题 [点 $P(x_0, y_0)$ 是切点]；

求过点 $P(x_0, y_0)$ 的切线问题。

（二）例题探究

例 1. 已知函数 $f(x) = e^x$。

（1）已知函数在 $x = 1$ 处的切线方程；

（2）求过点 $(0, 0)$ 与 $f(x)$ 相切的直线方程；

（3）过点 $(0, b)$ 能作曲线 $y = f(x)$ 的两条切线，求 b 的取值范围；

（4）若过点 (a, b) 可以作曲线 $y = e^x$ 的两条切线，则（　　）。

A. $e^b < a$　　　　B. $e^a < b$　　　　C. $0 < a < e^b$　　　　D. $0 < b < e^a$

例 2. 已知函数 $f(x) = x^3 - ax^2 - 4x$ 在 $x = 2$ 时取得一个极值。

（1）求 $f(x)$ 的解析式；

（2）求函数 $f(x)$ 的图象上一点 $(2, c)$ 处的切线方程；

（3）若过点 $(2, d)$ 能作曲线 $y = f(x)$ 的三条切线，求 d 的取值范围。

（三）练习巩固

1.（2019·新课标Ⅱ）曲线 $y = 2\sin x + \cos x$ 在点 $(\pi, -1)$ 处的切线方程为（　　）。

A. $x - y - \pi - 1 = 0$　　　　　　B. $2x - y - 2\pi - 1 = 0$

C. $2x + y - 2\pi + 1 = 0$　　　　　D. $x + y - \pi + 1 = 0$

2.（2019·新课标Ⅲ）已知曲线 $y = ae^x + x\ln x$ 在点 $(1, ae)$ 处的切线方程为 $y = 2x + b$，则（　　）。

A. $a = e, b = -1$　　　　　　　B. $a = e, b = 1$

C. $a = e^{-1}, b = 1$　　　　　　D. $a = e^{-1}, b = -1$

3.（2018·全国）若函数 $f(x) = ax^2 + 1$ 图象上点 $(1, f(1))$ 处的切线平行于直线 $y = 2x + 1$，则 $a = $（　　）。

A. -1　　　　　B. 0　　　　　C. $\dfrac{1}{4}$　　　　　D. 1

4.（2016·山东）若函数 $y = f(x)$ 的图象上存在两点，使得函数的图象在这两点处的切线互相垂直，则称 $y = f(x)$ 具有 T 性质. 下列函数中具有 T 性质的是（　　）。

A. $y = \sin x$　　　B. $y = \ln x$　　　C. $y = e^x$　　　D. $y = x^3$

5.（2019·高考江苏卷）在平面直角坐标系 xOy 中，点 A 在曲线 $y = \ln x$ 上，且该曲线在点 A 处的切线经过点 $(-e, -1)$（e 为自然对数的底数），则点 A 的坐标是_____。

6. 已知函数 $f(x) = x\ln x$，若直线 l 过点 $(0, -1)$，并且与曲线 $y = f(x)$ 相切，则直线 l 的方程为_____。

7. 已知函数 $f(x) = \ln x - ax$（$a \in R$）的图象与直线 $x + y + 1 = 0$ 相切，则

实数 a 的值为_____。

通过小专题，不仅将求函数 $y = f(x)$ 的切线问题的主干知识进行了梳理，还帮助学生对该问题的多种方法进行了练习与巩固，同时例 2 对三次函数进行了研究，帮助学生对解题方法能有更全面的掌握。

三、小结

高考数学试卷是对高中生数学学科核心素养与综合能力的考察，是对高中数学教师教学效果的检验。因此，高考数学试卷上的每一道题都值得我们去研究，每一种题型都应该和自己的课堂教学相结合，将自己的课堂教学不断进行优化，努力提高学生的学习效率。

课堂观察实录（二）

"时空观念核心素养"教学设计
（高三历史专题复习课）

喻　霞　四川省崇州市怀远中学高中历史课题组

一、学情分析

在 2019 年版历史考试大纲中，教育部考试中心明确指出：历史学科考查对基本历史知识的掌握程度；考查学科素养和学习潜力；注重考查在唯物史观指导下运用学科思维和学科方法发现问题、分析问题、解决问题的能力；考查考生的人文精神与素养，引导其实现德智体美劳全面发展。这也就是说，高考不仅考查学生对知识的掌握情况，还考查近年来着力强调的学科核心素养，即学生的历史学科能力素养在考试及个人发展中的运用与内化的情况。

目前，高三学生已经完成了一轮复习，虽然多数学生具备了历史学科的基础知识和基本能力，但是学生的学科思维和学科素养还有待提高，尤其学生在后期复习中逐步暴露出对既往复习内容记忆混乱的问题，在复习记忆知识时存在眉毛胡子一把抓的情况，学生对长时段、短时段或同时段中外历史事件无法做到有条理、有层次的掌握与运用。与此同时，习题训练中还暴露出学生对事件的时空观念存在记忆或认识模糊。在刚结束的成都"二诊"考试的第 42 题，得分率相当低，我选了这一题，就高考中如何考查时空观念核心素养与学生们共同探究，并试图总结一些规律。

二、学习目标

1. 掌握基本的时空概念。

2. 了解高考对时空观念核心素养的考查。

3. 逐步养成时空思维意识，并学会运用时空观念认识和解释历史。

三、教学方法

学生自主学习、合作学习法；师生互动法；问题导学法；情境教学法。

四、课前自主学习、自主检查

（一）了解认识不同的历史纪年方法并能换算

1. 朝代纪年法：中国古代史中按朝代进行纪年。

2. 公元纪年法：耶稣诞生之年为公元元年。

3. 帝王纪年法：谥号、庙号、年号。

4. 民国纪年法：1912 为公元元年。

5. 干支纪年法：干支是天干和地支的总称，干支顺序相配正好六十年为一周。

（二）区分相对的时间概念，并能对应常用的纪年法

1. 前期、中期、后期。

2. 初、末、季。

3. 上叶、中叶、下叶。

4. 之际、之交（如：明清之际——17 世纪）。

（三）掌握常见的历史分期，不同的历史分期各有不同

1. 中国古代史注重朝代。

2. 世界古代史注重世纪。

3. 近代史以重大事件为界限。

4. 世界近代史以资本主义发展史、重大事件（如工业革命、两次世界大战）划分。

（四）能辨识隐形的时间表达，以特定的历史时期的事物、称谓来指代某一历史时期

例如，秦王（李世民）与薛举大战于泾州，我师败绩。薛举寇泾州，太宗（李世民）率众讨之，不利而旋。

（五）空间表达主要以地图为载体，学生熟悉地图的各种表达方式

图例、标题、关键词、图注、图内外部的各种历史信息。它不仅仅是机械的空间定位，还包括以空间为基础的环境、疆域、管理、经济、人口等一系列历史因素的特征与变迁。

【设计依据】黄牧航先生指出，历史时间不是单纯物理意义上的时间，

而是指与人类社会实践紧密联系的时间。历史学科中所指的时间，并不单指物理上的时间，有同一空间下的时间，也有先后时序的时间，即静态时间和动态时间。同时，历史空间不是纯粹的物质空间，而是一种社会关系，具有社会性含义，是政治、经济、文化、民俗、宗教等社会现象与自然地理环境相互作用的集合体。这种社会性的历史空间或可以称为"人文空间"。人文空间并不是一成不变的，而是一种既静又动的空间，史事在其中存在并发展变化着。因此，培育时空观念素养时应重视将静态时空与动态时空相结合，以改变学生对知识的固化记忆与认知，使其灵活地运用所学知识分析史料所表达的内涵。

五、课堂教学

【导入】本节课我们从 2022 年成都"二诊"42 题说起：根据材料（略）并结合所学知识，另选一个年份，提炼出一个年度关键词，并运用三个及以上史实予以论证（要求年度关键词明确，史实准确，论证充分，表述清晰）。

同学们，成都"二诊"虽已过去，但大家可能仍然记忆犹新，有些同学或许伤痛还在，如这道 12 分的题，阅卷场上平均分仅有 3 分左右，普遍存在以下问题：时空错位，史实不清，年份和分期、阶段不分，时间点和长时段无法区分等，而这些都指向高考核心素养——时空观念的考查。那么，什么是时空观念呢？高考题中如何考查？后期复习又该如何落地呢？

【设计意图】以学生们熟悉的"二诊"试题导入，通过三个问题，引发同学们的思考，激发学生探究的热情。教师展示出 2017 年新课程目标对时空观念核心素养概念的阐述："时空观念是在特定的时间联系和空间联系中对事物进行观察、分析的意识和思维方式。任何历史事物都是在特定的、具体的时间和空间条件下发生的，只有在特定的时空框架当中，才可能对史事有准确的理解。"高考中"时空观念"素养的考查等级可参考表 4.7。

表 4.7　高考中"时空观念"素养的考查等级水平展示

水平	时空观念
水平 1	能够辨识历史叙述中不同的时间与空间表达方式；能够理解它们的意义；在叙述个别史事时能够运用恰当的时间和空间表达方式

水平	时空观念
水平2	能够将某一史事定位在特定的时间和空间框架下；能够利用历史年表、历史地图等方式对相关史事加以描述；能够认识事物发生的来龙去脉，理解空间和环境因素对认识历史与现实的重要性
水平3	能够把握相关史事的时间、空间联系，并用特定的时间和空间术语对较长时段的史事加以概括和说明
水平4	在对历史和现实问题进行独立探究的过程中，能将其置于具体的时空框架下；能够选择恰当的时空尺度对其进行分析、综合、比较，在此基础上作出合理的论述

同学们认识历史，需要综合历史学科的五大核心素养：唯物史观、时空观念、史料实证、历史解释和家国情怀。上面表格展示了近三年全国卷对历史学科核心素养考查情况，得出时空观念考查比例占到了91%。

【设计思路】通过展示"双新"背景下高考对"时空观念"核心素养的考查等级，教师选取典型的高考例题，引导学生探究以往高考中对时空素养的考查，以便在实际的教与学中落实这一素养。教师对以上水平层级进行整合，从以下三个方面展开本节课教学：

环节一：知道时空史事，建立"时空关联"

时空要素是历史史实的基本构成要件，所有史事都是在特定的时间条件下发生的，是历史叙述的最基本要素。例如：

例1（2021 湖北） 1957年，外国专家沙博理参观西安时获悉城市人口从中华人民共和国成立之初的不足50万增加到150万。在访问已建成的六家国营纺织厂中的一家时，得知该厂使用的每一台机器都是中国自造的，他由此感到这座古城重新兴盛起来了。这说明（   ）。

A."一五"计划初步改变社会面貌　　B. 西安成为内地省会开放城市

C. 社会主义市场经济体制完全建立　D. 城市经济体制改革全面展开

学生主动从时空观念角度分析该题，选A。材料信息：1957年西安城市人口增加，国营纺织厂的机器是中国自造，关联1957年，可知，"一五"计划，优先发展重工业，广大农村、各行业支援工业建设，劳动力涌入城市，城市人口增多；1957年，"一五"计划超额完成，重型机器制造业等工业部门建立，初步改变社会面貌；从时间顺序以及对应的历史事件，可以排除其他选项。

关联基础复习，落实时空史事。学生在自主或合作学习后，将中国现代史重要时间或史事填入图4.5相应的时间阶段中。

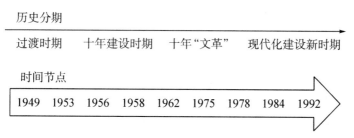

历史分期

过渡时期　　十年建设时期　　十年"文革"　　现代化建设新时期

时间节点

1949　1953　1956　1958　1962　1975　1978　1984　1992

图4.5　中国现代史重要时间或史事与时间阶段的对应

华南师范大学教授黄牧航提到"历史空间观念主要通过历史地图和图示（思维导图）等形式来培养"，空间表达很多以地图为载体，需要同学们熟悉地图的各种表达方式，即自然地理空间。结合《中外历史纲要》，补充学生相对比较陌生的另一概念，即"地缘政治"或"政治地理"，通过展示2019年成都"二诊"30题，新教材中"冷战"的形成条件，除了人民版教材中的政治、经济、军事条件外，还有地缘政治因素，如第一次柏林危机，柏林墙的修筑导致德国的分裂，还比如新教材中"东欧国家"的概念，结合时政热点中的俄乌冲突，西方国家将乌克兰作为地缘政治博弈的筹码。

【设计思路】通过补充新教材观点及时政热点，增加课堂的趣味性和知识性，拓展传统思维中对时空观念的了解。

说明：我们不仅要知道时空下的历史事实，更重要的是能够将某一史事定位在特定的时间和空间框架下；能够利用历史年表、历史地图等方式对相关史事加以描述；能够认识事物发生的来龙去脉，理解空间和环境因素对认识历史与现实的重要性。

环节二：理解时空变构，构建"时空解释"

首先，要学会在特定的时空下认识事物的来龙去脉，展示例题2。

例2. 1861年，慈禧发动政变处置政敌时，特别把"不能尽心和议"列为罪状。英国人在华创办的《北华捷报》称："在这个特别的关头，我们要比我们同中国发生联系的其他任何时期，更有必要去支持帝国的现存政府。"由此可知（　　　）。

A. 太平天国将面临更严峻的形势　　B. 清政府沦为洋人的朝廷

C. 清廷顽固派势力地位得到加强　　D. 传统的外交体制被抛弃

课堂上，当时学生主动举手回答，分析 1861 年这一特定的时间背景，因咸丰帝病死，通过辛酉政变掌权的慈禧以"不能尽心和议"的罪状处置政敌，这充分说明清政府与西方列强勾结。此时清政府正履行第二次鸦片战争中签订的不平等条约，太平天国面临清政府和西方列强的联合绞杀。故选 A。

例 3（2022 乙卷，35）　1930—1931 年，纽约市儿童餐厅提供的廉价午餐数量猛增，曾在 1917—1918 年因战争而畅销的香烟产量再次剧增，许多穿着整洁西装的商贩在街头兜售苹果，也成为城市一景。这反映出，当时美国（　　）。

A. 经济危机持续加深　　　　　　B. 社会矛盾趋于缓和

C. 新政取得良好成效　　　　　　D. 福利制度已经确立

例 3 是两个不同的时间段：1930—1931 年与 1917—1918 年，美国出现了不同的社会现象，反映在经济危机期间胡佛政府坚守自由主义政策，导致危机不断加深与阶级矛盾不断激化，出现了材料中儿童廉价午餐量（适度救济儿童）和香烟销售量猛增（满足人们颓废等心理）等现象。

【设计思路】在环节二的设计中，笔者反复修改了好几次。刚开始，笔者就只是围绕建构"时空解释"选择了几道题，但是感觉缺乏逻辑性，没有层次感，后来反复琢磨，分成了三个层次，即特定时空、变化时间点和变化的时间段，分别筛选了三道 2021 年的全国卷试题进行分析，以帮助学生理解"时空解释"在高考中的考查。

环节三：保持敏锐视角，养成"时空思维"

学生养成时空思维，意味着其在面对任何历史和现实问题时都能迅速抓住时空信息，并尊重历史事实，形成立体的时空关联，逐渐沉淀成一种可广泛运用的思维品质，能够选择恰当的时空尺度对其进行分析、综合、比较，并在此基础上做出合理的论述。

例 4　结合所学回答：

（1）比较唐宋都城，你可以得出哪些信息？

（2）提取一条关于古代城市布局的信息，并加以说明。

【设计思路】这是一道开放性的试题，分值 12 分，设问也只有一个"提取一条关于古代城市布局的信息，并加以说明。"笔者所教班级的学生在做此类型题时，一直都有畏惧感，那么如何在公开课上完成这一难题，并且主要由学生参与完成，彰显学生的课堂主体地位呢？笔者也经过了很长时间的思考。对于这一题，材料是唐宋都城对比，学生相对比较熟悉，笔者就设计了学生讨论环节，时间是 2 分钟左右。但是如何调动学生的积极性？如何让学生能明确学习任务，并且能够很好地参与？笔者把题干的问题进行了分解：第一问，比较简单，比较唐宋都城，你可以得出哪些信息？大多数学生能观察图片，结合所学找出信息，这样大部分学生都能参与，那么第二问，提取一条关于古代城市布局的信息，加以说明，就迎刃而解了。

例 5（2021 全国甲）阅读材料，完成下列要求。材料：卫所，明代常备军军事组织。明代在各要害地方皆设卫所，屯驻军队，若干府划为一个防区设卫，卫下设所。卫所集中分布区域与明代的政治、经济、国防等有密切关系。

根据图 4.6 并结合所学知识，在答题卡的地图中标示出明代卫所集中分布的区域，并说明集中分布的理由（要求：只需标示出明代卫所的一个集中分布区域；在答题卡的地图中用斜线//////明确标示，理由准确充分，表述清晰）。

图 4.6 地图

【设计思路】历史教育应当指向学生的行动能力和创新能力，这也是核心素养水平层级的高阶要求。要达成这一素养，应着力于对学生行动力和创新力的培养。2021 年全国甲卷 42 题是对历史时空观念这一核心素养的巧妙和高阶的考查，值得我们深入研究。在这堂课上，笔者精选了这一道题作为本节课最后一个环节，也算是本堂课最高潮的一部分。本题不仅指向了时空观念素养，更考查了学生的历史解释、家国情怀等，对综合能力要求较高。大多数学生的背景知识里都缺乏卫所的相关知识，并且现行的人教版教材也并未提及。本题的立意指向并非知识点，而是学生基于学习情境，调用主干知识和时空观念，将时间、空间、史事三者融合在一起建构起新的历史解释的能力，同时还要求学生自己作图，建构学习任务目标，涵养学生的自主创新思维能力，这属于时空观念的高阶素养考查，也是应对新高考命题基础性、综合性、应用性和创新性的必由之路。

教师首先带领学生自主梳理并识记明清时期阶段特征，同时引导学生关联相关知识。从时间上分析，关联专制主义中央集权制度、巩固统一多民族国家、国家治理、统治者压缩地方权力空间与稳定地方秩序的措施。从空间上分析，政治中心如京师、南京，经济中心如江浙地区，边疆地区如长城沿线等地，以及明朝边疆形势等（图像空间中已经呈现长城沿线以北地区民族关系形势，沿海地区面临倭寇之患等信息）。

这道题学生也提前完成了学案，笔者认真看了学生的学案，发现有几位学生做得很不错。刚开始，笔者决定像往常一样，由做得较好的学生来谈自己的做题思路，并且展示自己的答案，但又觉得过于普通，没有新意。最后，笔者选择展示孔德凯同学的答案，让同学们来点评答案。郑蕊同学自告奋勇举手，笔者选择由她起来点评，她却说要到讲台上。这时，教室里自发响起了掌声。在讲台上，郑蕊同学对孔德凯同学的审题、答题步骤、叙述论证过程、知识逻辑、学科素养，甚至书写、优秀的一面、不足之处进行了点评，语言精准，逻辑清晰。全场再次爆发了雷鸣般的掌声。笔者展示了示例，学生自主完善答案，最后进行知识小结。

结语：人生没有地图，愿同学们一路前行，拥有"长风破浪会有时，直挂云帆济沧海"的胸怀，定能梦圆功成，金榜题名（教室里再次自发响起雷鸣般的、持续的掌声）。

说明：一节课的结语，看似简短，但也起着点睛作用。如何不偏离本堂课主题？又如何唤起学生的共鸣？

课后巩固练习

1. (真题变式)明代在各要害地方皆设卫所,屯驻军队,其集中分布与政治和国防密切相关。据此推断,下图(图略)中卫所集中分布密度最大的区域应在( )。

A. 长江中游 　B. 北京周围 　C. 朝鲜半岛 　D. 鞑靼控制区域

2. (2022年泸州"二诊"26题)唐代,即使家道破落,人们也会在传记和墓志中追溯远祖如何显赫,宋代士大夫却不觉得贫贱是耻辱,反而会回顾当年的艰难,激励自己和清贫士子,如范仲淹就有"断齑画粥"的故事。这种变化( )。

A. 根源于商品经济的发展 　　B. 表明宗法观念逐渐消亡

C. 有利于社会阶层的流动 　　D. 体现社会主流思想改变

3. (2021年全国乙)阅读材料,完成下列要求。

材料(如图4.7所示)是自中国共产党建立至中华人民共和国成立间部分重要会议示意图,从图中任选两次会议,根据材料并结合所学知识,简析两次会议间中国共产党的发展,并说明其原因(要求:明确列出两次会议,观点正确,史实准确,论证充分,表述清晰)。

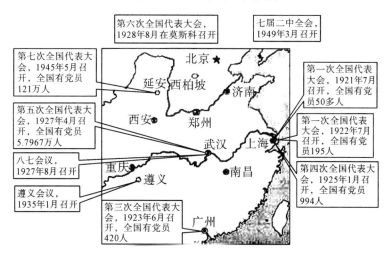

图4.7　重要会议示意

教学反思:时空观念素养是历史核心素养的重要组成部分,也是高中历史教学的重点。时空观念是学习、研究客观历史的基本意识和方法。因此通过时空观念的培养来提升学生的历史思维能力和学科素养是高考的要求,也是"立德树人"时代的潮流。

（一）课前做好充分备课，做到有的放矢

第一是课题的选择。结合高三后期复习、学生存在的困惑以及成都"二诊"试题给笔者的一些思考，历史学科是建构在时空基础上的人文学科，时序观念和空间观念是进行历史思维活动和发展历史意识的基础。笔者认为，时空观不能简单地理解为利用大事年表和历史地图辅助教学，或是利用时空线索进行教学设计。课标对时空观念素养的界定是："时空观念是在特定的时间联系和空间联系中对事物进行观察、分析的意识和思维方式。"可见，时空观念是一种基于时空联系，解释和认识史事的意识和思维，时间和空间只是培养时空观念素养的两大元素。也就是说，我们对时空观念的理论和实践都应侧重于"观念"，而非"时空"。因而，教学实际中更值得思考的问题是，如何基于时空元素培育学生的时空素养？立足新课程和新高考的背景，笔者最后选择了一堂小专题复习课，确定了"时空观念核心素养的探究"这一课题。第二是备课。笔者再次认真研读2020版的新课程目标对高考核心素养的考查要求，以及对"时空观念"的水平等级考查细则，同时还翻阅了近年来关于"时空观念"的一些学术论文，深入理解历史学者、教育者等对"时空观念核心素养"的解读。至此，丰富了这一课题的理论基础，基本形成了一些思路。教学内容的结构上，笔者按核心素养的要求，重新整合了教学内容，把本课内容设计成三大板块，即"时空关联""时空解释""时空思维"，通过精选近两年典型的高考题，讲练结合，同时引导复习主干和必备知识，层层递进、由易到难，落实学生对该素养的掌握和本课目标的达成。

（二）课中注意事项

（1）注意情境创设，激发学生思维。比如，根据唐宋都城的研读对比，先让学生获得浅层地图信息，然后逐步由浅入深地提取古代城市布局的历史信息并加以说明，引导学生从唐宋的政治、经济等角度思考答题方向和解题技巧。这种情景教学不仅使学生能迅速抓住时空信息，而且可以在尊重历史事实的基础上，形成立体的时空关联，对培养时空观念这一思维有极大的帮助。

（2）注意问题教学，使学生在学习中生成知识。笔者在教学过程中设计了不同层次的问题，采用多种提问方式，引导学生审题、析题、答题，提高了课堂教学的针对性和有效性。

（3）采用多种教学方法，有效调动学生参与，活跃课堂气氛，培养学生自主表达能力、分析能力和创新能力。充分利用智慧课堂101平台、多媒体教学、学案，详细把握学生学情，依据学生课前导学和自主学习完成情况，进行二次备课，这样既增加了课堂教学容量，又提高了教学效率。

（三）有待改进的地方

由于各种原因，笔者在教学时间的分配和把握方面做得还不够好，比如在讨论环节，只有2分钟，稍显不够。学生在回答问题时，还可以进行深入引导，最后的教学评价在课堂教学中没能完整呈现，稍有遗憾。

延伸阅读材料：

根据课题组组长达十年的调研、探索、实践、提炼与反思，五年教龄以内的年轻教师培训要去专家化，更需重实践，因为只有实践积累到一定阶段才更适合专家培训。很多学校都热衷派年轻教师参加专家讲座，但收效甚微。笔者带过多年的实习生，实习后学生都反映渴望多一点上课的经验和感觉，因为他们自觉精心准备的教案总因摸不清学生学情而"躺枪"。前五年拓展实践等于给自己的知识储备添加"血和肉"，等成熟之后，再配上专家理论的"魂"，这样的成长模式才可能更好。

我们相信，教师的能力不应是"教"出来的，而应是"练"出来的，并在练的过程中基于理论、基于思想实现提升。在怀远中学"推门听课"过程中，观课议课引领基于课堂观察有效推动教师专业能力发展模式，就针对理论与实践脱节的现实问题提供了有效的解决路径。正是基于这样的一种教师专业能力发展模式，课堂教育教学质量实现了一定程度上的质的飞跃，教师专业素质大幅提高，教师教学教研能力得到全面发展，有力推动了学校的课堂教学革新，最终也促进了学生综合素养的全面发展。

对于教师个体而言，改变和成果则更为显著。教师在不同教学能力比赛中荣获佳绩，在核心期刊中发表科研论文，打造出系列精品课例并在各类评选活动中斩获佳绩，真正实现了转型和成长，逐步向高质量、专业化、创新型方向迈进。由此可见，教师的专业能力发展所面临的现实问题和挑战并非难以逾越的鸿沟。要提升教师专业素质、培养教师专业能力、建设高质量的教师队伍，重点是要有科学理论引领下的系统发展模式，并基于此开展持续有效的实践探索。

附件：校本研修建议清单

1. 举办教学案例、反思、心得或者教学小妙招征集活动，设定低门槛，吸引更多的普通教师参与。据笔者观察，学校的教师分三类，第一类注重教学，把自己课堂的一亩三分地耕耘得很好，教学成绩不错，但是缺乏理论学习的热情和时间。第二类是科研型教师，他们的理论知识丰富，很注意研究新的教改理论，论文、课题都有成果，但是教学成绩可能比不上全心全意投入教学的教师。第三类是能把理论转换成实践的教师，这类教师有理论也有成绩，但数量不多。如何让更多有实践经验的教师爱上学习？低门槛进入课堂是一个方向，至少开始动笔写一点东西，慢慢就会有积累。当普通教师有机会从台下走到台上，就会激发他们的参与热情。

2. 推动高中课程有效教学与评价。例如，基于"双减"背景的教育教学类软件工具的引进与使用，智能批改学生习作，批改学生口语，减轻教师负担。软件容易得出客观的评价数据，帮助教师对基础薄弱学生、学生薄弱知识点进行"精准扶贫"。在这个方面，年轻教师值得学校中老年教师学习，很多软件也值得推广。

3. 多推荐一些可以被更多学科效仿的公开课、经典的课例。在课型方面，优秀教师可以尝试使用与教改结合的创新课，如基于信息技术融合的课，而薄弱学科可以开展一些有针对性的公开课，如在每次期末市区统考分析中，一般成绩较差的学校学生连词汇都还没有解决好，那么这些学校的公开课会以词汇教学为主。课题研究、教学案例和反思可围绕着解决好词汇这个问题以学期或者学年为单位进行本校的课题教研。我们打算聘请省内外大学教授、教科院名师一对一帮扶指导教学一个学期或者一个学年，及时开展总结反思。

4. 每年暑假给每位教师布置一个任务，就是自己编一道高考题，优秀的原创题可以入选当年度高三的模拟题或者区市期末统考题。撰写一篇教育教学文章，优秀的文章向省市主管部门推荐，编印成册，作为教师成长的美好记忆。

5. 不同层次的学校名师工作室，开展专题、微课、课件研究及征集，建立区域微课资源库，减轻一线教师的负担。微课的评价可以等教师使用过后再进行，使用率高、满意度高的微课为优秀，使用率低的微课一年后移除资源库。

6. 每个学期期初开展问卷调查，看看教师们需要什么帮助，如希望得到哪方面的指导？由哪种课型的课例来决定本学期的教研内容？

第六节　细化评价标准，探索目标导向

教师行为与教学效果之间的关系研究，在 20 世纪中叶已成为欧美教育研究者们关注的焦点。1987 年美国颁布的《专业教学标准委员会优秀教师评价体系》，2002 年英国颁布的教师专业标准，都试图找到直接影响学生学习成绩的教师行为特征。为了建立教师教育质量保障体系，2012 年，教育部印发了《中学教师专业标准（试行）》，从专业理念与师德、专业知识、专业能力三个维度，覆盖 13~14 个领域，提出了 63 条标准，这是对所有教师的具体培训要求。课题组在学习、分析、比较各个国家与地区教师专业标准的共性因素后，对全校 276 名一线教师也做了一次问卷调查，问卷内容包括备课、上课、观课、说课、评课与议课六大方面，有效作答261 人，问卷有效率、谎卷和废卷、问卷各维度的可信度介于 0.802~0.915。

从问卷结果分析来看，大家普遍认为，为了使一堂课高效完美，教师要摆正心态，自然和谐的生成，不违背规律，不拔苗助长，认真钻研教材，以生成的动态为导向，提高预设的可变性，不死搬硬套，多设想几套教学方案，根据课堂情况的变化随时改变自己的教法。有针对性的设计问题的，提出有价值的问题，提出学生感兴趣或能激发学生学习兴趣的问题，根据学生的接受情况随时调整教学内容、教学环节、教学流程，不要自我陶醉，每一堂课都要树立"四个意识"，即"服务"意识、"需要"意识、"生成"意识、"效果"意识。在教学实践中，其教育理念应追求生成性、领悟性，教师作为一堂课的"控制师"，要注意培养学生读书、思考、细致的习惯，提出的问题应从简单逐步走向复杂，循序渐进，实实在在让学生一步一个脚印。违背生成规律、缺乏有效的引导，会导致学生无所适从，这是课堂的一种病态。

一、备课

（一）备学生的生情把控

你能看到学生吗？你能看清学生吗？你能看懂学生吗？备课时，首先应该研究的是学生，研究学生的心理、兴趣和认知状况，要将"假如我是学生"作为备课的警醒语。备学生包括以下两个方面：

一是备学生的认知水平。学生已知什么？想知道什么？什么是难点？教师要心中有数，备课要备到"点子"上。在教师正式进行课堂教学前，学生对教师将要讲授的内容，基于自己的知识背景、日常生活经历，已经有了一些直观或者先入为主的见解，并有着不同的理解方式。

二是备学生的内在需求。教学必须尊重学生的身心发展规律，考虑不同年龄学生的学习需要和学习特征，有的放矢地进行教学。找准学生的兴奋点，让教学更亲切地走进学生。

（二）备教材的利用价值

"教材无非是一个例子"，如何挖掘教材、利用教材、整合教材、变"教教材"为"用教材教"，研究教材的"生本"价值。

其一，深入钻研教材，以立足教材为基础，确立教学的目标、重点和难点。以超越教材为目标，对教材进行整体把握，使教学内容形成一个结构清晰、层次分明的体系，使知识的发现过程问题化。

其二，教师敢于超越教材，根据单元整体教学理念的指导，对教材内容进行批判性调整与取舍，把教材当着一个例子、一个台阶、一个载体，创造性地使用教材。

（三）备教学目标的设计

把目光集中在知识目标这一维度上，把学生当作知识的容器，这显然是一种短视行为。新课程提出了"知识与能力""过程与方法""情感、态度与价值观"三个维度目标的有效整合，这三个维度不是三个独立的个体，而是互相融合的一个整体，三者相辅相成。

正确把握好这三个维度目标之间的内在关联，重视目标的整合，在"三维目标"中，"过程和方法"是主轴，知识的掌握、能力的发展，都应该在"过程"中体现，而"情感、态度和价值观"不应该是我们刻意和直接追求的目标，而是隐含和糅合在前两个维度实现的过程之中。

（四）备教学情景的创设

课堂，可以预设，也可以预习。教学情境，可以创设，也可以模拟。创设教学情境的途径是多样的，如生活展现情境、实物演示情境、图画再现情境、音乐渲染情境、表演体会情境、语言描述情境。教学情境的创设要考虑学生实际情况、教学内容、班级特点以及教师的教学风格，不要故弄玄虚、牵强附会。教案是预案，预案并不是结案，我们一定要根据课堂观察、课后反思实际，二次备课，形成修案。

（五）备教学过程的构建

教师是课堂教学的组织者和引导者，要想使课堂教学有序、有效地开展，必须注重教学过程的构建，坚持"以人为本"，发挥学生的主体精神和创新意识，以学生的"自我尝试在先，教师的引导在后"为原则，变程序式课堂教学为建构式课堂教学。遵循教材的实际和学生心理发展的特点，教材的内容不同，呈现的形式不同，采取的教学程序也不同。例如，"情境—活动—体验""问题—讨论—总结""自择—自悟—交流"等，各有各的风格，各有各的优越性。程序的选取，要有利于教学情境的创设，有利于问题的生成，有利于学生自主、合作、探究学习，有利于活动的展开，有利于教学目标的达成。

（六）备学习方式的选择

现代教学提倡"自主、合作、探究"的学习方式，通过学生自主提问、自主讨论、自主选择、自主创造、自主领悟、自主体验的过程，激发学生思维，培养创新精神，开发学生潜能。选择什么样的学习方式是教学成败的关键。在实践中，我们说"自主、合作、探究"是一种教学理念，但不能将其理解成教学模式。"自主、合作、探究"既要整体考虑又要分开考虑，既可以贯穿全篇，也可以体现在某个环节上，该用则用，不该用则不用。

比如合作学习，不是什么内容都需要合作，有的是简单的问题，自己能解决的就没有必要合作。又如自主学习，是在教师主导的前提下的自主。教师要启发情境、创造条件、指明方向，有针对性地在某个教学环节、对某个教学内容安排学生自主学习。教师备学生的学习方式主要是备问题的设计、备情境的创设、备引导性的语言，让学生自觉地生成学习方式和选择学习方式，虽然在备课时教师可以预测学生的学习方式，但无法了解到学生活动的实质和展现方式，这要靠在实际教学中临场的监测和调控，及时调整策略。

（七）备学科作业的设计

作业是教学的重要反馈形式，备作业应做到"三个清楚""两个注重""两个指导""两个注意""一个知道"。

三个清楚：一要弄清楚作业的训练意图、训练目的。二要弄清楚作业在内容上的广度与深度。比如答题，需要回答出几个方面内容，回答到什么程度。三要弄清楚作业的格式要求。

两个注重：注重留"以少胜多"的作业，注重留能力含金量高的作业。

两个指导：备如何指导作业中的难点，备如何指导后进生。表4.8是电子备课教案。

表 4.8　电子备课教案

第六周星期三	2022 年 3 月 14 日至 2022 年 3 月 15 日	
课　　题	人教版化学选修三　原子结构　第一课时	
教学目标	（1）了解人类对于原子结构的认识过程，发展学生的证据意识，帮助其建构原子结构的科学模型； （2）进一步认识核外电子的分层排布，知道能层、能级的相关概念	
教学重点	识记核外电子排布的能层和能级	
教学难点	建构原子结构的科学模型	
教　学　过　程（课堂观察）		课堂反馈 二次备课
【引入】假如由于某种大灾难，所有的科学知识都丢失了，只有一句话传给后代，我相信这话是：所有的物体都是由原子构成的。——诺贝尔物理学奖得主费曼		
【回顾】根据已有知识，描述你对于原子结构的认识。 【引导】人类对于原子结构的认识经历了一个漫长的、逐步深入的过程		

表4.8(续)

一、原子结构模型的演变 【化学史实】 1803 年，道尔顿在大量经验事实的基础上，提出原子是构成物质的基本单位，是实心小球，不可再分。 1903 年，汤姆生在研究阴极射线时发现电子，提出了原子结构的"葡萄干布丁模型"：原子是一个球体，正电荷弥漫性地均匀分布在整个球体内，电子镶嵌其中	
【教师】但是原子的内部结构真是的这样吗？汤姆生的学生卢瑟福非常好奇，他特别想用一个东西砸原子，看看它会发生什么	
【动画演示】Flash 演示 α 粒子散射实验，观察到以下实验现象： （1）绝大多数 α 粒子不偏转； （2）少数 α 粒子大角度偏转； （3）极少数 α 粒子被反弹	用什么砸？砸什么？对于 α 粒子散射实验，教师应多引导
【教师】假如你是卢瑟福的学生，你会帮助他对此实验现象作出怎样的合理解释呢	
【教师】（1）原子的大部分体积是空的； （2）原子中心有一个原子核，它集中了原子全部正电荷和几乎全部质量； （3）电子在核外空间绕核高速运动。 卢瑟福在 1911 年提出了原子结构的有核行星模型。 【教师】可是电子如果真像卢瑟福所描述的那样，绕核高速运动，那么它会自动且连续地向外辐射能量，电子自身能量不断降低，运动轨道将越来越小，最后终将与原子核相撞，原子将不复存在。但我们知道，原子非常稳定。所以我们对于原子结构的认识，还需进一步修正	
【过渡】可是原子看不见摸不着，怎么研究它呢？接下来介绍研究原子结构的方法——原子光谱	

表4.8(续)

【教师】许多物质都会吸收光或发射光，人们常常利用原子光谱仪将物质吸收的光或发射的光的波长记录下来得到光谱。

【图片展示】

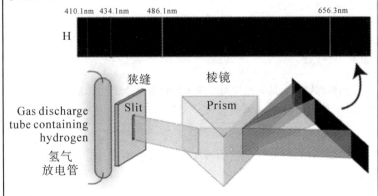

【分析】

（1）卢瑟福有核原子模型推论：原子光谱应当是连续光谱，波长变化呈现连续分布。

（2）氢原子光谱：具有特定波长，彼此分立的谱线组成的线状光谱

原子光谱较为抽象，可介绍白光透过三棱镜的实验，解释何为光谱

【教师】那么我们就要思考，什么样的运动才能释放特定数值的能量呢？

【引导】在不同台阶上，物体所处的位置和具有的能量是有间隔、不连续的，因此当物体从高处的台阶落到低处台阶时，释放出的能量不会是连续的，而只能是某个特定数值，并且物体从不同高处的台阶下落，释放的能量不同

表4.8(续)

【教师】丹麦物理学家玻尔提出了核外电子分层排布的原子结构模型：原子中的电子在具有确定半径的圆周轨道上绕原子核运动，并且不辐射能量（解释了原子的稳定性）。 在不同轨道上运动的电子具有不同的能量，且能量值是不连续的，这称为能量"量子化"。轨道能量依 n 值的增大而升高，$n=1$ 时，轨道能量最低（基态），能量高于基态能量的状态称为激发态。 当电子从一个轨道跃迁到另一个轨道，才会辐射能量，当辐射或吸收的能量以光的形式表现并被记录下来时，就形成了光谱（解释了线状光谱的产生）	
【过渡】为了更好地描述电子的运动，科学家们进一步完善玻尔模型，提出了能层、能级的概念	
二、能层与能级 1. 能层 多电子原子的核外电子能量不同，按电子的能量差异，可以将核外电子分成不同的能层（电子层），能层越高，电子能量越高	课堂反馈 二次备课
【教师】能层序数 1、2、3、4、5、6、7 分别用 K、L、M、N、O、P、Q 表示，最多容纳的电子数为 $2n^2$。 	能层	一	二	三	四	五	六	七
---	---	---	---	---	---	---	---
符号	K	L	M	N	O	P	Q
最多可容纳电子数	2	8	18	32	50	72	98	 能量高低顺序：E（K）< E（L）< E（M）< E（N）< E（O）< E（P）< E（Q）	
【回顾】核外电子在能层中的排布规律： （1）先排能量低的电子层，再排能量高的电子层，由里往外。 （2）每一层最多容纳电子数：$2n^2$ 个。 （3）最外层电子数不超过 8 个（K 层为最外层时不超过 2 个）。 （4）次外层电子数不超过 18 个，倒数第三层不超过 32 个	
【教师】多电子原子中，同一能层的电子，能量也可能不同。还可以把一个能层分为不同能级。 2. 能级 	能层	K	L		M			N			
---	---	---	---	---	---	---	---	---	---	---
能级	1s	2s	2p	3s	3p	3d	4s	4p	4d	4f		

【归纳】

(1) 任一能层的能级总是从 s 开始。

(2) 任一能层所含的能级个数等于能层序数 n。

(3) 能级符号：按照 s、p、d、f、g……排序。

(4) 能级符号前面用数字表示能层序数。

$$ns\ (n \geqslant 1),\ np\ (n \geqslant 2),\ nd\ (n \geqslant 3),\ nf\ (n \geqslant 4)$$

【任务一】认识能级：请填写下表，归纳各能级最多可容纳的电子数有何规律。

能层	K	L		M			N			
最多电子数	2	8		18			32			
能级	1s	2s	2p	3s	3p	3d	4s	4p	4d	4f
最多电子数										

【小结】

(1) s、p、d、f 能级最多可容纳的电子数分别为 2、6、10、14，依次为 1、3、5、7 的两倍。

(2) 不同能层的相同能级，最多容纳的电子数相同

【思考】第五能层最多可以容纳多少个电子？分别容纳在哪些能级中？各能级最多容纳多少个电子

【教师】如何比较不同能级的能量呢

3. 能级能量的高低

(1) 相同能层：E（ns）＜ E（np）＜ E（nd）＜ E（nf）＜ ……

(2) 不同能层：E（1s）＜ E（2s）＜ E（3s）＜ E（4s）＜ ……

E（2p）＜ E（3p）＜ E（4p）＜ E（5p）＜ ……

表4.8(续)

【小结】

1. 原子结构模型的演变：道尔顿实心球模型—汤姆生葡萄干布丁模型—卢瑟福有核原子模型—玻尔核外电子分层排布模型。

2. 基态原子：能量最低；激发态原子：能量较高

3. 能层与能级

能层	K	L		M			N			
最多电子数	2	8		18			32			
能级	1s	2s	2p	3s	3p	3d	4s	4p	4d	4f
最多电子数	2	2	6	2	6	10	2	6	10	14

【课堂练习】

1. 以下能级符号正确的是（　　　）。

A. 6s　　　B. 2d　　　C. 3f　　　D. 7p

2. 若n=3，以下能级符号错误的是（　　　）。

A. n p　　　B. n f　　　C. n d　　　D. n s

3. 下列各电子能层中，不包含 d 能级的是（　　　）。

A. N 能层　　　B. M 能层　　　C. L 能层　　　D. K 能层

4. 第三能层所含的能级数为（　　　）。

A. 18　　　B. 3　　　C. 8　　　D. 2

5. 在同一个原子中，M 能层上的电子与 Q 能层上的电子的能量（　　　）。

A. 前者大于后者　　　　　B. 后者大于前者

C. 前者等于后者　　　　　D. 无法确定

备课反思：

课堂反馈
二次备课

本节课带领学生回顾原子结构模型的发展史，在常规教学实践中，大多数教师对此部分内容的教学并不重视，往往采取自学或简要介绍的方式，学生只需记住几种模型即可，对这些模型的来龙去脉并不理解，更不用说对模型方法的认识和运用。本教学设计指向"证据推理和模型认知"这一化学核心素养目标，以引导学生分析证据和建构新的解释模型，经历和体验科学家建模的历程，深入体会证据推理在模型建构和发展中的重要作用，理解模型的本质特征等。当然，在实际教学中，还需注意学生的知识基础和思维水平，不宜过深拓展。化学史实中的证据和结论不需全部给出，只呈现学生可理解的内容即可

授课教师：四川省崇州市怀远中学高中化学教师　黄柳玉

两个注意：注意将作业中的有关思考与练习题有机地纳入课堂教学过程；注意与以前同类作业比较异同，使作业发挥巩固、发展学生技能的作用，避免简单机械的重复练习。

一个知道：了解学生完成作业大概需要多长时间，注意分量适当，使学生的课业负担控制在适度范围内。

下面，我们从课题组 272 份优秀的教学设计中，随机抽取 1 份教学设计，供各位读者批评指正，希望读者为今后课题组的备课活动提供宝贵的意见与建议，促进各教研组集体备课活动向纵深迈进。

二、上课

（一）温故到位，导入新课自然、有趣

导入新课是课堂教学中的一个重要环节，导入新课的目的是调动学生的学习积极性，激发学生的求知欲，在最短的时间内将学生注意力迅速集中到新课上。

在优质课评选活动中，参评者常用的导入新课的方法有以下八种：

1. 话题导入

在特定的情况下，师生围绕共同感兴趣的话题，在交流中进入课题。比如，从学生熟悉的名人开始进入课题。

2. 复习提问导入

用问题做链条，对所学内容进行回顾、复习并导入新课是非常重要的，是参评者用得最多的一种方法，也是我们平时教学中常用的一种方法，这也符合孔子"温故而知新"的教育理论。

大家都会做，但不一定都做得好，这种方法使用的关键在于怎么设问，注意问题创设的层次和链条。对所学内容进行设问，这对教师本身的素质要求是很高的。创设的问题要有悬念，悬念越大，学生的大脑思维量越大。

3. 故事导入

一个生动感人的故事可以集中学生的注意力，教材中的故事很多，可以从中选出最有吸引力的来激发学生的兴趣。

4. 悬念导入

关于文科类教学设计，教材里短剧、故事、传记等题材中主要人物的命运和归宿是学生最关心的话题，我们完全可以根据剧中主要人物的命运

和归宿来设置悬念，增强课堂的吸引力。

5. 视频导入

利用教材的插图、彩页或者根据课本内容自制一些幻灯片和视频，直接进入课中。当然这种课必须贴近学生的日常生活，只有课贴近了学生的日常生活，他们的兴趣才能被激发。

6. 讨论导入

提出一个与本节课主题有关的问题，组织学生进行讨论，在讨论中引出主题。

7. 类比导入

通过挖掘课本内容的相同点、相似点和差异点，导入新课，此种方法多用于理科教学。

8. 社会热点问题导入

在思想品德教学过程中，用社会热点问题导入新课有利于矫正青少年学生不正确的社会观点和认识社会问题的方法，让他们通过思考找到正确的思维方法和观点。

（二）重点、难点讲练突出、适当，并符合知识建构理论

何为重点和难点？我们必须用知识形成的建构理论来说明这个问题。知识的形成必须经过三个阶段，或者叫作三个区域：一是知识的已知区；二是知识的最近发展区；三是知识的未知区。

知识的已知区和未知区大家都很清楚，那知识的最近发展区指的是什么呢？它是指某一学科某一章节的知识还处在动态发展的过程中，还没有在大脑记忆中稳定下来，有些定理或公式的应用还是模糊的、不确定的，甚至是错误的。如果你不懂得这个知识形成的分布图，你就找不准知识的重点和难点。

下列方法可以帮助教师有效地界定知识的最近发展区和知识的未知区。

1. 课堂提问

通过提问了解学生的熟练程度，通过提问时其表情也能了解学生对某个知识的了解程度。教师对学生要眼观六路，耳听八方。

2. 批改作业

批改作业要记录学生的正误率。一般来讲，错误率超过了30%的知识点，必须重新讲授，在批改作业中获得的信息一般比较准确。

3. 面批面改

面批面改方式辐射学生的面一般比较窄，全部面批面改在教育现实中是做不到的，我们对哪些学生要面批面改呢？第一，经常粗心大意的；第二，做作业不规范的；第三，成绩急剧下降的。

4. 课下交谈

利用课余时间对部分学生进行面对面交谈，从他们最感兴趣的领域谈起，再逐步引到主题上来，这种交谈比较轻松，了解的问题也比较真实，也能帮助你确定授课重点和难点。

5. 成绩检测

对大小考试检测的成绩进行分类排队，对试卷的正误率进行详细统计，详细的正误率能清楚地说明知识的最近发展区和知识的未知区。

（三）以学为主体、教为主导，启发诱导、学思结合的当代教育新理念

传统的课堂评价标准关注"双基"，以知识传授为中心。核心素养背景下的新课程理念要求，教学重点应由重知识传授向重学生全面发展转变。本质上，教书的最终目的和境界是为了"不教"，我们必须转变观念，过去评讲我们是"以教评教"，主要看教师教得怎么样，素质如何？现在我们评课必须"以学评教"，主要看教师怎样指导学生学。孔子说过："不愤不启，不悱不发"。这时的"愤"是百思不得其解，不到学生百思不得其解的时候你不要启发他；"悱"是郁闷，想说说不出来，不到学生想说而说不出来的时候不要去引导他，如你举了一个角，而学生推不出其他三个角来，你就不要重复了。我们不难看出，灌输性教学法减少了学生的思维量，缩短了思维曲线，不利于学生思维能力的培养。"灌、练、问"发展仍旧是以教为中心，它们都背离了学生是学习的主体这一现代教育理论的原则。长期下去，学生习惯了被动地学习，失去了学习的主动性。

需要特别说明的是，教学是一门良心活，作为传道授业解惑的主阵地，课堂教学来不得半点虚假。笔者曾经见过太多的表演式的"假大空"课堂，这些课堂上导入语、过渡语、系列问题的设计，由哪一位学生来回答，甚至连鼓励、肯定学生的语言都早已设计好，师生都是演过多次的"演员"，按照提前设计好的剧本进行下去即可。这样的课，你挑不出太多的毛病，因为它几乎符合每一项评分标准，但它绝不是高效课堂，在这样的课堂里，学生只顾着表演，只顾着配合教师，根本顾不上思考，无法生成自己的东西。课题研究实践中，我们要大胆地对以下三种课说"不"：

1. 缺乏思维深度的课堂

教师在上组内公开课时，在自己班里一遍又一遍地操练，等真正讲课或"同课异构"时，我们可以明显发现，授课教师根本没有胆量在课堂上做出改变，因为他担心出现意外情况，自己不能完美解决。为了师生互动不冷场，教师设计的问题往往比较简单，甚至学生只需要答是或否即可。不敢给学生提深度思维的问题，不给学生思考的时间，违背了学生思维发展的客观规律。

2. 离开多媒体课件无法成型的课堂

相比中青年教师群体，新入职的年轻教师更喜欢用多媒体课件上课，因为多媒体课件直观、形象、生动。但过度使用多媒体课件，不仅会使授课教师在备课时产生惰性，手离不开鼠标，目光离不开屏幕，用演示取代互动，用课件代替板书，淡化了师生之间的情感交流，忽视了学生的思维过程，削弱了学生的思维能力。

客观地讲，课堂上可以使用多媒体，但需要慎重，有选择地使用。按照"辅助教学手段"这个原则，教师不能将一节课全部制成一个 45 分钟的视频，按顺序播放就算完成了教学任务。在设计时，多媒体中的内容必须是知识最近发展区和知识未知区的内容。

三、观课

教学，从本质上讲，它是一种学习活动，其结果势必成为评价课堂教学好与坏、优与劣、成功与否的关键要素。在活动过程中，如果学生思维得到激发、学业水平得到提高、学习兴趣得到有效提升并产生持续的学习欲望，则可以认为这是一堂好课。为此，根据课题组的要求与建议，作为观察员，我们认为课堂准备着重从下面三个步骤来开展：

（1）课前要有一定的观课准备。

（2）课中要认真观察和记录。

（3）课后要思考和整理。

在实践中，课堂观察的重点不仅在于关注教师的"教"，即从"教会"到"会教"，更要关注的是学生的"学"，即从"学会"到"会学"。其中，教师的"教"从以下 8 个观察点予以落实：

（1）课堂教学确定的教学目标在何时采用何种方式呈现？

（2）新课如何导入？导入时应引导学生参与哪些活动？

（3）创设怎样的教学情境？

（4）采用哪些教学方法和教学手段？

（5）设计了哪些教学活动步骤？

（6）应使哪些知识系统化？补充哪些知识？

（7）培养学生哪些方面的素养与技能？

（8）渗透了哪些教学思想？

另外，对于学生的学习活动，观课时应该重视以下 4 个点位：

（1）学生是否在教师的引导下积极参与到学习活动中？

（2）学习活动中学生经常做出怎样的情绪反应？

（3）学生是否乐于参与思考、讨论、探究、操作？

（4）学生是否经常积极主动地提出问题？

四、说课

近 6 年来，学校组织参加了"巴蜀好教育联盟同课异构""成都树德中学教育集团课堂教学技能大赛""崇州市教育局教师课堂大比武"，组织举办了校级"课堂教学技能大赛暨学术年会"系列模块活动，对于说课环节进行了详细探索、梳理与打磨，汇总提炼了说课"六说"，包括说课标、说教材、说学生、说教法、说训练、说程序，明确要求在今后的"四课"建设中增加"说课"环节，"六说"构成说课的整体内容，也构成课堂教学的全过程。

其中，课标是教学的依据，教材特点和学生情况既是教学的出发点，又是教学的归结点。教法是根据教材的特点和学生的情况而选择的，是达到教学目标的手段。训练包括课内的和课外的，是培养学生能力的途径。程序则是优化教学过程和优化课堂结构的教学方案。"六说"构成说课的整体内容，也构成课堂教学的全过程。

（一）说课标

1. 所选课题在教学中的地位和作用

这个环节，主要依据是课程标准。在整体把握教材知识体系和编写意图的前提下，通过分析所选课题（章、节、课）内容特点，确定其在整体或单元教学中的地位。

2. 制定课题的学习目标

根据"地位"和"作用"，制定本课题的学习目标，通常从三个方面来制定：

（1）育人价值目标。

① 核心素养达成——如道德品质、健康人格等。

② 学习品质维度——非智力因素的培养，如毅力、态度、方法、习惯等。

③ 思维品质教育——各学科有其独特的思维方式和特点，需要通过教学来培养学生良好的思维品质。

（2）知识传授目标。

知识传授目标主要指各学科的基础知识、基本理论、基本技能的教学目的和要求。

（3）能力形成目标。

记忆什么？理解什么？掌握什么？动用什么？评价什么？综合什么？在课标中要有明确的要求。

（二）说教材

这个部分是说对教材内容的理解、分析和处理，包括理论上的理解、知识点的解析以及重难点的确定和解决。作为说课的重要环节，分析教材是常规备课的重点，侧重说明处理教材的理论依据和采用的处理方法，不对某些具体知识做更多的解释和说明。

（三）说学生

分析说明学情，包括学生的原有基础、学习本课题的有利因素和存在的问题、学法指导。作为常规备课中最薄弱的一环，学生情况是教学的重要依据。不论是难点的确定、教法的选择，还是课堂训练的设计，都应根据学情而定。大多数教师习惯于精英教学，喜欢从高点来设计，而忽视学生的实际接受能力。说课，把说学生提出来，就是为了加强教与学的针对性，使教师的每一分努力都能作用在全部学生身上，取得实在的课堂实效。

（四）说教法

此环节说明教学方法及教学手段的选择和运用。问题不在于什么方法最好，什么手段最简便，而是要根据教材的特点、学生的实际、教师的特长及教学设备的情况等来说明选择某种方法和手段的依据。有些教法从理论上讲是科学的、合理的，但是是否选择运用它，要看学生的实际情况，所以说教法的选择，最大程度上取决于学情的分析。

（五）说训练

这个环节主要说明训练的目的、训练方式、训练题目的设计。训练是培养学生能力的主要途径，是教学的重要环节。课堂教学中的训练，要根据学习目标来设计，为目标而服务。我们一般把训练分为：形成性训练，检查学生对概念、定义、基础知识的理解程度；巩固性训练，帮助学生掌握本节课所学知识；分层能力训练，是指根据巩固性练习情况反馈，设计相应训练。如此，使成绩在不同水平的学生通过训练都有所得，能力得到提升。

（六）说程序

此环节说明整堂课的教学流程，即各个教学环节的实施过程。一是将材料按"六说"分六块娓娓道来，这样说材料容易组织，条理清晰，但艺术性不强，给人以支离破碎的印象；二是综合组织，按教学程序来说，将"六说"内容分布在各教学环节中，这样说艺术性强，但组织材料费力，还会导致条理不清。

五、议课

一要看教师对学生"如何学"的设计。要让学生参与教学，让学生看一看、想一想、做一做、辨一辨，让学生去观察、去感悟、去掌握规律。这是认知和掌握知识的过程，是发现、发展能力的过程，也是培养实践能力、合作能力和创造能力的过程。

二要看教师的引导和启发。引而不发，自寻答案，悬念在悬着的时候学生才有欲望，点悟要讲究火候，补充要充分，修正要及时，引申要恰当。

三要看教师的学法指导。教师对学生的学法指导应是整体的，学生的学习认识活动并不是孤立的智力活动，它总是与学生的动机、兴趣、情感和意志等非智力活动同步进行。学生的学习活动中有两个系统——动力系统和操作系统。动力系统对学生起着定向、强化、促进和保证作用，解决想学和爱学的问题，操作系统是学生学习的技巧、策略、手段和途径，解决"会学"和"学会"的问题，二者是相辅相成，缺一不可。其具体包括以下六点：

（一）从教学目标上分析

教学目标是教学的出发点和归宿，其达成度是衡量一堂课好坏的主要尺度，所以，分析课首先要分析教学目标。

第一，从教学目标制定来看，要看是否全面、具体、适宜。

第二，从目标达成来看，要看教学目标是不是明确地体现在每一教学环节中，教学手段是否紧扣目标，为实现目标服务。

（二）从处理教材上分析

评析教师一节课上得好与坏，不仅要看教学目标的制定和落实，还要看授课教师对教材的组织和处理，注意分析教师在教材处理和教法选择上是否突出了重点，突破了难点，抓住了关键。

（三）从教学程序上分析

教学思路是教师上课的脉络和主线，它是根据教学内容和学生水平两个方面的实际情况设计出来的，反映的是一系列教学措施怎样编排组合，怎样衔接过渡，怎样安排详略。为此，议课者主要做到"四看"：

一看思路设计是否符合教学内容实际，符合学生实际。

二看教学思路是不是有一定的创新打法、亮点与特色。

三看教学思路的逻辑、层次、脉络是不是清晰，能否达到运作效果。

四看课堂结构安排，一节课的教学过程各部分的确立，以及它们之间的联系、顺序和时间分配。

（四）从教学方法和手段上分析

第一，看是不是优选活用，因为教学有法，但无定法，贵在得法。

第二，看教学方法的多样化。

第三，看教学方法的改革与创新。看课堂上的思维训练的设计、创新能力的培养、主题活动的发挥、课堂教学模式的构建、教学艺术风格的形成。

第四，看信息技术手段的运用与融合。时代教学呼唤现代教育手段，适时、适当运用课件设计、音频切入、视频制作、微课设计。

（五）从教师教学基本功上分析

教学基本功，包括板书、教态、语言、操作，这些是教师上好课的一个重要方面，所以评课还要看教师的教学基本功。

第一，看板书：设计科学合理、言简意赅、条理性强、富有艺术性

（字迹工整美观，板画娴熟等）。

第二，看教态：教师课堂上的教态是否明朗、快活、庄重，富有感染力；是否仪表端庄、举止从容、态度热情、热爱学生、师生情感交融良好。

第三，看语言：教学也是一种语言的艺术，教师的语言有时关系到一节课的成败。教师的课堂语言应准确清楚、精练简明、语调高低适宜、快慢适中。

第四，看操作：看教师运用教具，如操作投影仪、录音机、微机等的熟练程度。

（六）从教学效果上分析

分析一节课，既要分析教学过程和教学方法，又要分析教学结果。看课堂教学效果是评价课堂教学的重要依据。课堂效果评析包括以下三个方面：

一是教学效率高，学生思维活跃，气氛热烈。

二是学生受益面大，不同程度的学生在原有基础上都有进步。知识、能力、思想情感目标达成。

三是有效利用45分钟，学生学得轻松愉快，积极性高，当堂问题当堂解决，学生负担合理。

每天让课堂改变一点点。每一天的课堂都应该是新的，不可能也不应该是重复的。课堂是展示教师创造力的场所，教师应该努力克服工作上的机械性与思想上的惰性，使自己的课堂每天都有自己的东西，一点一滴地产生自己的思想，形成自己的智慧。

教师应该以素质教育为目标，精心设计每一堂课。在平时的教学中要从点滴做起，从"改变一点点，一点点改变"做起，让我们的教学水平不断提高，让我们的课堂渐渐精彩起来，在不知不觉中驶向理想的彼岸。

延伸阅读材料：

谈起学生评教，做过学生的人大概会会心一笑。这大概是许多人在学生时期为数不多的和教师调换身份的时刻，也是为数不多的拿捏师生之间"人情世故"的时刻：某天下午，年级主任走进教室，把班主任请了出去，开始发放调查问卷，叮嘱学生真实填答。学生一看问卷，嚯，要自己评价一下各科老师的教学水平。刚要下笔，学生却陷入了纠结，想着老师平时待自己不薄，得给点儿面子吧，又或者出于讨好老师而给老师好评。于是，一沓沓满分问卷交了上去。

传统的学生评教大体如此，为督促教师好好教课，评价指标关注教师的专业技能，学生凭自己的标准作出判断，本就因为不够专业而有点心虚，又担心老师查到自己的评分，于是抱着"不太敢得罪"但又想"为自己争取权益"的矛盾心态打分。评价结果直接地体现在教师的绩效中，却难以见到教学行为的变化。

寻找更好的学校评价方式，我们从未停下，其中当然也包括对学校中的育人主体——教师的评价探索。多年前，我们就按照严谨的测量学方法推出了教育教学诊断，而后的几年中，我们不断跟踪学校的评价与改进过程，建立了完整的评估流程，提炼出了学生评教的"真经"。

学生评教评什么？找准切入点很重要。

有句话很经典，继而流传下来：教育，是一棵树摇动另一棵树，一朵云推动另一朵云，一个灵魂唤醒另一个灵魂。

在这个过程中，教师作为一棵树，应该用什么姿势、费多大力气摇动另一棵树，学生可能并不知道，学生能感受到的，更多的是自己"有没有被摇动"。许多学生评教遭到教师的诟病，甚至心理上的抵制，未必是题目出得不够专业，不能体现教师的专业水准，而是要求学生评价教师的专业水准这件事儿，似乎难以让教师们信服。

我们认为，学生评教为的是真实反映学生的心声，那么就应该以学生最直接的感受命题：教师的"摇动"真正带给学生怎样的感受？这并非教师一方的努力，而是师生双方的互动，它指向对师生关系的诊断。以此为出发点，我们编制的教育教学诊断工具，主要考查四个方面的内容：

第一，强调教师要重视对学生全面发展的培养。其不仅包括"德智体美劳"的教育，还包括学生发展内生动力的激发、自主学习能力的提升，让学生学会树立目标、自主规划等。

第二，强调教师对每一个学生的关注。学生认为教师是否关注自己、能否通过对优点和问题的发现与指导提供有针对性的帮助等。

第三，学生对教学中教师行为表现及所达到的效果的感受，这一观测点下的各指标代表着学校所提倡的学习理念。

第四，教师是否受学生喜爱，能否做一个真正走进学生内心的陪伴者和帮助者，在学生心中发挥独特的作用，是检验良好师生关系的重要测量点。

除此之外，对于每一位教师，我们都会设置一道"给教师点赞"的主观题，通过学生真诚的语言带给教师正能量，同时，这也是引导学生发现教师优点的有效方式。当然，评教的目的是促进教师的专业发展，但以诊促改的实现需要策略和方法。比如，评教结果怎么看？看了之后如何用？

从评教结果看师生交往的"真品性"。我们的诊断之所以聚焦师生关系，而非教师的专业技能，是因为师生之间既是知识的交流，又是心灵的撞击，所谓话不投机半句多，只有师生关系和睦，互动积极，才能达到"教学相长，共同进步"的目的。因此，教师在读取诊断结果时，也应从关系的视角分析和反思，而非以此为依据给自身的专业能力下定论。从诊断结果中，我们可以看出学生对教师的感受和期待，才是更有价值的。

从学生评价中可以看出，学生对教师的认可，绝对不只是教学一方面，也绝不是教师性格温和，更不是学生对教师的低级讨好。它可能是教师一个关切的眼神，温暖了学生整个高中；可能是一句鼓舞的话，成了学生优秀的动力；可能是教师特有的人格魅力，点亮了学生成为像教师一样的人的希望。我们常把教师比作人生的灯塔，除了传递知识之外，教师也在相处过程中通过积极关系的营造对学生产生正向影响，给学生以方向、指引和希望。

所以，学生评教是以灵活地调整教育教学活动为目的的师生对话。在这个过程中，达成师生之间的交流是关键。好的学生评教，应该为这种对话创造机会，以评价工具为基础，让双方坦诚地交换意见，共同探索，为下一步的教育教学应该走向何方确定方向。（本文作者：李铭尧）

第七节　课型范式构建，课例设计展示

　　课程视角下的校本教研以具体问题为研究对象，以学生为研究主体，是新高考理论指导下的一种实践性研究。校本研究是在本校展开的，是围绕学校的问题进行的，但它又不完全局限于校内的力量，我们要以开阔的视野、前瞻的理念、渊博的学识，参与校本教研，使其能在一定的理论高度上进行，源于实践而高于实践。6 年来，为了能够始终站在课程革命实践的前沿，使校本教研更具超前性、可操作性和实效性，课题组做到了以下几点：

　　一是对教育教学规律的精准把握。蔡林森校长的"先学后教"，崔其升校长的"小组合作"，都体现了他们对学生是教学主体这一规律的把握。如何最大限度地调动学生学习的积极性、主动性，最大限度地挖掘学生的潜力，成为教学关注的一个核心，这体现出因材施教的教育原则。学校有差异，学生更是千差万别。这就要求我们树立科学的态度，立足怀远中学教育教学实际，加强思考和研究，找出本校教与学的得失、成败，分析个中缘由，把握教育教学规律。

　　那些出类拔萃的校本教研组织者，无不是掌握了学校管理的内在规律，把握了管理工作中的"度"，而使自己在管理工作中举重若轻、游刃有余，教研管理达到了炉火纯青的程度。譬如，在批评教师的时候，能恰当地把握"火候"，既不使教师难堪，又能达到引导人、教育人的目的；在表扬教师时，恰当地把握住分寸，既让教师有一种幸福感，还有一种力争上游的不满足感；在解决课型课例等教改难题时，能恰当地把握好"剂量"，该"施猛药"时绝不含糊，该"静息调整"时绝不急于求成。

　　二是教育教学方法的深度探究。我们发现，部分教师之所以抗拒新高考、新课改，是因为习惯于传统的教学方法，缺少对新课改技术方法的了解。这个时候，我们要提供一套行之有效的新方法，鼓励他们大胆尝试创新，引导他们带着疑问学会反思，学会研究。这里的研究不是从事宏大的课题，而是从问题出发的"问题式研究"，或者说是基于解决问题的行动研究。比如，在课型课例设计打磨的过程中，教师有这样那样的疑问，可以把这些疑问设置成一个个小课题，组织教师们去"认领"。另外，教育管理团队首先要改。管理不是管制，而是激励和调动，要以身作则，亲自示范，引领辐射。

下面，我们就以"课型范式构建，课例设计展示"为例，具体阐述在校本教研教改中如何落实行动跟进，以保障整个课堂学生思维格局提升、思维能力培养的研究模式。我们从课题组 6 年来观察、分析、研究的 395 份课例实践范式中，随机选出 1 份高中语文新授课课例供大家研讨，望各位读者提出宝贵意见。具体可见表 4.9。

表 4.9　范式（一）：高中语文新授课课例展示（高中语文课题组　邹亮）

课题名称：牡丹的拒绝			
授课教师：	邹亮	工作单位：	怀远中学
学科年级：	高一语文	教材版本：	人教版
课 程 说 明			
扎实基础，形成素养，突出能力，是信息化课改下语文课程的核心。建设以学生为主体的互动高效课程是学校信息化课改的目标。以德为先，注重浸润式感化，增强语文课堂的文学气息。加强课程之间的融会贯通，增强知识的系统性，进而形成语文能力。科学的课程体系和先进的教学内容相结合，不仅为学生提供学习所必需的完整知识结构，同时也能满足学生自身发展的需要，这是提高人才培养质量的重要保证			
一、教学内容分析			
《牡丹的拒绝》是张抗抗的一篇散文。作品没有像众多描写牡丹的作品那样一味地赞美牡丹的雍容华贵、绚丽多姿，而是独辟蹊径，通过对牡丹花开花落的描写，着力赞美牡丹的拒绝，赞扬牡丹不慕虚华、对生命执着追求的精神。作者以花写人，赞美不媚不俗的人格品质。 语文课程标准要求高中语文教学应重视情感、态度、价值观的正确导向，充分发挥课程优势，促进学生整体素质的提高。高一学生正处在价值观的形成阶段，通过审美鉴赏对其进行人格熏陶，在学习的基础之上完成优秀文化的传承与发展，以文化人，进一步提高学生的语文素养			

表4.9(续)

二、教学目标

1. 语言建构与运用：学生通过课前自主预习，原文圈点勾画，把握文章的内容，理清牡丹拒绝什么？为什么要拒绝？在课中学习展示环节自然而流畅地表达。

2. 思维发展与提升：学生通过文本细读，延伸思考："为什么人们不会因牡丹的拒绝而拒绝它的美？"在把握文章内容的基础上，学习文章"由物及人"的写作手法。

3. 审美鉴赏与创造：探寻牡丹的个性和品位，以文化人，培养学生健康的审美意趣。作者说：富贵与高贵只是一字之差。这"一字之差"差在哪呢？

4. 文化传承与理解：领会作者强调的牡丹不应作为"富贵"被膜拜，而应作为"高贵"被颂扬的题旨。廉者不受嗟来之食，不饮盗泉之水，孤竹君不食西周之粮，朱自清宁可饿死不食美国人的救济粮，还有陶渊明不为五斗米折腰，苏轼、夏明翰、邓稼先……他们"拣尽寒枝不肯栖"，只为了心中那执着的追求和信念。他们都是有品味的人，都是人中的牡丹。所有不媚不俗的独立高洁人格都是高贵的

三、学情分析

虽然高一学生对散文文体并不陌生，先后学习了叙事写人散文和写景状物散文，但他们对关键句的理解能力及文本的整体意蕴把握能力稍显欠缺，而且鲜少细品慢读和体味鉴赏，更不会由物及人，学以致用。因此，需要教师引导学生细读文章关键句，培养其品味、鉴赏、审美能力。

另外，学生经过义务教育阶段的学习，已具备一定的语文素养；语文学习中的个性倾向渐渐明显，不同学生的学习兴趣和需求的差异逐渐增大。通过平时课堂观察，笔者发现高一的学生对世界充满好奇，对所有的事物都愿意去尝试探索，渴望证明自己的发现、分析能力。那我们不妨就把课堂的主动权交给学生，让他们通过自主合作探究去思考、去发现、去展示。"三段八环"教学模式正好符合学生的这种探知欲

四、教学策略选择与设计

语文课程标准明确要求：语文教学应为学生创设良好的自主学习情境，激发其学习兴趣，调动其持久的学习积极性和主动性，帮助他们树立主体意识，了解自己，了解学习的对象，探寻适合自己的学习方法和途径。因此，本课采用了"三段八环"的智慧课堂教学模式。因为标准还要求重视语文的熏陶感染作用和教学内容的价值取向，尊重学生在学习过程中的独特体验，所以课堂采用自主、合作、探究的学习方式。"先学后教，以学定教"整个课堂主要借助技术支持，侧重先学后教，实现以学定教。课程学习分为三段：课前、课中、课后。课前学生根据教师发布的问题串自学，自学成果发布到平台。教师得到自学反馈进行二次备课，课中着重解决学生前置学习的疑难问题，注重对学生思维的培养。目的在于通过问题导学，以学生为主体，培养学生思维能力，增强课堂吸引力，实现课堂由师主导、生探究相结合的学习模式。课后任务将延续课堂效果，巩固提升。

自主探究的学习过程增强了学生学习的积极性，探究过程让学生通过学习体验获得知识更利于知识的吸收内化，借助信息化手段增大了课堂容量，提高了学生的能力

五、教学重点及难点

教学重点：

1. 把握文章的内容，学习文章"由物及人"的写作手法。

2. 探寻牡丹的个性和品位，培养学生健康的审美意趣。

教学难点：

品味语言，领会作者所强调的牡丹不应作为"富贵"被膜拜，而应作为"高贵"被颂扬的题旨

六、教学过程（全体语文课题组成员参与观课议课）

三段八环	教师活动	预设学生活动	设计意图
课前	1. 研读教材、课标、大纲； 2. 一次备课； 3. 发布前置学习任务，引领学生进行自主学习； 4. 交流反馈，获取学情； 5. 二次备课	前置自主学习： 1. 熟读全文，筛选信息。思考：牡丹拒绝什么？为什么要拒绝？原文圈点勾画。 2. 文章21段说"人们不会因牡丹的拒绝而拒绝它的美。"为什么？ 3. 作者说：富贵与高贵只是一字之差。这"一字之差"差在哪儿？举例说明，上传平台讨论区。 4. 微视频欣赏："牡丹抗旨不开的传说"	先学后教 以学定教

	导入	生：	组织学生观看微视
课 中	师：关于牡丹有很多传 说，唯有"抗旨不开" 这个故事流传甚广。哪 位同学愿意给大家复述 一下这个故事？ 衔接：感谢这位同学条 理清晰的分享……从故 事中我们了解到了牡丹 忤逆圣意，不惧龙威， 以致被贬洛阳。虽然只 是一个民间传说，但却 激起了人们的好奇心。 牡丹为什么要漠视皇权 拒绝开放呢？ ★今天这节课我们一起 走进张抗抗的《牡丹 的拒绝》，去探寻"国 花"牡丹的个性与 品位	明确：★1. 传说唐后武则 天在一个大雪纷飞的日子饮 酒作诗。她乘酒兴醉笔写下 诏书"明朝游上苑，火速 报春知，花须连夜发，莫待 晓风吹"。百花慑于此命， 一夜之间群花竞开，唯有牡 丹含苞未放。 武则天勃然大怒，一气之下 将牡丹贬至洛阳。未曾想 到，刚强不屈的牡丹一到洛 阳就昂首怒放，形成"花 开花落二十日，一城之人皆 若狂"的景象，这更激怒 了武后，便又下令烧死牡 丹。枝干虽被烧焦，但到第 二年春，"野火烧不尽，春 风吹又生"的牡丹反而开 得更盛。自此之后，洛阳牡 丹名垂天下	频，引导学生概述 有关"洛阳牡丹" 的传说，调动学生 参与积极性，让学 生"动"起来， 观看视频后整合信 息、组织语言并自 然而流畅地个性 表达
	前置展示 师：打开读本第23页， 关注文章的8~16自然 段，分析整理"牡丹 为什么拒绝开放"？ ★哪位同学愿意分享一 下你的思考…… 衔接：那么牡丹的个性 到底是怎样的呢？ …… 分层教学、协作探究， 让教学活起来	生： 客观原因：这一年的春来得 迟了。连日浓云阴雨，四月 的洛阳城冷风飕飕。 这个春实在太冷，寒流接着 寒流怎么能怪牡丹？天气 冷，仅仅只是客观原因，那 主观原因是什么呢？ 个性使然：宁可发配洛阳， 如今怎可轻易改了性子？严 格遵循花期，不接受提前的 参拜和瞻仰。拒绝本该属于 它的荣誉和赞颂，这是牡丹 的个性使然	阅读筛选整合文本 信息，和文本之间 实现多重对话，完 成思维碰撞和心灵 交流。 学生阅读的过程， 其实就是发现和建 构作品意义的过 程。教师应该鼓励 学生用自己的情 感、经验、眼光、 角度去体验作品， 对自己特别喜爱的 部分做出有个性的 反应，积极地、富 有创意地建构文本 意义。从而培养学 生创造性思维能力

	细读文本 探究个性内涵 ★1. 大声朗读文章17~22段并圈点勾画 思考："牡丹具有怎样的个性"？ 文本依据： 积蓄了整整一年的精气，都在这短短几天中轰轰烈烈地迸发出来。它不开则已，一开则倾其所有挥洒净尽，终要开得一个倾国倾城，国色天香。 娇艳鲜嫩的盛期牡丹忽然整朵整朵地坠落……牡丹没有花谢花败之时，要么烁于枝头，要么归于泥土…… 2. 透过诗词品味体验牡丹的个性	探究：分组讨论（2分钟） 组织语言——表达 ★分组抢答 明确： ★牡丹的个性概括起来就是：花开时倾其所有挥洒净尽，花落时惊心动魄、义无反顾，不开时不苟且、不俯就、不妥协、不媚俗……正是因为它的这种个性，人们才不会因牡丹的拒绝而拒绝它的美。 拓展赏读： 有此倾城好颜色，天教晚发赛诸花。——刘禹锡《赏牡丹》 昨夜月照深似水，入门唯觉一庭香。——韦庄《白牡丹》 桃时杏日不争浓，叶帐成阴始放红。——韩琮《牡丹》	引导学生由表及里、由此及彼，深入理解文本内涵。合作探究，提高群体学习效率，培养学生的合作意识、团队精神。帮助学生克服以自我为中心的思想倾向，使他们积极参与讨论，学会准确清晰地表达。敞开自己的心扉，同时也学习倾听他人的意见，吸纳他人的意见，深入别人的内心世界，在追求共同目标的学习过程中，学会协作和分享，学会宽容和沟通
课中			

课中	由物及人 深度探析 ★1. 作者说：富贵与高贵只是一字之差。那么，"富贵"和"高贵"这一字之差差在哪呢？举例说明。 就牡丹而言： ★看得见的美：怒放时的辉煌灿烂。看不到的美：花落时的绚丽与壮烈，还有不苟且、不俯就、不妥协、不媚俗的品性。无论是高官厚禄还是凤冠霞帔，都不能改变它的生命轨迹。 ★图片展示：看得见的美——国色天香、色彩缤纷；看不见的美——衔接明确。关于这"一字之差"，教师也有自己的理解。 2. 其实在中国，人们习惯把牡丹看作"富贵"之花。连周敦颐都说，莲，花之君子也，菊，花之隐逸者也，牡丹，花之富贵者也。相形之下，牡丹似乎只是富贵的代名词，这是历史对牡丹的误解。其实，她最懂得坚守，她坚守着生命中每一次完美的绽放；她执着于对自我生命质量的尊重	（平台讨论区浏览阅读、每组推荐，记得推荐理由） 学生分享展示 明确：全班同学一起大声读出。 ★"富贵"，即有钱有权有地位，如和珅，身居高位，不为百姓苍生谋福祉，却贪赃枉法，腰缠万贯，他富贵但不高贵。 ★"高贵"指品格高尚、灵魂纯净等。当年年仅18岁的"90后"学生高应卫，在别人家的孩子还在父母的羽翼下被呵护着成长时，已经担负起照顾一家三个病人的重担了。他在贫困中求学，在艰辛中自强，今天他在生活上依然清贫，但在精神上，他从来都是强者，他不富贵但是高贵。 ★奥斯卡·辛德勒在赚取了个人的财富之后，重新思考了人类存在的意义，开始用战争期间赚来的金钱买下一个个必遭集中营厄运的犹太人，秉承着"救人一命等于救全世界"的信念，帮助困境中的人们。他的身上闪耀着人性的光辉，他富贵着也高贵着。 ★牡丹拒绝的背后是执着与坚守，她的拒绝便是高贵	深度探析，明晰主旨。学习文章"由物及人"的写作手法。透过赞美牡丹的拒绝，赞扬不媚不俗、对生命执着追求的人格精神，对学生产生审美熏陶。 分享展示主要让学生通过思考体会，领悟到人性的高贵之美。力求有个性、有创意地表达。教师再引导学生推而广之，由物及人，完成情感熏陶与文化传承	

表4.9(续)

	花如其人、类比仿写		让学生在情感熏陶
拓展延伸	★师:1. 作者说,同人一样,花儿也是有灵性、有品位之高低的。有灵性、有品位的牡丹是高贵的,所有不媚不俗的独立高洁的人格都是高贵的。这是典型的什么手法? 一代国学大师季羡林,他拒绝接受各种桂冠,不参加各种应酬交际。大师拒绝的背后是谦谦风骨,给这个专家学者教授满天飞的学术虚假繁荣现象以当头棒喝。诺贝尔和平奖的获得者史怀哲,手握哲学和神学双重博士学位,却拒绝了优越的生活条件,去非洲荒野山林从医救人五十余年,为不懂拒绝甚至追名逐利者树立了一座灵魂的丰碑。 ★他们都是有品位的人,都是人中的牡丹。 2. 运用该手法类比仿写: ★由花及人,由牡丹你还会联想到哪些人	生:"以花写人"、托物言志。 选一个例句,仿照句式动笔写一写,重点突出人格品质	之后形成内化,侧重发展学生的创造性思维,鼓励学生自由地表达、有个性地表达、有创意地表达

| 课堂小结 | 作者以花写人，学完本文，你从中领悟到什么？谈谈你的收获。从你们的小结中，教师看到了……★关于这节课的内容，教师也有8个字——"由物及人，花如其人" | 课堂小结：（云平台）学生将思考结果发布到平台 | 云课堂小结让学生总结反思自己的听课时效，在反思中进步 |
| 课后 | 深化提升 | 思考：如何去做一个高贵的人 | 学以致用观照反思自己 |

七、教学模式与环节说明

本课依托智慧课堂101学习平台，采用融合创新课堂模式讲授。整个课堂主要借助信息技术，侧重先学后教，实现以学定教。课程学习分为三段：课前、课中、课后。课前学生根据教师发布的问题串开展自学，将自学成果发布到平台。教师得到自学反馈后进行二次备课，课中着重解决学生前置学习的疑难问题，注重对学生思维的培养。目的在于通过问题导学，以学生为主体，培养学生思维能力，增强课堂吸引力，实现课堂由师主导、生探究相结合。课后任务将延续课堂效果。自主探究增强了学生学习的积极性，探究过程让学生通过学习体验获得知识，更利于知识的吸收内化。借助信息化手段增大了课堂容量，提高了学生的能力

八、教学反思与提升空间

整个教学过程中，教师需要投入的时间与精力多。学生自主探究并不是所有学生都能用心思考，积极释疑。

课前：教师研读教材、考纲、课标，先进行一次备课。然后发布前置学习任务，让学生通过自主学习，思考质疑，教师得到反馈，再进行二次备课。此阶段有个别学生会为了完成任务而被动机械地完成，不是真正地深入文本去思考。

课中：教师首先让学生个性化地展示他们的自学成果，针对共性问题形成课堂解决方案。这主要是让学生通过合作探究的方式主动地自主解决，教师参与其中，实时点拨，通过拓展延伸环节实现练测内化，最后总结提升。为了将个性化地表达落到实处，时间花费较多。

课后：深化提升，以文化人。力求让每一个学生的思维得到锻炼，形成个性化的表达。此环节有同学的思考过于浅表化。

虽然整个课堂占用的时间比较多，但是训练很扎实。学生大多能主动参与，为终身学习和全面而有个性的发展奠定基础

课例研究实践追踪与反思研究：

课例研究的实践表明，在省市内外各学校开展的课例研究实践，虽然各地做法不尽相同，没有一套普遍适用的操作模式，但在课例研究的探索过程中，却面临着诸多相似的问题。比如，研究主题泛化，"就课论课"，实证学情分析缺乏针对性，二次备课和教案修订落实不到位，课堂观察工具和维度机械单一，没有形成基于观察结果的数据分析与有效改进方案，等等。

源于实践，面对现实的课堂教学，我们有太多的问题期待教师去思考，如师生的互动问题、教师的提问艺术和追问水平、如何有效开展小组合作学习和自主探究；始于反思，我们虽然身处教学一线，但能否确定切实可行的研究主题，还取决于其是否具有深刻的反思，善于从小处、细处捕捉真实课堂中的各种不足。因此，课例研究是一种以教师真实的课堂教学过程作为研究对象，旨在优化教学方式，解决教学难题，重建教学范式的实证研究。可以想象，一线教师的反思精神、问题聚焦、与教学情境的持续互动，将会使研究的可行性、所能达到的深度和实际价值大大增加。

一是发现教学实践中存在的问题，这是课例研究主题确定环节中的关键一步。对395份课例研究主题的类型进行分析后，我们发现，79%的课题组教师们选取的重点，都是与学科知识相关的研究主题。这本身无可厚非，学科内容主题涉及对学科本质的理解、知识掌握重难点的取舍、教学策略调整与优化、学生评价的内容和方法，也有部分选题把控不准。比如，在一节高一团体辅导课上，教师与学生探讨"校园安全暨应急处置"这一话题，通过视频引入、游戏互动、小组讨论等活动，教师始终在引导学生接受"争做一个优秀的高中学生"这一概念。在课后集体研讨环节，观课专家大都感到本节课的方向有问题，似乎把一堂安全主题教育课上成了思想品德教育课，而没有去认真思考"校园安全暨应急处置"这一具体的学科内容对于学生的价值，以及在教学中如何体现这一价值。

二是开展有效的学情实证分析，以确定学生学习的起点状态。在教学设计的前测环节实践中，由于很多教师忽视了协作互动、深度研讨、智慧碰撞，对学生学习情况的梳理过于笼统，有时关注更多的是整个年级或班级学生的一般特征，缺乏针对性是最为突出的问题，显然这并不适合一个个具有特殊性的班级。我们改革的是，在运用先导测试或交流访谈手段，开展了实证性的调查研究、学情分析后，课题组调整了电子教案的设计思路，对以往的单线性教案进行了大胆改革，将其细化，增加了"设计意图""教学说明""提升空间"三个环节。这种复线性教案有意识地加大了对学生主体活动的设计，将设计意图列在旁边，有助于教师课后回放录课视频时反思改进。在此，笔者还想说明的是，关于课例的研究，它是一个规划、行动与改进的循环过程，不会随着一堂课的结束而结束，基于课堂观察的结果和课后研讨的结论对教学设计进行持续改进，提高教学质量，提炼教学特色，提高专业素养，才是我们开展课例研究的一个根本初衷。

延伸阅读材料：

课堂教学改革已经到了"嬗变期"，这是不争的事实。回顾"奠基期"的课堂教学改革，一些学校向传统课堂发起挑战，以"小组合作"与"学生展示"为特征，创造了不少"方法模式"，学生的表达力与表现力有了质的变化，"课堂充满了生命的活力"，"最大限度地解放了学生"，改变了传统课堂死气沉沉的局面。

然而，随着课堂教学改革的发展，先期课堂教学改革存在的诸多问题日益凸显，许多学校看似将课堂还给了学生，却仍然没有解决学生学习不投入的问题——参与讨论展示的永远是几个优等生，大部分学生依然是课堂的旁观者。

此外，许多课堂过于追求"表现"，学生展示时载歌载舞、精彩纷呈，但展示的内容却浮于表面，缺乏深入的思考，更缺乏思维层面的深度发掘。这样的课堂，仅仅是表面繁荣，热闹后学生收获不多。为了让课堂从浅层走向深层，我们迫切需要突破现有观念，寻找新方法，制造深度课堂教学改革的策略。课堂为什么而改？课堂应该更加注重什么？这是我们必须思考的问题。

香港中文大学校长沈祖尧曾说，要"学会多听别人意见，考虑各方看法，协力实现梦想"，"教育的目的是培养独立思考"；在世界各国教育目标中，最为一致也最重要的一条就是"培养学生独立人格和批判性思维能力"。由此可见，课堂应该充分尊重学生个性，注重对学生思维能力的培养。思维能力是学习能力的核心。改革课堂教学，必须找准思维方式存在的问题，追根溯源，才能选择正确的改革方向、选用科学的改革策略。如果只是把课堂中存在的问题归结于教育体制、应试需要、教学方式，则不可能解决根本性问题。

行动研究表明，每个学校应该准备好各学科每种课型的教学设计，让课堂操作流程和课后评价有依据。因为学生层次基本固定，这些课型达成的目标应该基本可以看得见、摸得着；另外，同层次的学校多开展联合教研，大家研究的对象相同，增加研究人员之间的交流更利于解决问题，促进相互成长、合作共赢。以笔者所在学校为例，18个班10位教师，有各种类型的班级，学生班级差异导致教师们没办法直接使用集体教案。即使是平均分相差不大的两个艺体班也存在学情差异：一个班是尖子生和差生共存，另一个班是中等生占大部分，最好和最差的学生少，需要差异化教学。

实践证明，一个学校的成功，在于一个高水平教学研究集体的引领下，教师们通力合作形成的教与学的和谐氛围。有了这样的氛围，才能形成改革的力量。学校开展的"以课题研究为主线，教研活动为载体，增强教师之间、教研组之间的合作意识，提高合作能力"为主旨的一系列校本教研活动，其实质就是理论对实践的指导，是理论与实践之间的对话，是理论与实践关系的重建。从个体角度讲，把教师定位为发展者，使其加强理论学习，自觉接受理论的指导，唤醒教师成长的愿望，努力提高教学理论素养，提升理论思维能力，也是教师从"教书匠"转变为"教育家"的必经之路。

第八节　亮点特色打造，研究推进发展

多多倾听来自一线教师的心声，你会发现，对于一所学校而言，最重要、最宝贵、最能说明一切的只有一个因素，那就是人，那个思考、建构、实践、反思这个学校未来教学走向的人。因为他的品位决定了学校的品位，他的高度决定了学校的高度。

"发展学校特色，追求特色办学"，在当下受到了前所未有的重视，成为许多学校追求的发展目标。中国教育学会前会长、著名教育家顾明远说："何谓特色，顾名思义，是指不同于一般，不是平平常常，而是要有所创新，具有个性，而且这种个性能够形成传统，代代相传。"无论怎么选择，我们要知道的是，学生是特色发展的主体，课程是特色发展的载体，活动是特色发展的彰显。我们通过积极打造特色亮点项目，逐步实现学校有特色、教师有特点、学生有特长的实践效应。下面，我们从五个方面来进行具体诠释。

一、项目化管理

以"党的十九大精神"和《国家中长期教育改革和发展规划纲要（2010—2020 年）》为指导，深化课堂教学改革，全面渗透核心素养，组织开展基本社会实践，开发提升校本课程，提高德育教育效益，全面多层次安排教师轮训，全面深化读书活动，全面弘扬传统文化，不断升级校园文化建设，不断完善学校基础设施建设，努力提升学校教育的整体实力，推动学校可持续发展。

二、教师发展项目

（一）负责人

行政办、教科室。

（二）规划内容

一是落实教师外出轮训制度，每学期分期分批派出管理干部、骨干教师参加外出轮训；二是诚请省内外知名专家教授、校内名师开展学校管理、校本教研、课程建设、特色社团专题讲座，优秀青年教师分享微课题研究经验，提供发展平台，进一步激发其专业成长积极性。

（三）预期成效

通过构建"内引外联"轮训机制，积极主动学习先进地区、名优学校前沿教育教学理念，开阔教师教育教学视野，培养一批市级骨干教师、学科带头人，建设一支师德高尚、业务精良、教风良好、敬业爱生、乐于奉献的教师队伍，为学校的持续发展提供人力资源保障。

（四）工作措施

每年年初，结合当前教育教学发展形势和学校教师实际情况，提前规划好培训项目，确定好培训人员，制定好培训方案，按规定程序办理好审批文件，确保培训顺利有效进行（该项目现已开展 9 期，主讲人员包括学校班子成员、年级主任、优秀青年教师，成效显著）。

三、德育讲堂项目

（一）负责人

分管副校长、德育处。

（二）规划内容

五育并举，德育为先；德育讲堂，课程为先。德育承载着思政课程、道德课程、法制课程、生涯课程、心理课程、劳育课程的育人使命。围绕培养什么人的根本问题，科学设置德育内容，开发德育校本课程，开展主题实践活动，融入学校教育教学全过程，构建文明和谐的校园环境。

（三）预期成效

加强学校德育工作顶层设计，完善课程建设的长效机制，加强德育队伍建设，用好各类德育宣传阵地，充分挖掘各类德育资源，打造一个名班主任工作室，收集一批德育特色案例，加强德育讲堂的针对性，主动担当、自觉作为，全面落实"立德树人"。

（四）工作措施

1. 课题引领

开展基于立德树人的农村中学德育教育创新模式与实践路径的研究。以课题为抓手，以课程为载体，以活动为平台，以树人为根本。

2. 精品课程

这些精品课程要有先进理念，具有正确价值导向，反映先进教育理念；有创新性、主题突出、创意新颖、措施具体、特色鲜明；有实践时效性、可操作、可推广，家长认可、学生欢迎、效果显著。

3. 德育课堂

由市级名优教师、优秀班主任、德育专家、市级美德少年轮流主讲，利用"国旗下讲话"平台，结合身边典型案例规范德育教育（现已开展18期）。每周一次，每次不少于两节课，有教学设计、PPT课件、课程录播视频、相应学案。

4. 主题班会

优质班会课例主题围绕家校合作案例、生命幸福教育、不同群体生教育等七大主题内容设计，主要包括主题名称、年段、活动背景、活动目标、活动准备、活动过程、活动总结。

5. 活动评价

结合道德讲堂内容，开展"选、讲、议、行"道德实践活动，评选表彰先进师生代表，整理相关事迹材料，并将这些材料放在楼道、橱窗、微信公众号、网站进行展示。指定专人负责文字提炼、编辑、排版、后期处理，精选其中的经典故事，汇编成册，正式出版。

四、教学资源库项目

（一）负责人

教科室、教务处。

（二）规划内容

建立网络教育资源平台。

（三）预期成效

收集、梳理、整合各类网络教学资源，为师生定期推送各类教学案例、教学课件、教育故事、教学反思。

（四）工作措施

第一，充分利用好已有的"七中和四中网校""101 智慧课堂"等互联网资源。

第二，整合校内教学资源，把校内教师的视频课、导学案、教学课件、微课、论文、检测试卷、集体备课反思、校本研究心得等教学资源上传到平台。

第三，将针对专家评审后的优质资源，汇编成册，正式出版。

五、读书活动项目

（一）负责人

教科室、行政办。

（二）规划内容

在全民阅读、全科阅读背景下，落实校园师生"慧读"工程，创建"悦读学校"，开展多层次、重内涵的校园读书系列活动，评选"慧读"师生，营造丰富多彩、充满活力的校园文化氛围。

（三）预期成效

实现"三个提升"：一是创设阅读氛围，提升学校文化水平；二是拓宽阅读途径，提高阅读参与程度；三是创新阅读活动，提升全员阅读能力。

（四）工作措施

第一，由读书活动推广工作室制定行事日历，以图书馆为阵地，开辟读书园地，将整个工作纳入学校科研项目管理体系。

第二，精选优化阅读书目，落实好"每天阅读半小时"，学生每周一节阅读课，教师每月阅读一本书。

第三，多读书，随时想，经常写。督促师生在读中思，在读中写，每年编印一本师生读书反思作品集，为教师的成长保留一份记忆。

六、书法教育项目

（一）负责人

建学书法团队。

（二）规划内容

作为省级课题的一个研究项目，学校在初中部和高一年级分部开设书法课程，大力弘扬优秀传统文化。由于书法是中华民族的文化瑰宝，是基础教育的重要内容，因此，写好汉字是学生文化素质提升的一个重要标志。

（三）预期成效

开设书法课程，培养学生良好的书写习惯，使学生能规范、端正、整洁地书写汉字，熟练掌握写字的技能，能写出正确、规范、美观的汉字，具有初步的书法欣赏能力。

（四）工作措施

第一，初中一、二年级：练习写硬笔字，主要结合语文课进行，加强正确写字姿势的指导，注重良好写字习惯的培养。高一年级起开始写毛笔书法，用毛笔临摹书法教材或名家名帖，进行初步的毛笔书法创作练习。

第二，每周1课时的书法课，可按师资、场地实际情况分年级安排；坚持因材施教的原则，注重精讲多练，讲练结合，分层指导；围绕每周写字课的目的要求，强化训练，通过反复练习，以求达成预设目标。

七、社团课程项目

（一）负责人

各科室部门、各年级分部、艺体教研组。

（二）规划内容

结合校情实际，对社团课程进行整合和优化，重点实施好以下课程：科创课程、校园足球、校园篮球、乒乓球课程、健美操课程、声乐表演、舞蹈艺术、版画艺术、书法课程、信息技术创新、演讲与朗诵。

（三）预期成效

将校本课程作为落实素质教育、丰富内涵发展的重要途径来抓，打造一批在全市有一定影响力的特色课程、精品课程。

（四）工作措施

第一，成立精品社团课程工作室，设在德育处。从课程开发、实施、调控、评价、成果展示等方面进行系统规划，构建校本特色社团课程开发体系。

第二，开发一切可利用的资源。发挥好体育、艺术、科学、物理、信息技术等学科教师的作用，利用好科学、理化、生物等实验室和音乐、美术等各功能室，为特长学生搭建好发展个性的平台，实现国家课程和校本课程的优势互补。

第三，特色课程每周开展一次，每次均不少于 2 个课时。各相关处室要加强对课程的督查和考核。每学期举行一次特色教育校本课程成果展示活动，每学年评选表彰一批优秀课程辅导老师和学生。

八、综合实践课程

（一）负责人

分管副校长、各分部德育主任。

（二）规划内容

开设劳动实践课程群：包括少年日常劳动、家庭生活劳动、社会公益劳动、农耕生产劳动、学习创造劳动，构建具有一定特色的"体验+闪亮"的劳动教育课程，树立"劳动最光荣"的课程思想。

一是以"逸远农场""三色课程"为依托，积极组织学生参加每年春秋两季的劳动教育、感恩教育，让学生走进田间、走进社区，在动手、动脑中增长才干，体验成长价值。

二是以"社区街道"为平台，分批次组织学生参加公益社团、活动小组，深入罨画池、敬老院、戒毒所、博物馆、科技馆、武警中队、消防中队进行体验式学习，聚焦劳动教育主题"感恩奉献"。

（三）预期成效

"生活即教育，社会即学校"。安排学生提前做好功课，了解相关知识背景，结合实地参观，重实践、讲见闻、谈感想、写心得，对学生开展相关领域的知识、技能普及教育。

（四）工作措施

第一，组建教师研究团队，确立"综合实践课程开发与实施研究"课题，并纳入学校省级科研项目管理体系，逐步完善相关的拓展性和研究性课程体系，系统规划，科学实施。

第二，提前协调和考察，制定实施方案和工作行事日历，从行程、时间、安全措施等角度详细研判，向上级主管部门做好报备工作，确保有序、有效。

九、主体性把控

"发展学校特色，追求特色办学"，在今天受到了前所未有的重视，成为许多学校追求的目标。在我看来，特色更多的是锦上添花，是建立在课堂教学质量已经有明显提升的基础之上的，是为课堂教学服务的。偏离了正常轨道讲特色，不仅可能是无效的，还很有可能是有害的。

我们要牢牢把控住课堂这个主阵地，它是学校发展的第一要素，是教师劳动的重要场所，是学生成长的重要依托，是文化传承的重要环节。对于其主体性的职业行为发生之所在，教育管理者、一线教师无疑应该针对课堂做全面而深入的了解、探究、实践与深度反思。因此，一个不容回避的话题便清晰地浮出了水面——到底什么才是一堂好课？

在这里，我们不妨将教育教学实践中基于上述问题所收集的数据一并呈现如下：

（一）课堂的现状描述

一位"智者"在滔滔不绝地"讲"着；

一群"呆子"在晕晕乎乎地"听"着。

（二）课堂的现实批判

滔滔不绝地"讲"，野蛮霸占了主体地位；

晕晕乎乎地"听"，可怜扮演着被动角色。

（三）课堂的理想模式

一个"呆子"在傻乎乎地"问"着；

一群"精灵"在若有所思地"想"着。

（四）理想的课堂剖析

傻乎乎地"问"，实际是大智若愚之表现；

若有所思地"想"，实质是理想课堂之追求。

（五）我们的课堂建议

以退为进。现实的课堂，要真正实现学生的主体地位，教师"退"是一个必然趋势，甚至可以说，只有教师"退"了，才能有学生"进"的空间。在课堂上，教师为学生"退"出空间后，冲锋陷阵的是学生，摇旗呐喊的是教师，最后出彩的是学生，教师也成就了自己。课堂教学是"进"和"退"的互搏，我们只有正视"退"的必要性，才能珍视"进"的价值，最终从根本上走出冗繁的泥沼。教师从课堂教学中"退"出来，并不意味着教师要表现得无能，相反，教师应表现出一种具有教育智慧的无为，但当课堂出现问题的时候又随时在场。从这个意义上讲，教师在课堂上应"有所为，有所不为"。"有所为"的地方就是自己应该"进"的地方，"有所不为"的地方就是自己应该"退"的地方。

第一，抓住主线。学什么—怎么学—有何用，懂得取舍、删减、整合，才能让课"瘦"下来。是的，教师傻乎乎地"问"，这实际上就是所谓"重心降低""退后半步""放下身架"，从而使课堂的主体地位向学生倾斜，以学生为主体，以学习为中心。合理地"问"与智慧地"问"，不只是帮助学生"学会"，而是帮助学生达到"会学"的境界。学生作若有所思地"想"，这实质上就是所谓的"理想课堂"追求的"理想状态"。其实，学生能够若有所思地"想"通些什么、能够通过若有所思地"想"而获得哪些结论性知识等，这并不是最重要的。重要的是，学生能够因此而养成良好的思维习惯，构建起合理的思维品质，这才是我们借助具体的学科内容实施学科教学的最为重要、最为核心的奋斗目标。

第二，教材整合。一方面，在核心素养本位下，在研究高考的基础上，我们要学会梳理知识、整合教材，要学会解读课标、取舍删减，选材要"少而精"。"少"不是单纯地减少教学的知识容量，而是选择核心内容进行科学合理的精简浓缩。当然，所选题材要有典型性和扩张力，能以一当十，对题材的包装也要适可而止，切不可喧宾夺主。另一方面，组材要"整而优"。我们应力求将材料组合成一个有机整体，使教学简捷明快、整体感强，切忌随意组拼、杂乱无序。经济用材，不仅可以去除臃肿和烦琐，走向凝练和精干，还可以给师生课堂对话和动态生成留出更充分的互动时间、反思空间。

十、精细化教研

国家层面，高考改革已从知识立意、能力立意，走向了素养立意。高考命题改革及其逐层向下的传导效应，对于促进中小学课堂教学由知识本位走向素养本位、由"育分"走向"育人"起到了积极的推动作用。学校层面，一个学校的成功，在于建立一个高水平的教学研究集体。确切地说，就是教师们通力合作形成教与学的和谐氛围。有了这样的氛围，才能形成改革的力量。

以往，我们更多地关注教师的个人发展。在教育改革背景下，我们更应当强调同伴的互助与合作，教师之间建立积极的伙伴关系，建立一种新的共助关系，促进教师间的交流与对话，加强沟通、协调与合作，共享经验与成功。教师互助合作又是"校本研究"的标志和灵魂。在一个教师群体中，能够有不同的思想、观念、教学模式、教学方法的交汇与碰撞，是非常宝贵的。与学生一样，教师之间在知识结构、智慧水平、思维方式、认知风格水平等方面也存在着重大差异，这种差异也是一种宝贵的教学资源。因此，校本研究强调教师在自我反思的同时，开放自己，加强教师之间以及在课程实施等教学活动中的专业切磋、协调和合作，共享经验，互相学习，彼此支持，共同成长。

"事必有法，然后可成"。学校开展了"以课题研究为主线，教研活动为载体，增强教师之间、教研组之间的合作意识，提高合作能力"为主旨的一系列"校本教研"活动，积极推行以"同伴互助"和"个体反思"为主要思路的行动策略，建立有效的学习制度，加大课改的培训力度，开展研究课例展示活动，组织随时性的研讨活动，保证教研活动有章法、有抓手、有实效。

（一）同伴互助

1. 稳定、灵活

"独学而无友，则孤陋而寡闻。"我们所提倡的"同伴互助"，不仅是一种认识、研究方法和实践活动，更是学校和教师存在的基本方式和特征，我们兼顾稳定和灵活两种方式，建立教师互助群体，以年级备课组或学科备课组组成较为稳定的互助群体。同时，由教师自发组成的一些互助群体，例如，我校教育专家曹诚老师和他的名师工作室徒弟们就经常坐在一起探讨课程改革下的课堂教学，这是一种师徒结队的互助群体；还有临时组成的互助群体，如我校青年教师参加市、区级赛课的小组，则是由校内外多名优秀骨干教师、分管行政组成的集体研讨小组。

2. 分层、互助

"不以规矩，不能成方圆。"为保证校本教研中教师之间合作的有效性，我们落实分层管理，进一步加强"校长—教导主任—教研组长—学科把关—教师个体"的分层管理职能。学校以教研组、年级组和教科室、课题组为单位，制订了详实的研究活动计划，每一项计划都做到人员、内容、组织保障、检查督促四落实。在稳定的同伴互助小组开展活动时，都有行政人员的参与，保证活动的实效。

3. 灵活、多样

"纸上得来终觉浅，绝知此事要躬行。"我们通过甄选主题、优化形式，提高同伴互助的针对性、实效性，内容集中针对教材教法进行集体备课、集体研究，针对提高课堂教学质量进行说课诊课。每一次同伴互助教研活动都不断细化课程目标，贯彻课改思想，开展解读教材、说目标、说重难点、说教法、说作业设计等活动，把新课改与教学实践紧密结合起来。教研活动是同伴互助的主要阵地，我校各教研组每周至少开展一次教研活动，每一次教研活动都做到专题化、常态化。

（二）课程建设

在同伴互助、校本教研基础上，我们进一步谋发展，行可为之事。积极践行四句名言：发展兴校、质量取胜、真爱育人、心智成事。坚持三个观念：以生为本、以学定教、以研促教。完成两大目标：一是推进学校教育现代化，办人民满意的学校，将学校办成精品；二是达成学校教学优质化，培养品学兼优的学生、推进自主能动学习。明确一个抓手：课程即教学，课程领导力与执行力是学校教学管理的核心要素，确立品质课程，实现优质教学。

1. 强化课程理解

课程领导首先是课程理念的领导，课程管理首先是课程理念的管理。一方面，学校通过开展校本培训、自学课程纲要、设立课程论坛、组织课改征文、课程理念考核（笔试与课堂表现相结合）等方式加强教师对课程理念的交流，强化教师对课程理念的理解；另一方面，邀请专家到校开办讲座，指导教师理解课程理念，观察评估教师是否将课程理念活化为教学行为。

2. 制定课程规划

课程规划是对学校课程的整体部署，是教学管理的行动指南。课程规划包括三个方面：

一是基于纲要。学校课程规划具有很强的政策制约性，为保障国家对学生素质的基本要求，学校只能在政策允许的范围之内，在新课程的框架之内规划国家课程。

二是基于学校。从学校的实际出发，结合学校师资状况和学生发展需求，对校本课程进行了规划。

三是基于研究。学校课程规划是以深入的研究为基础的，制订过程本身就是一个研究的过程。我们制定规划的过程经历了学习、研讨、反思、讨论、修改……这样一个摸索实践的过程。

3. 搞好课程建设

以学校办学目标为依据，坚持发展兴校、质量取胜，坚持突出重点、资源共享，坚持分类、分级建设和分步实施来开展课程建设。结合学校教学"优效"工程和师资建设"名优特"工程，通过组建教学团队（教师专业化培训、技能检测），加强内涵建设（教材内容的审定），完善教学管理（分层管理机制），优化课程体系（专设校本课程时间、不断优化调整课程安排），增加教学投入（外聘教师、选购教材）等有效措施，使我校的课程建设逐步达到名称规范、数量适宜、结构合理、质量优良的目标要求。

（三）推进课程发展 凸显学校特色

1. 夯实基础课程

培养目标指向学生的全面发展，学校为学生提供了兼顾多元性和自主选择性的课程体系，因此，夯实基础课程和发展特色课程成为促进优质教学，进而促进学生素质整体提升的必要关注维度。

基础课程包含两层意思，一是指对学生形成基础知识、基本技能、有效学习方法、良好情感态度、价值观有关键影响的学科，如语文、数学等；二是指学校共同的、常规的、基础的教学工作要求。学校通过两方面的工作来抓实基础课程：

一是形成基本规范。这是学校在日常工作中，根据教学实际和规律形成的基本常规。其主要有：学期授课计划的规范要求、备课的规范要求（包括集体备课要求、个人备课要求、写出教案要求）、课堂教学的规范要求、作业布置与批阅的规范要求、课外教学辅导的规范要求、听课评课的规范要求、复习考试与成绩评定的规范要求、教学总结的规范要求八大方面。加强教学常规管理，规范教学行为，严格教学秩序是提高教学质量的重要保证，规范、有序是学校教学任务管理的基本要求。只有制定并分级严格执行教学规范系列要求，定期和不定期检查各级教学执行情况和教学管理资料，给出评定等级和评语，使监控结果进入"教师教学水平评估"，才可能实现教学流程闭环管理，落实基础课程管理。

二是聚焦基础课堂。一方面，抓好教学管理者的蹲点学科，参与教研活动，组织教研组长、把关教师、学科教师共同制定语文、数学两个学科的优质课堂评估表，细化优质课堂的相关指标；另一方面，采用专家、行政人员捆绑听课，教研组长、把关教师指定听课等多种方式，开展经常性的随堂听课、集体评课等活动，指导教师进行有效的课后反思，以"关注、指导、评价、对话"带动教师对优质课堂进行探索追求。

2. 打造特色课程

此点后面章节单独列出，单独研究，单独评价。

十一、标准化推进

按照怀远中学"微视导"的工作要求，学校行政人员集体去听高三教师们上一轮复习课，有的教师准备很充分，复习课上得有声有色，有的教师准备却不够充分，课堂枯燥乏味。一谈到复习课，很多教师都不知道怎么上，要么上成重复的回顾课，要么上成单调的练习课，要么上成放手的自习课。对于复习课、常态课、讲评课，我们到底有无具体的参照标准，来助力教师执行？

教学质量任何时候都是一所学校的立身之本，是学校发展的生命线，对正处于起步阶段的我们而言，面对人数庞大的教学班，面对大量的新教师，面对关注度极高的家长，教学质量至关重要。基于这样的形势和认识，我们在反复琢磨的基础上，提出了"在标准管理中前行，在问题解决中提升"的工作思路。

（一）建立标准

没有规矩不成方圆，制度是维护学校良好秩序、保护每位教师利益的根本保障。为了让新教师尽快站稳课堂，一方面，暑假的时候学校对他们进行岗前培训，培训内容包含：班主任艺术、专业发展、人情培养、基本功检测，等等，力争让他们双基与学习共进。另一方面，学校利用暑假时间组织行政教师和教学教师一起学习了教学常规制度和教师教学工作一日常规。在教学方面最为外显的工作，最先和家长见面的就是教师对作业的批改，针对我们新教师数量多的特点，我们对作业做了细化管理，对新教师进行了作业批改常规要求的专项培训，在整个培训过程中我们对作业批改进行了标准化要求。

（二）具化标准

我们追求的校园是有着浓厚的教研氛围的校园。为了使教研更有时效性，我们进行了多维度的教研：参加区域教研，帮助我们把握年度特点；开展常规教研，进行听课式研讨；组织错时教研，帮助新教师解读教材。在整个教研过程中，我们不是把教师当成被动的接受者，而是通过把关解读、教师提问、观课议课、网络分享、反思，把教师看成知识的探求者，资源的拥有者和教学智慧的探索者。

为规范教师教育教学行为，我们可以思考对计划、备课、上课、作业、复习、测评、反思、反馈、改进等教育教学工作实施规范化、制度化的闭环管理。下面笔者结合听复习课时的感悟谈谈对优质复习课的三大印象。

1. 重学情

有经验的教师对复习课的准备都是有依据的。这个依据就是学生的学情，如学生阅读说明文还比较薄弱，就专门组织说明文阅读课；又如，孩子在单位换算上错误率比较高，就专门上单位换算课。很多教师把握住了一条原则，大多数学生都已经会的知识不再在课堂上浪费大家的时间。重视学情就是集中火力解决问题，查漏补缺，帮助学生建立知识体系。

2. 重整合

当笔者走进教师的课堂听复习课时，发现教师们非常注重知识的整合。例如，学科间的整合，数学复习课采用阅读小短文的方式引入复习，语文复习课有对生字正确率的统计。同时最值得表扬的是，教师们学科内的整合能力。很多教师没有按照一节课一节课的顺序进行复习，而是将本册书的教学内容进行整合，重新安排内容结构。

3. 重实践

复习课不应该成为教师主讲的课，当然也不能完全变成学生自由学习的课。优质的复习课要达成知识与实践的有机结合。我们听的几节课都非常注重实践性。比如，在讲长度和重量的时候，教师善于引导孩子们联系生活实际、丰富具体感知；数学老师把孩子带到操场复习"位置与方向"的知识。

以上是我们总结的优质复习课体现出的重要特征，下面笔者对全校教师的复习课执教提出三点希望：

一是希望复习课是训练思维的课。复习课不是简单的练习课，复习课的终极目标是训练学生的思维能力。在所有思维能力中，整合思维、有序思维、结构思维是我们最需要训练学生掌握的。复习课的目的之一就是知识的归纳整理。无论是哪一类型的复习课，都要将所学的知识进行归纳、整理，进行纵向、横向的归类，进而进行知识系统的整体综合，形成结构化的知识。有的教师采取按单元顺序复习的方式进行复习，有的采取"先密后疏"的方式进行复习，有的则按知识、技能、应用三方面进行复习。无论教师采取什么样的复习步骤，首先都要将学生学过的知识加以整合，给出顺序，理出框架结构。

二是希望复习课是总结方法的课。整合有助于学生对所学习的内容进行梳理、归纳，总结出方法，使其系统化，便于记忆，促进运用。复习课总结出的方法能够达成知识的迁移。复习不是简单地重复，它的最终目的在于培养和提升学生运用知识、解决问题的能力。在复习过程中，教师要加强知识的迁移训练，培养学生举一反三、触类旁通、运用所学知识解决问题的能力。

教师要根据平时教学获取的反馈信息，带领学生一起总结同一类型知识的学习方法，用图表、思维导图、小口诀等方式总结出解题的范式。要加大每节复习课的容量和密度，不断变换活动方式，以吸引学生的注意力，使学生在教师设计的一环扣一环的实践过程中，复习巩固所学知识，让技能更加熟练。当学生复习有所收获时，他们会感悟到：复习课重要，复习课必不可少，复习课比平时的课还要精彩，还要精炼，还要精益求精，自然也就会保持继续学习的主动性和积极性。

三是希望复习课是突破难点的课。复习课的关键还在于解决问题，尤其是解决难点问题。在总体复习的基础上，教师要对学生平时理解不深、练习不够、运用不当的项目进行重点复习，以突破难点问题。有的教师会有这样的感受：平时教学新的内容时，学生"一听就懂，一练就会"，当堂教学效果令人满意，可是一检测却不尽如人意。造成这种情况的原因有三个。第一，学习中的普遍问题——遗忘。学生学习需要一个逐步理解、消化和吸收的过程。第二，死记知识。学生往往对一些知识性内容背得滚瓜烂熟，但理解不深，不会运用。第三，练习内容单一。由于受教学任务和教学时间所限，一般练习针对性强，专项训练多，而一旦遇到检测综合能力的试题，学生就容易出现混淆、难以分辨的问题。如何全面了解学生对本学期知识点的掌握情况，对青年教师来说是一个难点，教师可以通过对模拟试卷进行精心分析，全面获取学生学习的症结所在，动脑筋在难点问题上寻求突破。

延伸阅读材料：

无论我们是从学校管理者的角度主观上对教师教育教学质量进行考核，还是客观上要满足教师专业成长的需求，我们可以初步认定，很多教师确实有很强烈的变革愿望，他们都希望在教育教学改革、义务教育"双减"工作和高中新课程新教材改革等一系列大背景之下，进行自身能力的变革。然而，为什么真正改变的教师很少呢？

从系统论的角度来看，学校是一个系统，各个要素之间相互影响，相互制约，相互推动，而教师是这个系统里最重要的一环——教师除了自身具备教学的一些基本功能外，还会与学生家长、学校领导、教学空间、课程体系及各种激励机制产生联系。从系统论的角度来讲，教师的个人发展，让稳定的状态变成持续的不稳定，需要学校输出持续的、巨大的且方向一致的作用力。

每一位学校教育教学管理者，在当今不断变革的基础教育中，都会面对思想和实践上的博弈。这种博弈是指在学校文化传统、教育管理等一系列元素中，都存在着的标准化与个性化的博弈。教育管理者最难的就是用坚定的信心和各种智慧不断地解决这种博弈难题。那么，学校的管理者、教育的引领者，究竟该如何从内在和外部出发对教师的变化产生一种持续的、巨大的且方向一致的影响力呢？我们的理解与建议是：

一是重视价值追求、发展目标、学习力和自我成就感，这些都是教师专业成长的内生动力；二是重视办学文化、发展模式、激励机制和发展途径，学校管理者应该为教师发展提供外在的、平台的支撑。

以上两个部分的几个环节必须要形成一套组合拳，千万不要把某个环节单独的一项两项拿出来，切忌碎片化，一定要有整体框架，建立起常态的、特殊的、荣誉性的综合支撑体系。由于教师的个人成长经历和个人特性不同，对成长变化的需求也不一样，学校既要顺应教师需求中共性的发展方向，也要照顾到教师个性化的发展。

笔者这里还要跟大家分享一个基本策略，那就是静下心来多读书，从书本里找到让自己不断前进的动力，在实践中品尝不断进步的快乐。下面是2022年寒假放假前，课题组给全校参研教师列出需要购置的推荐读书书单。我们的想法是提供教师必读书目，组织教师整本书阅读，撰写读书笔记，出版读书感悟，建构学习型、研究型育人单元。

（一）职业认同类7本

①《老师，你为什么不再进步了》，程路主编，华中师范大学出版社出版。

②《校长的勇气》，林卫民著，北京教育出版社出版。

③《中国教育寻变》，李建平著，教育科学出版社出版。

④《理想的教室》，洪耀伟编著，华东师范大学出版社出版。

⑤《过去的教师》，商友敬著，教育科学出版社出版。

⑥《中国著名特级教师教学思想录》，吴正宪、窦桂梅等著，华东师范大学出版社出版。

⑦《学校管理的50个典型案例》，程凤春主编，华东师范大学出版社出版。

（二）专业发展类9本

①《〈学记〉评注》，高时良著，人民教育出版社出版。

②《毓老师说大学》，爱新觉罗·毓鋆讲述，陈絅整理，上海三联书店出版。

③《陶行知教育名篇选》，陶行知著，董宝良编选，人民教育出版社出版。

④《蔡元培教育论著选》，蔡元培著，人民教育出版社出版。

⑤《教育的目的》，怀特海著，庄莲平、王立中译，文汇出版社出版。

⑥《什么是教育》，卡尔·雅斯贝斯著，邹进译，生活·读书·新知三联书店出版。

⑦《儿童心理学》，J. 皮亚杰、B. 英海尔德著，吴福元译，商务印书馆出版。

⑧《思维与语言》，列夫·维果茨基著，李维译，北京大学出版社

出版。

⑨《静悄悄的革命》，佐藤学著，李季湄译，教育科学出版社出版。

（三）视野拓展类4本

①《教师人文读本》增订本（上、中、下册），张民生、于漪主编，上海辞书出版社出版。

②《中国教育寻变》，李建平著，教育科学出版社出版。

③《美的历程》，李泽厚著，生活·读书·新知三联书店出版。

④《中国哲学简史》，冯友兰著，涂又光译，北京大学出版社出版。

第九节　微型课题研究，办学特色呈现

一说到教育科研，很多教师第一时间是排斥的，甚至是反对的，总认为教育科研是"伪科研"，是虚头巴脑的东西，那是因为他们对科研的理解与认识存在偏差。中小学的教育科研与高校或专业研究机构的科研不同，在现实中，我们并不提倡教师做纯学术理论的研究。试想，如果一线教师能一边把教育教学工作做好，一边能有时间、有兴趣对某个专业的学科领域进行深入研究，取得高水平的学术研究成果，这当然是可喜可贺的，但这样的人毕竟很少。实际上，一个人的精力是有限的，中小学教师的第一要务是把课上好、把学生培养好。我们更希望教师能专注本职工作，聚焦课堂教学，开展与教书育人有关的教育科研，并将教育科研成果反哺教学，这样"教""研"相长、循环往复、螺旋式上升，形成良性循环。

一、教师意识的有效转变

中小学教师该不该做教育科研工作？中小学教师做教育科研的话，该做什么，怎么做？这些问题一直困扰着我们。但从各大名校多年的实践经验来看，我认为做教育科研是让新教师迅速掌握教育教学规律、熟悉课堂教学、站稳讲台的好方法，也是让教师个人及学校的教师团队快速成长、促进学生全面发展的好途径。对中小学教师而言，完全可以做到教学和教育科研兼得，二者相得益彰。中小学教师应该从教育教学中的"小问题"入手，选题越小，越能解决问题，以自己为对象，为自己而研究；以行动为引领，为行动而研究；以经历为载体，为经历而研究；以表达为需要，为表达而研究。

同时，基于课程教材、教学方法和教学设计进行反思，是我们一线教师做教育科研工作的基础，也是一个重要的思想方法。一个青年教师要想快速成长，就要多反思、多总结、多实践、多向其他优秀教师学习。这里所说的反思，不是上完课后在脑子里过一遍，或者口头上跟其他教师交流一下得失，而是应该付诸文字，不限字数，也不一定要公开发表，但一定要把发现的问题写清楚，把实践探索的做法写明白，把改进和创新的思考写出来，以此提高自己的教育教学素养。

当然，无论是当学生，还是做教师，意识没有改变之前，一切行动都是苍白无力的，正所谓"教而不研则浅，研而不教则空"。我们以集体备课为研究平台，解读课标，研究教法，落实教学与教研的结合，整体要求与尊重个性相结合，做到教研活动课题化，把教研组建设成为学习型、研究型、思辨型的育人单元，身在其中的教师，其成长是必然的。

二、微型课题的理论探究

微型课题是什么？为什么？怎么做？我是这样界定微型课题的：微型课题是教师为解决一个具体的、较为微观的现实问题而确立的小课题。它往往会用到常规课题研究中常用的一些研究方法，相对简单，不追求方法自身的严密性；它与实践操作或行为改进紧密互动，有机融合，更注重过程本身；它不强调研究的学术性、规范性，较为自由，是一种平民化或草根化的研究样式，有利于它更大范围和更深程度地推广和应用。

我们的理想与愿望是，作为教研组长、备课组长，指导组内教师深情地关注课堂，在课堂细节性现象或事件中发现问题，把问题"转换"为微型课题，再用微型课题研究来化解这些问题；在"研有余力"的前提下，可适当"放大"那些富有价值的微型课题，使之成为个人今后持续研究的一项课题、一个方向，并就此成就个人的一种教学风格、教育理想……如此，它名微实巨，由微成著，自微行远，引发课堂研究和教师专业成长的"蝴蝶效应"。

在推进微型课题研究之初，课题组应该为广大教师建构适合他们的"技术路径"。它不宜从理论到理论，从概念到概念；也不宜化大为小，变成"缩微版"的规划课题；最好能让某个课堂细节成为灵感触媒，有感而发，由此"引出"一个个"怀中"微型课题。

三、来自一线的选题意见

（一）"小"

这里的"小"即课题确定要小。"小"有两个层面的含义：

一是针对本校、本班、本人在教育教学实践中出现或可能出现的最烦恼、最困惑、亟须解决的问题进行研究，形成小课题。

二是全校教师可以在学校的四川省级课题"校本课程实践追踪与反思研究"框架下根据自身特点和相关教育发展因素，在不改变重大研究方向和整体内涵的基础上，进行有效分析，形成与本校、本班、本人教育教学实际相结合的微型课题。

（二）"近"

课题研究要近。在学校教育科研主课题确立的前提下，贴近学校教育教学实际，为怀远中学长远战略目标服务。"近"有两个方面的含义：

一是研究的内容与本校、本班、本人的教育教学实际相结合，研究的成果能为本校教育行政决策服务。

二是研究的方法、手段、形式贴近本校实际。

（三）"实"

课题研究的方案设计和操作过程要实。"实"有两个要素：

一是制定的课题方案要使每一研究阶段都具有可操作性，便于研究的展开。

二是工作要干得实，不要只做了方案不做实事，或者做了实事没有过程性材料。

四、基于课堂的选题参考

（一）德育课题研究

1. 班级主题教育活动系列建设研究

2. 中学生养成教育的内容和形式研究

3. 班主任贴近中学生学习和生活实际的德育方法创新研究

4. 运用综合素质评价提高中学生道德品质的实践研究

5. 学科教学渗透德育的实践研究

6. 班级德育活动课程建设研究

7. 初一（高一）新生过渡性教育研究

8. 班主任工作现状调查及工作创新研究

9. 增强班主任工作有效性的实践研究

10. 班主任自我行为意识的实践研究

11. 中学思政课程资源的开发研究

12. 师生关系的处理对班级建设影响的研究

13. 新高考背景下后进生精准帮扶的行动研究

14. 班级文化建设促进学生身心健康成长的实践探究

15. 本地学生与外来务工子女的学习习惯对比分析

（二）课程（教材）改革研究

1. 初中与高中阶段学科内容的差异与衔接研究

2. 中学各学科（某几个学科）课程标准内容相互支持和衔接关系的研究

3. 某学科课程资源的开发与利用实践研究

4. 学校校本课程资源开发的实践研究

5. 综合实践活动课程资源开发与实施研究

6. 有效指导学生选择合适的学习资源的实践研究

7. 丰富中学生课外生活的实践研究

8.（某）学科教材使用中的问题及策略研究

9. "五育并举"背景下校本课程建设的行动研究

（三）学科教学研究

1. 课堂提问与追问促进学生思维能力的行动研究

2. 课堂教学中教师"追问"的实践研究

3. 学生试卷自主分析及其实效性研究

4. 高/初中（某）学科中概念引入的方法探究

5. 基于观课议课提升课堂教学有效性的实践研究

6. 语文/英语写作教学的策略研究

7. 中学语文经典古诗词积累的策略研究

8. 高/初中（某）学科课堂合作学习的低效成因分析与策略研究

9. 高/初中（某）学科史料在教学中的有效运用

10. 高/初中（某）学科变式训练的实践探究

11.（某）学科活动课有效开展的策略研究

12. 优化整本书阅读设计，提高阅读教学质量的实践研究

13. 新课程背景下普通高中（某）学科课堂教学评价研究

14. 高/初中（某）学科中学生创新思维能力的培养研究

15. 口语交际课教学的问题分析及教学策略

16. "互联网+环境"下高/初中（某）学科（某）专题教学策略研究

17. 高/初中（某）学科教学中易错点提前干预的方法研究

18. "双减"背景下作业分层设计的实践研究

（四）学生学习研究

1. 中学生各学科学习的成功策略和误区研究

2. 中学生在不同学习阶段各学科学习中的思维障碍分析及消除研究

3. 不同学科在不同阶段学困生成因及转化研究

4. 中学生"个性化预习"研究

5. 中学生学习中的非智力因素研究

6. 自主学习中的教师指导实践研究

7. 课堂教学中实施学生合作学习（学习机制、合作意识、合作方法、合作能力、合作学习有效性、评价体系等）的实践研究

8. 课堂教学中实施学生自主学习（阅读、提问、讨论、竞赛、游戏、评价、实验、练习、展示、观察）的实践研究

9. 课堂教学中实施学生探究性学习（提出质疑、发现问题，调查研究、分析研讨，解决问题，表达与交流等探究学习活动，获得知识，激发情趣，掌握程序与方法）的实践研究

10. 中学实施"先学后教，当堂训练"的教学研究

（五）心理健康教育研究

1. 中学生心理健康状况调查研究

2. 中学教师心理健康状况调查研究

3. 农村普通高中寄宿制学生心理健康教育干预研究

4. 学生心理素质培养模式及实施策略研究

5. 抓住教育契机进行良好心理辅导的研究

6. 预防校园暴力行为的心理问题研究

7. 学科教学与班主任工作中渗透心理健康教育实践研究

第五章　成果提炼：
学科教研融合　助推五育并举

　　2021 年 1 月 7 日至 8 日，全国教育工作会议在京召开。会议强调，要以习近平新时代中国特色社会主义思想为指导，贯彻落实党的十九大和党的十九届二中、三中、四中、五中全会精神，贯彻落实习近平总书记关于教育的重要论述和全国教育大会精神……以推动高质量发展为主题，以改革创新为根本动力，坚持系统观念……全面贯彻党的教育方针……持续完善德智体美劳全面培养的育人体系，健全学校家庭社会协同育人机制，提升思想政治工作质量，发挥教材培根铸魂、启智增慧作用……为落实落细立德树人根本任务提供更加科学的导向、更为多样的资源、更加灵活的方式，培养德智体美劳全面发展的社会主义建设者和接班人。

　　学校课题组切实增强抓课程落实的责任感和使命感，积极提升专业化能力，发扬钉钉子精神，将课题落在初心使命上、落在实事求是上、落在具体问题上，确保各项决策在怀远中学部署落地见效，让学生更好地学习生存的本领与规范，学习生活的智慧和意义，以此实现自己的人生价值，在脚踏实地中感受教育无穷的魅力，在生动活泼中赋予生命无限的张力，达到社会化适应与个性化发展的统一。

　　当下，在育什么人和为谁育人等已然明晰的情况下，怎样育人及如何提升育人质量成为怀远中学课题组亟须解决的重大问题。通往育人质量提升的路径多种多样，其中"五育并举下的课程融合"是当前及未来基础教育改革最重要的发展方向和路径之一。如何理解"五育并举下的课程融合"的价值及内涵？在课题组看来，我们从五个方面来谋划、实践、反思与提炼。

　　"五育并举下的课程融合"是一种"育人实践"。它关注人的成长发展，这里的发展不仅是全面发展，更是融合发展。所有育人课程及活动对人产生的育人成效，很难截然区分开这是德育，那是智育还是体育，或者美育仅在这里体现，劳育只在那里有用。实际上，每一种教育教学行为都可能对孩子的生命成长具有综合影响，产生综合效应，不同的育人方式产生的成长效应往往是相互贯穿、相互渗透和相互滋养的。

"五育并举下的课程融合"是在"五育并举"的前提下提出的。"五育并举"强调德智体美劳缺一不可，是对教育的整体性或完整性的倡导，"五育融合"则着重于实践方式或落实方式，致力于在贯通融合中实现"五育并举"。"五育并举"和"五育融合"是理想与实践、目标与策略的关系。"五育融合"彰显了一种实践形式，即"融合实践"，这是一种独特且重要的"育人实践"。

"五育融合"蕴含的是一种新的教育理念或育人理念，即"融合理念"。它与"融合实践"一样，对于学生而言，这种挑战意味着今后的学习，也是一种"五育融合式"的学习，形成基于融合、为了融合和在融合之中的学习兴趣、意识、方法、能力与习惯。

对于教师来说，要有"五育融合"的教学新基本功，既要善于在自己的学科教育教学过程中充分发挥每一门课程、每一堂课、每一个教育活动的"五育育人效应"，也要善于融合利用各育的育人资源，形成基于融合、为了融合和在融合之中的新型教学模式与方法。

作为课题主持人的校长，更要具备的是"五育融合"的管理基本功，积极建构适应"五育融合"的顶层机制、制度体系、课程体系、教学体系、班级建设体系及整体性的学校文化体系，生成基于融合、为了融合和在融合之中的新型学校管理方式，从根本上形成一种学校管理的系统性思维和课程实践。

5年来，四川省崇州市怀远中学通过对省级课题"校本课程实践追踪与反思研究"的深度研究（2022年8月结题），初步实现了"以校本课程研发促进学生成才教师成功学校发展"这一研究初衷，使教师从被动的课程实施者转变为积极的课程开发者，共计开发校本课程24门，增进了教师对学校课程乃至整个学校的归属感，让教师真正从工作中获得了创造的快乐和成就感，成为有生命活力的专业技术人员，增强教师的课程研发意识，使其具有更强的批判反思能力，提升教师的专业水平，提高学生的核心素养，促进学校的良性发展。本章，我们选择其中推广效果较好的8门课程与各位读者分享，恳请各位读者提出您们宝贵的意见与建议，便于课题组后期进一步实践与优化、追踪与反思学校课程建设，让这所农村高中持续在行动中研究，在发展中蜕变。

第一节　治班策略德育课程

典型案例（一）

于无声处听惊雷——新课标理念下的高中班主任德育案例

新课标下的高中生是走在时代前沿的"00后"，他们处于一个崭新的教育时代。在这个时代里，现代教育技术与课堂教学深度融合，教学方式、学习方法均发生巨大变化，因此，班主任对他们的教育方式也要思"变"，才能与时俱进，紧跟新时代德育工作的步伐。全国教育工作会议明确指出，学生的德育应渗透各科学习，要求教师培养学生全面发展的能力，提高学生的综合素养。这是时代的要求，这是教育的担当，我们在管理班级时不仅要注重考试成绩，更要重视"五育并举"下的核心素养提升。

一、在新课标理论指导下诠释德育

"五育并举"，德育为先。我们平时所说的德育有广义和狭义之分，广义的德育指所有有目的、有计划地对社会成员在政治、思想与道德等方面施加影响的活动，包括社会德育、社区德育、学校德育和家庭德育等方面。狭义的德育专指学校德育。学校德育是指教育者按照一定的社会要求，有目的、有计划、有系统地对受教育者施加思想、政治和道德等方面的影响，并通过受教育者积极的认识、体验与践行，使其形成社会所需要的品德的教育活动。在新课标的理念指导下，学校对高中生的德育常规工作越来越重视。在新课标的理念下，高中班主任在德育教育开展的过程中要坚持科学发展观，坚持以人为本，务必落实好德育工作实践，管控与追踪要做到常态化。

无论是班主任，还是学科教师，都是德育工作实践的主要人员，其在德育教育理念和德育教育方法方面的综合素养会直接影响到德育工作的开展。因此，教师要从内心深处充分认识到德育工作的必要性，不能仅仅把德育工作停留在口头上，要积极主动地去落实德育工作，认真切实地去细化班级德育工作内容。德育对学生的影响不只是高中这三年，有效的德育能让学生终身受益。因此，我们目前的高中教育教学，不再只是以单调的文化课教学为主，而是在文化课教学的基础上增加了对高中生进行德育的工作安排，让学生的思想道德品质以及行为习惯得到有效的改善，充分实现高中生综合素养的全面提升。

在高中这个时期，学生承受着包括高考在内的方方面面的压力，有父母的，有同学的，有教师的。面对同样承受压力的同学，面对枯燥繁多的学业课程和学习任务，学生很容易出现各种心理问题，影响学生学习，甚至出现厌学的情况，此时班主任的疏导、沟通、交流工作就显得非常重要。新课标强调要培养学生的综合素质，其中，在高中生的各项素质中，道德品质素质处于首要地位，如果缺少了道德品质的正确引领，学生的成绩再好，在未来的自我发展中也是会受到制约的。可见，德育在教育教学中的地位是非常高的，也是贯穿各学科教学过程的。

二、在班级管理中夯实德育

班主任作为班级管理的重要角色，常规的班级管理是必不可少的，在管理过程中，我们要注重方式方法，不断地在此过程中去夯实德育。

作为教师，我们大多都是师范院校出身，在接受教育的阶段，我们也被传输"身正为师，德高为范"的教育理念。在高中阶段的教学过程中，尤其是寄宿制学校，班主任和高中生进行交流和沟通的时间甚至比他们的父母还多，班主任的一言一行都会对高中生的日常生活习惯和为人处世方法产生较大的影响。高中班主任在平常管理班级事务时要随时注意自己的言行，发挥榜样作用，这样有助于在班级工作中树立自身威信，也有利于德育教育工作的有效开展。

1. "请你们也为我制定班规"

国有国法，家有家规。班级也该有符合自身情况的班规，一份被认可的班规是班级秩序、班级纪律的前提和保障。在新生第一次主题班会的时候，笔者召集全体同学共同制定班规，在笔者说出要请大家定班规时，班上学生几乎没什么兴致。这也是正常现象，班规是拿来约束他们的，他们自然有一些抵触心理。接着，笔者说："在制定对你们的班规之前，请你们也写下对我的班规！"这句话说完全班哗然，一下子他们就兴奋起来了。接着笔者告诉他们："班主任也是班级中的一员，我们班的班规，除了尽量体现广泛性和可行性，还要有制约性，即同学之间和师生之间的互相制约。所以，这个班规必须要有对班主任的制约。"笔者让他们先写对班主任的班规，然后写对班委的班规，班委同学积极思考对班上学生的班规。

这样相互制约的班规才能得到班级每一位成员的认可。同学们兴致勃勃的奋笔疾书，随后一张一张的匿名小纸条传了上来。对班主任的班规，他们写下：

（1）不能迟到早退。

（2）不经常拖堂。

（3）不能打骂学生。

（4）要尊重学生的隐私，不乱翻学生的东西。

（5）要讲证据，不能冤枉学生。

（6）尽量少发火。

（7）上班手机静音。

（8）不偏心，公正的对待学生。

（9）对进步的学生给予奖励。

我们都希望学生可以懂事听话，有时候却忽略了学生们想要一个什么样的班主任。从这些稚嫩的笔记中笔者知道了他们希望有一位工作认真、奖惩分明、尊重学生、公正对待学生的班主任。在教学过程中，我们要及时地反思自我，对自己在教学中所犯的错误要勇于承认和面对，也要多鼓励学生面对自己的错误并及时改正；同时在管理班级事务时，要尊重每一位学生的想法和建议，不可以因学生的成绩不同或性格差异而区别对待，这样会大大削弱班级的凝聚力，不利于学生德育发展。乌申斯基说："不论教育者是怎样地研究教育理论，如果他没有教育机智，他不可能成为一个优秀的教育实践者……"班主任工作是一个"难做"的工作，但是从这份以约束自己为前提的班规产生之后，笔者按照学生的希望成为一个他们想要的班主任，这样，笔者就更有底气去要求学生。

2. 不吝啬"爱"

有很多老教师们会说，不要对学生太好，越好他们越放肆。但是人都要先去爱，才能被爱。近代教育家夏丏尊说："没有爱就没有教育。"他认为：教育的形式如同水池，唯有情和爱才是池里的水；没有情和爱，教育就成了无水之池，任你形状各异，总逃不出一个空虚。许多调查显示，广大学生认为"好教师"应该具备的条件是：理解、尊重、公正、平等、慈祥、幽默、热爱儿童。其实，理解和尊重学生，公正和平等对待学生等行为中，关爱学生是前提，没有爱又何谈理解、尊重。班主任工作首先是要投入爱，爱是班主任工作的起点，也是最终归宿。我们不但要富有爱的情感，更要有爱的行为。笔者在学习上严格地要求学生，在生活里尽力地关爱学生的成长。

久而久之，笔者发现爱收到了"回报"。在笔者生病不去吃早餐的时候，笔者发现办公桌上多了蛋糕和牛奶，有学生匿名留下了纸条说："人在异乡，照顾好自己，别生病，按时吃饭，这样就不会想家了。"还有学生在我包里偷偷放上了家长给他们备的感冒药。这些时刻可能对一个教师来说才是教书生涯的"高光时刻"，被自己的学生爱着让这份工作充满了人情味和幸福感。

班级的管理工作和德育工作不是一朝一夕能够做好的，这需要我们在实践中不断去尝试和摸索。班主任做到以身作则、公正严明、严慈相济，学生才可能在班主任的带领下提升道德和修养，班级才能更有集体感和凝聚力。

三、在语文日常教学中渗透德育

笔者是一名高中语文老师。语文是我们的母语，是一门基础性的学科，学生的思想深受其影响。从"普通高中语文课程标准"中提到的"知识与技能、过程与方法、情感态度与价值观"的教学目标，我们可以发现，普通高中的语文教学目标不是单纯的知识课程，而是将德育放到与知识相当的位置，这也进一步体现了德育在高中语文教育中的重要地位。2020年修订版《普通高中语文课程标准》这样说："培养学生高尚的道德情操和健康的审美情趣，形成正确的价值观和积极的人生态度是语文教学的重要内容，不应该把它们当作外在的附加任务，应该注重熏陶感染，潜移默化，把这些内容贯穿于教学中。"所以教师应该先革新思想，在教学中"敢变""善变"，这样才能更好地帮助学生实现全面发展。德育和文化教学互为表里，在高中语文教学中缺一不可，将德育融于语文课堂之中，能使学生文化知识和道德品质都有更大的提高，坚持育人先树人，才能完成教师"十年树木，百年树人"的伟大使命。

虽然入职才一年，但笔者在日常语文课堂教育教学过程中，时刻注意发挥好语文学科的优势地位，积极探索课本中的德育素材，将德育教育渗透到平常的语文教学之中，同时也能激发学生对语文学习的兴趣，增强学习能力和整体素质。

1. 在阅读中渗透德育

阅读在语文教学中占有十分重要的地位，在阅读教学中，一定要立足文本，要充分利用课本众多的德育素材，将德育形象地融入语文学科中，找到最佳的结合点，引导学生感悟其中的真谛。现在高中生的阅读应该注重以学生为主体，发挥学生的主观能动性，教师要从旁引导，调动学生学习的"内驱力"。这样的教学方式，不仅能让学生提升阅读能力和写作能力，还能提高其道德品质。如在阅读鲁迅先生的《纪念刘和珍君》一文时，我们可以给学生这样一段阅读情景提示语：

历史的车轮不断地向前滚动，回首看，我们今天虽然有着幸福安康的生活，但在以前那个动乱年代，许多的前辈和先烈以悲壮的牺牲试图去唤醒沉睡和麻木的人民群众。有这样一位平凡而伟大的女学生，她叫刘和珍，在命运抉择点的那一天，温和的她义无反顾地踏上了一条无法回头的路。她的生命在那一天终结，可她的事迹却永远留在了笔墨之中，让我们后辈铭记感念。记住那一天的事件吧，从不同的角度去看看那一天那位温和而又刚毅的女性做出的选择。如果你是刘和珍，如果你是那天目睹刘和珍死去的旁观者，如果你是刘和珍的家人，如果你是举起屠刀的刽子手，你会怎样去看待"三一八"事件？

在此提示语的基础上，为学生设置如下具体任务：

（1）具体了解"三一八惨案"，可查阅当时的实录片段，以及相关影视作品来收集素材。

（2）仔细阅读文本，体会力量弱小的女大学生刘和珍在面对强权表现出的英勇坚毅的爱国精神。

让学生带着任务去阅读，可以让学生对"三一八惨案"有更直观的感受，唤起学生心中悲愤的情感。我们目前身处和平年代，需要通过先辈们的真实事件唤醒学生对和平的珍惜和对祖国的热爱。课本中的德育素材和德育实践，使学生能从思想上得到感化。在课本中我们能看到很多古今中外英雄的范例，那些不屈不挠的精神、那些勇敢而鲜活的生命、那些关于生与死的深刻认识，能使我们与先辈对话，进行心灵交流。或许一句"随风潜入夜，润物细无声"才能真正概括将德育融于阅读教学的作用。

2. 在写作中渗透德育

仅在阅读中渗透德育是不能完全满足教育要求的，写作也是一个有效的方式。在写作训练时，教师有意识地引导学生进行德育方面的思考，写作的目标是增强学生观察生活、品味生活、感悟生活的能力。在写作过程中适当激发学生思考德育，对于学生养成正确的人生观、价值观非常有益。让学生从身边小事中体会正确价值观念的本质所在。身边的小事往往体现出最真实的生活百态，不要限制学生的思维，让他们畅所欲言，说出自己的真情实感，认可他们合乎情理的感悟。教师还可以引导学生通过写作去更好的沟通，拉近与家人的距离。

如高一上学期，作为班主任，笔者从很多家长那里了解到学生很多时候都不爱与家长沟通，多说几句有时候还会吵架。笔者转而从学生那里了解他们为什么不爱与家长沟通，他们表示不是不想跟父母讲话，而是很多话不知道怎么说出口，看到家长的时候会比较有压力。鉴于以上情况，笔者给学生布置了让他们给家长写信的周末作业，把平时不敢和家长说的、不好意思表达的话写进信纸里，也在家长群里发动家长们收到学生的信之后也积极地给予回信。这次的周末作业，笔者从家长和学生那里都收到了不错的反馈，有的家长夸自己的孩子懂事了。

父母对孩子的爱是无私的，但是父母很希望能听到自己孩子的内心想法，渴望能与他们有更多的交流。现在有些学生只会索取，不懂感恩，德育要潜移默化地培养学生懂得去关心感恩父母。除了生活小事的写作训练，对于那些文质兼备的优秀作品，教师要在写作时给予学生引领，让学生吸取文章的写作技巧和优良的思想内涵。课下最好成立作文小组，让学生之间讨论交流，彼此分享自己的真情实感，在写作实践中渗透德育。

将德育贯穿到平常的语文基本教学中是一种行之有效的教学模式。高中的教材大多是"文以载道"，这些语言和教育兼美的篇章，为教师教学提供了保障，教师通过对学生的启发和引导就能使学生畅游古今中外的名山大川、江河湖海，能够与古人对话，鉴赏我国悠久的历史文化，追随那些伟人业绩，激发爱国热情，使学生形成正确的价值观和人生观，提高思想领悟。教师能把语文教学同德育结合起来，做到既能传授知识，又能培养学生的道德情操，这样才算真正完成教学目标。

时光不语，静待花开。鲁迅先生在他的《无题》诗中曾说："心事浩茫连广宇，于无声处听惊雷。"笔者将这首诗化用在这篇案例里，德育是一场看似风平浪静，没有硝烟的"战场"。这个时段的学生正处于懵懂的青春期，虽然他们表面显露出来风平浪静，面对教师和家长也常常沉默寡言，但他们的内心可能正处于一个十分活跃的时期，这个时期的学生更需要正确引导。这个"战场"需要教师去经营，去小心翼翼地呵护。希望每位班主任都能正确理解德育的重要性，在班级的常规管理中潜移默化地夯实德育，等待学生们"雷声"过后的成长，等待春风化雨。

典型案例（二）

用班级文化促进成功——起航　治班策略设计

班级是一个小社会，可以容纳无限的智慧，"起航班"就是一个由45位"精灵"组成的多样化的小社会。和以前的任何一个班级都不同，"起航班"是笔者来到怀远中学后带的第一个班。虽然孩子的基础和能力不占优势，学习习惯上的差距也较大，但家长对孩子的期盼、对班级的希望、对学校以及教师的要求都比较高。因而正式组班之前"如何把这届学生带好"一直是让笔者苦恼的问题。在带领该班之前，我对班级管理的定位是：孩子身心健康地成长。如今看来，显然不能仅满足于此，客观的要求和主观的期待致使我对孩子们的期许会比较高，因为他们的路还很长。在学校发布"圈层背景下农村初中学生学习过程成功体验策略研究"的启发、引领下，笔者不断思索，最后把班级管理目标确定为："阳光、求进、心聚、能爱"。图5.1为《2018—2020年优秀德育科研成果集》。

图 5.1　《2018—2020 年优秀德育科研成果集》

一、学情分析

（一）问题呈现

①本班人数总计 45 人，女生 31 人，男生 14 人，性别比失衡，不便于管理，并且有 5 名同学纪律观念薄弱，如不及时转化会带来严重影响。

②优生不优，中等生较多，学困生较少，在学习成绩上差距巨大，家长期望值很高。

③22 名学生来自离异家庭，且全寄宿在校，父母无暇引导孩子，学习和行为习惯不佳。

④19 个家庭的主业背景是私人小作坊主，家庭经济条件较好，孩子和家长的攀比心较重、自我意识较重；服从意识、团队意识、执行力都较差。

（二）班级优势

①本班享受全校最高配置的教室，教学环境好。

②101 网校课程为我们提供了丰富的资源、先进的教育理念和现代化的教学模式。

③孩子们普遍喜欢并理解教师。

④相对于农村来说，他们的家庭条件相对比较优越，家长对孩子的教育比较重视。

二、治班理念

笔者的治班理念是给人幸福。

三、班级建设目标

（一）总体目标

①班集体舆论和班风目标：阳光、求进、心聚、能爱。

②班集体的人际关系目标：平等、互助，家的温馨。

③班集体纪律、规范目标：在人人有事做，事事有人做的基础上，给"个性人士"一个"独善其身"的理解，给热心人士一个"兼爱天下"的责任和义务。

（二）短期目标

①培养出得力的班干部团队；进一步规范学习习惯和行为习惯。

②落实各项常规反馈机制，重点推进学习小组、卫生小组、寝室竞争评比体制。

③重点培养学生学会做人、学会学习、学会做事、学会共处。

（三）中期目标

①营造积极的学习氛围。

②实现集体的高度自主管理。

③培养学生学会做人、学习、做事、共处的能力；有正确的实践方向。

（四）长期目标

①营造浓厚的学习氛围，树立为理想奋斗的学习精神，引导学生树立远大的志向。

②引导学生在学会做人、学习、做事、共处的基础上去践行阳光、求进、心聚、能爱的班级精神，从而培养孩子们的意志品质和社会责任感。

四、治班策略

（一）给孩子们一个梦想，用方向启迪心灵

笔者坚信"文化有一种浸润的力量，它比说教更具有长久深刻的影响力"。从学生进班开始，"起航班"就开始给孩子们美好的梦想。新生入学的前四周，每周一第一节课就是我们的主题班会课，见表 5.1。第一周——"你想要生活在什么样的班级里"，通过一节课激烈的交流和讨论，孩子们制定了我们的第一个班级约定——"我与教室有个约定"，约定具体细化到我们的课堂、自习、教室卫生三个方面。第二周——"你想要过什么样的精彩人生"，让孩子们初步制订自己的计划，也了解了同伴的计划，给孩子们生活以方向，并在生活中不断完善和明确自己的方向。第三周——"你希望你的同伴是什么样的人"，我们制定了第三个班级约定——"人际交往之约"，让孩子们清楚班级人际交往的原则和方法，为后来孩子们和谐相处奠定了坚实的基础。第四周——"你希望我为你做什么"，需要老师解决什么样的问题。一次次激烈讨论又充满笑声的班会课，让孩子们彼此更近，让师生更亲，孩子们在"起航班"这个温暖的大家庭里健康地成长，彼此包容、互相学习、互相欣赏。

表 5.1　主题班会课表

第一周	主题"你想要生活在什么样的班级里" 第一个班级约定——"我与教室有个约定"
第二周	主题"你想要过什么样的精彩人生" 第二个班级约定——"我与自己有个约定"
第三周	主题"你希望你的同伴是什么样的人" 第三个班级约定——"人际交往之约"
第四周	主题"你希望我为你做什么" 第四个班级约定——"我与老师有个约定"

从第二学月开始，我们把放电影作为对孩子们进步的奖励，第七周放映《天那边》。轻松愉悦的晚自习时间里，孩子们不仅得到了梦寐以求的奖励，更重要的是他们从电影里学会了坚持和付出；半期考试结束后，孩子们成绩超过预期目标，作为奖励我们放映《我是特种兵》，在轻松愉悦的氛围里孩子们又学会了合作和服从。

给孩子们梦想，给孩子们方向，不是生硬的、强加的，而是用一部部电影、一则则故事、一个个小小的班级游戏，让孩子们在具体的生活中被感染、被浸润、被启发。最好的教育是无形的、不留痕迹的。笔者用班级文化的手段在逐步实现这个教育追求，给孩子们最好的教育。

（二）给孩子们一种精神，用思想激发动力

一个人可以活得平凡，但他的心灵可以无限高贵；一个人可以地位卑微，但是他的精神可以走向优秀，甚至是卓越。人活着，很多时候是一种精神。对此，我们都深有体会，"一个有着健康向上、积极进取精神的人，走到哪里，都传递着一种正能量；走到哪里，都能够带来强有力的人格磁场"。笔者认为"班级精神是班级大厦的基础，它具有不可代替的作用，能够迅速凝聚人心、鼓舞士气、激励学生的斗志，甚至可以跨越时间和空间，给学生一辈子深刻的影响"。于是，笔者的班级建设，注重"班级精神"的培养、提炼和升华。从进校初期的"家"到后来的"起航人，一个人"的理念提升，从过往的"成功"到现在的"展现魅力、取长补短、百花齐放"。理念的执行、思想的引领使得"起航班"成了一个健康向上的班集体，"起航班"的孩子们都充满了激情，也感受着幸福。以两个孩子的转变为例：小涛，一名来自大山里的孩子，淳朴是他最大的优点，但是该生自信不足；仁杰，生活在单亲且较富有家庭里，机灵是他最大的优点，但是该生极不踏实。性格截然相反的两个孩子机缘巧合地成了同桌。在"家"这一理念的引领下，这两个孩子慢慢学会了包容和接纳，经过半年的努力，这两个孩子从最初的互相看不顺眼到后来成了很要好的朋友——小涛在生活中常常帮助仁杰，帮忙打饭、打水、扫地、听写单词等；仁杰同学在学习上帮助小涛，讲解数学定理、英语语法、语文课外知识……

点滴的积累，汇聚了力量，一年半的时间里，我们"起航人"用"家"的理念和"起航人，一个人"的精神，为彼此输入了一种不放弃、不抛弃的精神，为彼此魅力的绽放奠定了坚实的友爱基础。

（三）给孩子们一个伙伴，用优秀促进成长

"一个人能走多远，要看他与谁同行；一个人能有多大的成就，要看有谁指点；一个人能有多优秀，要看他身边有什么样的朋友。"给孩子们一个好的同伴，就要有优秀的小组建设。用小组建设的力量，组建四人学习小组，按照孩子们各自的科目特点和能力强弱将孩子们基本均衡地分成123号同学：1号同学负责该组学习成绩的提升，2号的两位同学负责作业的收交和基础知识的过关，3号同学负责小组的纪律和加减分。学习小组让每个孩子都有成功的体验，都能发挥自己的能力。给每一个孩子搭配一个优秀的同伴，让他们结伴而行，让他们真正做到不抛弃、不放弃，也真正成为相亲相爱的一家人。

（四）给孩子们一个温馨的家，用高雅培育优雅

笔者是一个比较理想主义的班主任，一直固执地相信，教育不仅仅是传道授业解惑，更重要的是培养人、给人幸福。因此，笔者的孩子们应该是具有优雅品质的绅士和淑女，他们的一举一动，彰显的既要有孩子的活泼又要有文化人的高雅。

那么，如何让孩子高雅呢？环境很重要！

我认为最好的习惯是靠环境来养成的。我们的教室分为四个功能区和N个美化区。这四个功能区是：正前方的"班级事务区"和"我们的约定区"，教室两侧主墙体的"科目知识点展示区"；教室后方的"荣誉展示区"。美化区分布在我们教室的四个角落、教室墙柱和所有的窗台，上面展示学生书画作品、四季花木盆栽，这些布置让我们的教室充满诗意，也充满大自然的气息。教室里不仅有书有题还有花有草、有精神的指引。我们让教室的每一面墙壁都能说话，让教室的每一个角落都充满了诗意，让教室不仅仅成为学习的场所，也成为孩子们成长的家园。"起航班"的孩子们爱惜他们的教室，爱惜教室里的一草一木。孩子们在充满诗意的高雅环境里逐步养成了优雅的习惯。

（五）给孩子们一个激励，用成功推动成功

过去人们常说"失败是成功之母"，其实，过多的失败，带给孩子的往往是挫败感，只有极少数特别坚强的人才能做到从失败走向辉煌。大部分的孩子需要不断的成就感来激发学习的动力和勇气，来激发自己的自信心，最终才能走向成功，才能为个人的幸福、家庭的和睦和社会的和谐做出贡献。为此，我们制订了起航常规和班级十星计划。通过班级常规评比，每周产生常规前十名，每周一总结，每期一表彰。通过学校的奖励机制和班级奖励机制来引导孩子们不断超越自己，让孩子们在成功中发现自

己的价值，找到自信，最终用成功来推动更大的成功。

五、治班成果

用文化治班，让班级文化成为影响孩子们的重要手段；让教室承载着美好的梦想；让班级具有深刻的精神内涵；让孩子们体验成功、走向优秀，成为具有魅力的阳光青年。以上是我的带班手段，更是我的带班目标。在这些方向的指引下，我的班级建设初显成效，具体体现在以下四个方面：

（1）建班一年来学生之间、师生之间关系非常和谐，迄今为止班级内部没有发生过一次矛盾冲突。

（2）学生自主、自律能力强。进入初二以来，我们的自主学习时间（每天 7:40~8:10，12:40~14:00，17:50~18:30）完全由学生自主安排，不需要教师的监督，孩子们人人有事干，教室里事事有人干。

（3）孩子们的学习成绩在全市 93 个班级中，综合成绩最好名次为第 7 名，最差名次为第 9 名，单科成绩在诸多评价指标中获崇州市多个第 1 名的好成绩。

（4）2020 年上半年我班被评为"崇州市先进班集体"

当然，在班级建设方面笔者做得还不够细致和深入，在以后的班级管理中，笔者将继续在"成功体验式"班级建设的道路上摸索前行，争取走得更远、飞得更高！

德育课程实践追踪与反思研究：

《教育部关于培育和践行社会主义核心价值观进一步加强中小学德育工作的意见》和《教育部关于全面深化课程改革落实立德树人根本任务的意见》明确指出：立德树人是发展中国特色社会主义教育事业的核心所在，是培养德智体美劳全面发展的社会主义建设者和接班人的本质要求。怀远中学自 2017 年起，秉承"树德求真，怀远务实"的德育理念和办学思路，着力构建了具有学校特色的德育课程，建立起了较为完善的安全和德育工作体系，形成了指向明确、内容丰富、路径完善、效果突出的育人格局，实现了德育与学科教学的有效融合，形成了学生成才和学校发展的德育管理文化自觉、行为自觉和道德自觉。

站在一个高中学校管理者的角度来看，评价一所学校的德育课程育人管理模式是否有效，我们可以从五个维度去考量：办学水平、高效管理、教师发展、学生成长、家长满意。这五个维度是学校发展的本质和关键，我们要探讨提升德育课程建设的实践追踪与反思研究，也应该从这五个维度去思考、去解读。

一、用德育课程固本

（一）强化责任建机制

推行扁平式管理，下移管理重心，紧盯"一个底线"：疫情防控；守住"两个指标"：保障师生安全、服务教学质量；践行"三个导向"：以班级为主体、以学生为中心、以课程为载体；树立"人人做德育、事事皆德育、时时有德育"的全德育观，构建五育并举，德育为先的育人机制，营造风清气正的管理氛围。

（二）强化阵地抓管理

每周分别召开一次校长办公会、行政会和年级分部班主任工作例会，每月分别召开一次年级教师大会、学校德育工作会。抓好开学第一课、每周国旗下名优班主任讲话、主题班会、道德讲堂、家长学校、家长委员会；用好校园QQ群、班级微信群、校园橱窗、墙报展板；说成绩，谈问题，讲不足，以案例剖析，用数据说话，强化育人阵地管理，落实岗位职责，提升管理实效。

（三）强化实践抓执行

以"育人管理培训"为手段，落实德育常规管理，做好学困生帮扶、贫困生资助、留校生管理、三好生评选、留守儿童关爱工作，严格履行"一岗双责""一岗多责"。并于每年12月，专题开展以"培养优良品质，奠定成才基础"的班级管理培训研讨。高站位，高标准，高要求，创造性探究育人管理工作，落实新发展理念，推动高质量发展。

（四）强化课程促实效

以"新生素质拓展课程""心理健康教育课程""生涯规划指导课程""全员阅读课程""治班策略研究""新入职班主任菜单式培训课程""主题班（团、队）会""校园文化艺术节"系列活动课程和"逸远农场"三色劳育实践课程、20余门社团活动课程、中华传统文化课程和各类纪念日主题实践活动课程为依托，紧紧围绕培养什么人的根本问题，科学设置德育课程内容，因地制宜实施情景式、案例式、活动式等育人教法，建设学生真心喜爱、终身受益的校本课程，使其进教材，进课表，进课堂，走进学生心中，落到育人实处。

二、用学科融合助推

我们的认识是，"五育并举"是重要的，但用"学科融合"助推"五育并举"，才是最关键的。这是一种系统思维，不仅包含了"有机关联式思维""整体融通式思维"，还隐含了"综合渗透式思维"。学科融合下的"五育并举"，不是简单的跨学科教育，不是不同学科知识的拼凑和混搭，而是要积极构建知识之间的相互联系，完善育人治理体系，提升育人治理能力，滋养生命德行，塑造高尚品格，聚焦核心素养发展。

我们的做法是，以省级课题"校本课程实践追踪与反思研究"为契机，基于教学主题的学科融合，突破知识整合的难点；基于活动主题的学科融合，突破能力融通的难点；基于成长主题的学科融合，突破素养生成的难点，才能让学校提出的办学理念、形成的办学思想，落地生根。让所有的教研组长、备课组长开学科讲座，讲该学科的前世今生，讲该学科今后的发展方向，讲可能涉及的德育育人理念；充分发挥学校发展的第一资源和最关键要素——教师的作用，把我们自己发展成为有前瞻性、全局性的德育课程建设主体，通过学科教学来有效助推，通过活动课程开展来全力融通，通过生涯规划来养成素养，以此走出一条农村普通高中向高品质学校建设的新路子。

我们要解决的是融合机制的构建。一是融合过程机制，如何让学科教学与德育课程融合、学科教研与育人方式融合真实日常发生，融合的阶段、步骤、载体和方式有哪些，要解决这些问题，需要对融合的过程进行整体设计；二是融合评价机制，如何整体评价基础学科教学与德育课程融合的效果，需要一种全新的评价教育质量的体系，不再是孤立地评价某个学科成效，而是以融合度为评价标准，进行整体评价；三是融合保障机制，建构适应在此过程中"教研融合"的育人机制、课程体系、班级建设体系以及整体性的学校文化体系，生成基于融合、为了融合和在融合之中的新型学校育人管理方式。

三、建构育人新体系

1. 理念：培养优良品质，奠定成才基础。

2. 目标：立德树人。

3. 思路：从早到晚，抓一日常规；抓对学生"从头到脚（仪容仪表、校服穿着），从里到外（心理健康、行为习惯）"的教育管理工作。

4. 重点：德育在现场。

（1）管理育人：仪容仪表和校服穿着、清洁卫生和内务整理、行为习惯和心理健康。

（2）活动育人：开展文化艺术节活动、二课堂活动、重大节日（纪念日）活动。

5. 工作机制

（1）领导机制：校长→分管副校长→政教处主任。

（2）执行机制：政教处主任→政教处副主任→归口责任人和分部德育主任。

6. 常规考评

（1）考评内容：纪律、卫生、活动、评优、突击检查。

（2）考评方式：量化评分。

（3）考评时间：每周、每学月、每半学期、每学期。

（4）考评等级：学校对分部、班级，分部对班级的两级考评体系。

7. 德育科研

（1）形式：寒假德育论文、德育研讨会、校本课程建设。

（2）成果：《年度德育科研成果集》。

8. 努力方向：

（1）德育工作，没有最好，只有更好。

（2）把德育管理和德育活动课程进一步体系化。

（3）持续提升德育工作的质量与育人成效。

四、课程追踪与反思

学校课程的现状是，当我们完成国家课程后，还能为我们培养学生的独特个性提供育人空间。其实，很多学校都在做社团课程、校本课程，但有的课程是形式大于内容。我们追问：如果课程不是根据学生的独特性来设置，又怎么通过课程来培养生命的独特性呢？我们再次追问，学校开设的社团课程、校本课程是否真正反映学生发展的诉求？只有当课程真正反映中小学生发展的诉求，学校课程能够满足诉求，才能使个体生命得到成长，得到绽放。我们继续追问：学校开设的这些育人课程如何有效利用？20%的课程怎么实现生命的独特？这是我们在课程建设中应该回答与解决的问题。

一所学校，德育好不好，关键在于教师。育人管理实践中，我们是否能够积极提倡"以行垂范"，是否已经做到"示范引领"？我们的教育，是"以人为本"的教育；我们的教育质量，关系着学生将来一生的生活质量。因此，如何创造"以言传道""润物无声"的育人氛围，拓展学科教学和德育育人管理的新内涵，就摆在了我们的面前。只有当我们沉下心来，以饱满的工作热情和持之以恒的工作干劲与广大师生一起，同心同德、齐心协力，从规范、组织、监督、评价、协调出发，思考德育体系的完善，加大德育课程研究的力度，才能更多地关注学生的成长，促进学生个性的发展。

第二节　基础学科开发课程

教学质量是每一所学校的生命线，教师团队专业素质的整体水平，直接决定着学校的发展高度。因此，青年教师的专业培养及骨干教师的二次成长，是当下教育界讨论颇多的话题。在课题研究中，我们发现，教师们将校本教研、集体备课、观课议课等工作视为"鸡肋"，食之无味，弃之可惜。但毫无疑问，作为促进教师专业发展的日常工作和推进普通高中课程改革的重要策略，校本教研是一种在职学习课程，更是一种重要的专业成长方式与直接途径。本节旨在通过学校正在开展的各项校本教研活动，提高课题组教师对校本教研的再认识、再学习、再提高，培养做而合、教而研、研且改的合作探究习惯，降低教师专业成长的时间成本。

从本质上来说，校本教研是为了改进学校的教育教学方式，提高学校的教育教学质量；从学校的实际出发，校本教研是依托学校自身的资源优势和特色进行的教育教学研究。原教育部基础教育二司副司长朱慕菊曾指出，"以校为本的教研，是将教学研究的重心下移到学校，以课程实施过程中教师所面对的各种具体问题为对象，以教师为研究的主体，理论和专业人员共同参与"。因此，我们借学校校本课程建设的东风，进一步完善适合农村普通高中实际的校本教研运行机制，为教师专业发展提供强有力的支撑与保障。

课题研究中校本教研

作为课程改革的引路人、课题研究的实践者，我们思路要清晰、方法要得当、引领要务实、效果要求真，坚持做到"三个理念"引领、"三个要素"把控、"三个层面"落实，校本教研工作才能务实去虚，课题研究才能落地生根。

一、三个理念

（一）学校是教学研究的基础

校本教研是以学校存在的突出问题和学校发展的实际需要为选题范围，与学校的生活密切相关，是为了学校发展的研究。课题组每一位参研教师要不断反思和调整个人的行为习惯、角色地位、教学策略和教学方式，使我们的教育理念与新高考的要求相吻合，学会去影响、去引领组内教师，共同提高。

（二）教师是校本教研的主体

学校所面临的实际问题，只有通过教师的研究，才有针对性、实效性。优秀教师的培养需要经历三个阶段：站稳讲台、站好讲台、站出影响。课题组结合实际情况，去判断一名教师属于哪个阶段，针对教师所处阶段制定培养策略，力争做到一人一策。当然教师属于哪个阶段，应依据教育测量方面的指标来确定，这些测量指标包含课堂教学、师生关系、教学实绩、团队关系、教育理论等。

（三）师生共同发展是校本教研的目的

校本教研无论是作为教学研究活动，还是作为教学研究机制，它都是以学校发生的突出问题和发展需要作为研究范围，它所研究的都是师生在学校中共同生活、共同面对的实际问题，目的是师生得到共同发展。

二、三个要素

（一）教学反思

反思不是回顾，是反省、思考、探索和解决教育教学过程中各方面存在的问题，它具有研究性质，是校本研究最基本的力量和最普遍的形式。课堂反思被认为是"教师专业发展和自我成长的核心因素"，它隐含着三个基本信念：教师是专业人员、教师是发展中的个体、教师是研究者。

教学反思是校本研究的基础和前提，校本研究只有转化为教师个人的自我意识和自觉自愿的行为，才能得到真正的落实和实施。新高考背景下，教师的教学前、教学中、教学后三个阶段的教学反思非常重要。

（二）集体备课

校本研究强调教师在教学反思的同时，带着真问题、真情境、真阅读、真合作、真联系、真探究、真任务，加强教师们在课程实施等教学活动中的专业切磋、协调和合作，分享经验、深度研讨。

（三）专业引领

校本研究虽是在"本校"展开的，是围绕"本校"的实际问题进行的，但它不完全局限于本校内的力量。专业研究人员的参与，是校本教研不可或缺的因素。离开了专业研究人员等"局外人"的参与，校本教研就迈不开实质性的步伐。

三、三个层面

为了保证校本教研活动的落地、深入、有效，便于课题组能够创造性地实施校本课程建设，提高参研教师的课程建设能力，达成课程建设的愿景，我们要做到：

（一）学校"动起来"

校本教研把学校推到了课程改革的前沿。学校要发展，要办出自己的特色，凸显自己的个性，就必须调动学校的一切资源，特别是教师这一最大资源，要整合各方力量，集思广益，制定和完善适合我校实际的校本教研运行机制，开创学校工作的新局面。

（二）教师"站起来"

通过校本教研的实施，让全体教师活动起来，每一个教师都结合自己的教育教学实际，在研究中提高认识，在研究中成长，在研究的状态下工作，从而使自己的专业得到发展。这样每个教师都在校本教研实施过程中"站起来"。

（三）师生"合得来"

通过家校共育、课堂教学、课程研究，开设青年教师讲座、学生专题研讨，增进彼此了解，明确教师、家长、学生、领导的各自任务和共同目标，彼此沟通，为学生的发展创设一个良好的教育环境和科研氛围。

项目式校本研究

项目化研究（project based research, PBR）是当前教育界的"热词"，这种学习形态以学习者为中心、以真实性情境为前提、以挑战性任务为驱动、以持续性探究为路径、以展示性成果为导向，改变了传统的学习方式，让参与者在一段时间内对真实的、复杂的、跨学科的问题进行探究，通过分工合作探索解决方案，形成研究成果。项目化研究有助于引发深度研讨，培养参研教师的实践研究能力，并促进其高阶思维和综合素养的整体进阶。

之所以引入项目管理的概念，是因为项目管理的理念要求项目的每个环节都具体、扎实、可测量。校本教研中，教师的培养、课题的研究、教学案例的研讨、教学思想的应用、教学成果的落实等都是校本教研的一个个子项目，通过项目管理的方法，让每一个子项目都成功实施，从而达到让校本教研去虚向实的总目标。

一、项目架构

第一，从项目设计的角度看，依据《校本课程开发实施方案》，在学校省市区三级课题的引领指导下，从人员结构、学科参与、核心团队、课程建设，从外围人员到核心团队，课题组采用逐步优化、递进机制。

第二，从项目设计的路径看，由负责教师利用校内外的一切资源，制定并实施项目，通过集体备课、观课议课、教学研讨、实践反思、课程研发，并在实践过程中借助资源共享、同伴互助、技术支持和专家引领达到促进教师专业发展的根本目的。

第三，从项目研究的分工看，各个子项目负责人应对教研组和学校负责，以保证项目能有效实施、运用、推广；项目核心成员对项目负责人负责，保证研发项目的完成。

二、校本子项目

（一）理念内化

课题组的教育理论学习要结合校本课程开发的实施，有目的、有重点的进行。因此，在具体实施过程中，课题组要注意以下四点：一是学习相关的校本教学研究理论、国家级和省市级优秀课题实践成果，更新教师的教育理念和教育思想；二是结合学校实际，有针对性地进行问题探究性学习，提高学习的针对性、实效性，努力适应新高考的要求，促进教师从优秀到卓越的跨越；三是借助怀中论坛、观课议课、教研沙龙的形式对教师们在学习中获得的一些想法和体会，以及在以后的教育教学中如何应用等问题进行交流；四是所有校本教研计划、分工、实录、成果、总结、反思，可通过教师专业发展手册予以具体体现。

学科教研组、备课组是校本教研真正的"家"：是教师专业成长、实现自我发展、取得同行认可的有效途径；是教研文化发源、兴起和传承的地方；是学校专业发展的支撑，因此学科教研组的建设，不仅关乎学校的学科教学水平，更关乎学校的教育教学质量和学校声誉。作为课题的研究成果之一，《教师专业发展手册》能更好地让学科教研组、备课组及时对学科教学研究情况、学科教学的进展信息、课题研究的各个环节进行记录和分析，及时研讨全国学科教学的新动向，及时应对新问题和新挑战，及时记录那些稍纵即逝的思想火花，从而优化和传承学科教研文化。

《教师专业发展手册》共分为六个部分：教研组（备课组）组员的成果登记、校本课程、工作计划和总结、教研队伍建设、考试情况实录、学科教学研究实录。《教师专业发展手册》中的数据将作为教研组、备课组评价的原始资料，同时也是学校一年一度优秀教研组、课题组评选的主要依据。当然，在实践的过程中，课题组会不断优化和完善《教师专业发展手册》。

（二）行动外塑

校本教研不仅需要组内骨干教师的支持，更需要校长、教师和学生的共同参与，需要校外专家资源的指导，需要时间与空间的保证，需要科学评价机制的保障。因此，从 2017 年 5 月开始，课题组先后邀请了成都大学、四川省优促会、四川师范大学、成都师范学院、成都七中、树德中学等专家、教授积极参与校本教学研究。

从项目实施的角度来看，我们分成四步走，对校本教研工作予以具体落实：

（1）校本教研需要一定的前瞻性，该阶段首先要组建校本教研的核心团队，然后以学年为周期做好校本教研的总体规划。例如，在公开课方面，上半年安排优秀教师示范课，下半年安排新教师汇报课；选择对某一教育思想进行学习与应用；建构符合本校师生情况的课堂教学模式、教学案模式；制定省市级各类课题的研究规划；建立各级各类评优活动的人员选拔机制等。由校本教研的核心团队参与，通过头脑风暴法或者要素分析法筛选出总体规划的项目，并安排项目负责人。

（2）由负责人组建项目团队，聚焦问题、分析问题、确定主题、分解内容、规划重点。在此基础上拟定活动方案，包括编制程序，明确核心参与人选（主持人、中心负责人），分解任务（要求责任到人），确定时间节点，设计材料（评审的表格），明确通知的对象、预期的结果。此阶段最常见的问题有目标不明确、核心人员选择不合理、相互沟通不到位、对预期结果过于乐观等。

（3）需要制定时间表与路线图，沟通是实施与监控的关键。在沟通中，项目组全体成员对目标达成共识，沟通计划、规划，互相尊重，主动倾听，合作共赢。每次沟通均应由负责人及核心成员做好准备，安排好时间、地点、人员，准时开始，点明沟通会议的目的与议程，相关人员做好发言准备，将会议内容传达到项目的每一个成员，产生明确的决定，并且要求这些决定被立即付诸实践。

（4）撰写项目总结报告，整理实施过程性材料，引入第三方评价机构（可以由校内专家组成，也可以由校外专家组成），对成果进行评估，确定成果及可推广的内容与范围。

（三）具体操作

五年来，本课题组的9个研究小组始终坚持问题导向，紧扣教师个体认知意识的有效转变、良好学习机制和组内合作文化的建立，基于"什么是一堂好课"的理性追求和专业引领加以设计和研究，实现校本教研研究理念。

通过校本教研过程中组内教师之间的合作探究、思维碰撞、取长补短，以及教学资源的共同开发与应用，组内各位教师教学经验的探讨与共享，解决的是实践中教师个体认知意识不到位，管理的过分形式化，评价体系不够科学完善等因素，导致集体备课存在的"坐"而不"合"、"教"而不"研"、"研"而不"改"、"改"而不"实"等问题。

课题组的工作成效如下：

1. 抓实"两备两看"

（1）备教材，建立线上线下研究小组工作坊，在骨干教师、种子教师的带领下，反复研读、吃透教材。

（2）备学生，尊重差异，研究学情，多种预设，因材施教，分类教学，分层教学。

（3）看课堂，通过课堂观察，掌握教师的执行效果和学生在课堂的表现，主要包括对教师课堂教学现状的问卷调查；课堂观察，数据分析；观察结论及反思等。

（4）看反思，从集体备课的深入情况、教师个人的认同度和执行力、课后作业的改进等反思交流。

2. 抓实"356"

（1）做到"三定""五统一"。

（2）五步集体备课法：个人初备—集体研备—个人修案—课堂修案—反思修案，二次备课，成案上传，注重教案的前测和后测。

（3）"六统一"：同年级同学科应统一教学目标、统一课时分配、统一教学重点和难点、统一教学进度、统一作业布置量、统一单元评价测试。

3. 建构"集体备课行动研究"实践理论

参研教师通过集体备课实践研究，与内心深处的信念、价值观和心智模式进行对话，学会了倾听自己内心深处的声音，学会了观察和审视自己是怎样思考和教学决策的，从而建构起了"集体备课新七观"实践理论，包括认知观、路径观、整体观、单元观、流程观、物化观、创新观。这里我们重点阐释一下课题组校本教研实施过程中的大单元设计观，其是完全切合国家课程校本化的重要一环。

我们知道，即使教材编得非常详尽，也不过是某一学科的提纲性架构，加上一些必要的范例。这就启示我们，在新高考、新课标背景下，为了学科核心素养的真正落地、落细、落小，我们需要有效整合学科知识，联结真实情境，促进深度学习。这个时候，校本教研中集体备课的重要性就突显出来了，我们就得静下心来，认真思考以下三个问题：

（1）什么是核心素养下的"以生为本"？

（2）怎么有效重组单元？依据是什么？

（3）重组后的大单元架构是什么模式？

这里的"单元"，不是"教材（学科）单元"，它是"课程单元"，即有目标、有计划、有指导的学习单元，是围绕学科核心素养，对知识、技能、问题、情境、活动、评价等进行重组后形成的一个学习单位。

在课题实践中，根据基础课程的二次开发要求，参研教师不仅是教材的使用者，更是教材的创新设计者，因此要突出学科知识体系的完整性，突出适合学情的针对性。二次开发的要求有以下六点：

一是知识结构化，问题聚焦，让人看到题目就知道这个单元要解决的问题。单元一定要有时间规定，课程与时间是密不可分的，所有课程都是有时间限制的。

二是目标是单元的灵魂，一定要对准学科核心素养。如果一个单元都对标不了核心素养，那么学科育人就是一句空话。

三是教师作为专业人员要设计学生学会的过程，即学生从不知到知、少知到多知，需要经历怎样的学与习的过程，这才是我们的专业所在，也是学理所在。教案专业性不够是因为教案只告诉别人教师自己想做什么，这是前专业时代的行为。

四是没有评价，就没有课程。评价任务是单元设计的关键。以单元为单位，整体设计校本化的巩固性作业、检测性作业，提高和拓展类作业。减轻负担的关键是把作业设计好。

五是教学反思。学习的责任在学生，教师不能替代学生学习，也不能剥夺学生学习。教师应引起、维持与促进学生学习，要把反思支架和反思路径设计出来，以便学生自己去感悟、去思考已学的知识。只有这样，教师才能将所学的知识转化成素养。

六是成果提炼。各个课题小组根据研究理念，对校本课程二次开发、实践、反思之后，固化成校本教研成果，并在今后推广使用过程中，不断修订、完善。

三、校本教研中基础课程的开发成果

（一）语文学科

近几年，提问设计法非常盛行，不管是校内公开课，还是市级省级示范课，都越来越重视教学过程中的"问题设计"。这是一种良好的教学模式，可以从多个方面培养学生的能力。但在这个教学过程中，也暴露出了许多问题，如一堂课上教师和同学提出许多问题，课堂气氛很活跃，但学生并未对课文的主要思想、内容有深刻的把握，也很难从文章中找到重要和有用的信息。针对这一问题，校本教材《学海方舟》（高中语文必修教材怀中精品导学设计系列丛书）提炼了这一领域的研究成果：

1. 用虚拟问题，引导学生对知识的渴求

一个班级想要取得好成绩主要在于学生的积极思考。虚拟提问是鼓励学生提问、表达不同意见、主动解决问题的开始。只有把他们的积极性、主动性激发出来，才能让语文课开展得更有内容、有意义。例如，在上

《祝福》一课时，笔者设计了这样一个问题："我们在'优美的汉字'中探究过字体的演变，现在大家来认一认，这个甲骨文是什么字？"笔者通过讲解汉字"祭"由甲骨文到简化字的演变过程，引导学生理解标题"祝福"，顺其自然的引入"鬼神""祭祀"与"祝福"的关系，帮助学生理解"祝福"的含义；又通过文章中神权对鲁镇百姓的影响，探究文章的反封建主题。

2. 注重提问意识的激发，培养学生的创新思维

提问的灵感也是启发性教学的要求。启发性课堂提问的设计要求教师认真研习课文，从参考资料中选择信息。启发性的课堂提问具有提升学生学习能力的主要作用，激发学生的潜能，促进学生全面、主动地学习，培养学生的创新能力、分析和判断语言的表达能力。笔者在一次教研课中聆听一位同仁讲授鲁迅的《阿Q》时问道："在他所写的人物中，他最喜欢阿Q，为什么喜欢呢？他是如何塑造这一形象的呢？当我们读到悲剧的时候，眼泪总是无法控制的，但是当我们读阿Q的真实故事时，却没有眼泪了，为什么？"这一系列启发性问题自然会培养学生的创造性思维，达到意想不到的课堂效果。

3. 突出重点，优化课堂教学结构

生动的课堂教学不一定是启发式教学。启发式的教学并非是方法，这种形式更多的是一种教学的指导思想，教师在设计具有启发式的教学时应注意：

（1）学习教材，掌握教材，找出文章的主要推动力和要点。

（2）设计问题要有启发性，能激发学生的思维，避免程式化、形式化的问题。

（3）设计问题要有外延，使各种问题都有内在联系，使学生思维得以拓展。

（二）数学学科

研究之数在积累，起于专注一个目标开始的积累；研究之数在过程，在于坚守一件事情开始的行动。在学校课题组的总体引领下，高中数学学科研究小组现已开发《高中数学必修（一）》《高中数学必修（二）》《冲刺本科（一）》三册校本教材范式。

首先，对于新时代的高中数学教育来说，学生是教师课堂的核心，教学的目的在于解决学生在学习过程中遇到的实际问题，集体备课的目的就

在于更好地提高学生的综合素质，在实践中帮助学生成长。教师在集体备课前，要明确教学目标，注重培养学生的情感态度与价值观，集体备课面向的不是优等生，也不是差等生，而是全体同学，需要统筹兼顾。对于高中数学教学而言，培养学生的抽象思维能力与自主实践解决问题的能力是重点，因此教师在集体备课时应注重此方面，同时结合学校学生的实际情况，积极引导学生，培养学生的合作与交流能力，锻炼学生的自主探究能力。

其次，教师需要对授课内容有详细透彻的把握，清晰教学重点、教学难点，从而进行有针对性的准备工作。集体备课时，教师应根据学生的实际情况对教学进度进行合理的安排，对于教学内容应从生活中出发，激发学生的热情，千万不能只进行枯燥的理论讲解。不仅如此，对于课后作业教师也应精心安排，课后作业作为课堂学习的一种巩固、补充，不仅可以帮助学生更好的理解课上知识，而且也可以帮助教师及时掌握学生的学习情况，因此有针对性的课后作业也可以大大提高课堂效率。

再次，例题对于教学的重要性不言而喻，而例题有好有坏，因此一定要进行筛选，以利用较少的练习实现能力的最大化提高。教师要了解学生的基本学习情况，包括学生的知识储备、学习经验等，根据情况筛选符合学生能力的例题，避免难度太大而无法动笔或难度过小而无法提高能力。同时，要了解学生的兴趣所在，将兴趣作为切入点，便可事半功倍。

最后，教师应重视例题的纠错性，通过该问题，让学生暴露自己的缺陷处，是概念不清还是方法不明，以使其在未来教学中更有针对性。需要注意的是，例题的选取最好与生活相联系，以实际问题为起点。学生在应对此题之初可能稍感手足无措，但教师可进行适当点拨，学生便能恍然大悟、触类旁通。通过做此类优质的例题，学生处理实际问题的能力也能得到显著提高。

华东师范大学终身教授钟启泉先生有一段话说得好："教育改革的核心在于课程改革，课程改革的核心在于课堂改革，课堂改革的核心在于教师的专业发展，教师的专业发展在于校本教研，校本教研的核心在于集体备课。"这段话要求我们牢牢把握校本教研模式创新这个大方向，紧紧抓住课程规划与实施这个关键点，找准深化课堂教学改革这个突破点，贯彻提升教师专业发展这个切入点，快速用好集体备课助推校本教研这个支撑点。

（三）英语学科

源于初衷，以研究的方式推进教学，以教育的方式开始研究；成于实践，作为怀远中学优势学科，英语课题组紧扣崇州市级、成都市级、四川省级三级课题，以真问题、真情境、真研讨为导向，以集体备课为主要研究平台，开发出了《名师点拨堂——高中英语核心词汇解读》《24个话题作文》《高中英语语法专项突破》3册校本教材。此处就从集体备课、校本课程开发两个角度出发，与大家具体分享高中英语课题组如何通过开展深入有效的教研活动，创造性地实施新课程，促进教师专业发展，全面提高课堂教育教学质量的实践案例。

学校课题组在《教师发展导向下农村高中集体备课管理与评价实践的研究》《校本课程实践追踪与反思研究》课题研究中，紧扣以学科备课组为单位应该怎样备课为主线开展研究工作。学生层面，主要以弱项梳理、问题导向的方式有效发展学生整体的学习力，提高学生的核心素养；教师层面，主要以集体研究、合作探究的方式帮助参研教师突破工作品质和工作成长的瓶颈，推动他们成为学科骨干教师；学校层面，主要是对学校的基础课程进行统整，避免出现形式表面化、结构碎片化、特色低档化等，加大课题研究力度，开拓学校发展新格局。

其中，校本教材《高中英语话题作文》就覆盖了全国考试考纲重点词汇，分别编排在24个话题之下。参与编写的教师们深入研究了教材和新课程标准，同时借鉴了各种资料的知识精华，力求使该书成为一本更实用、更全面、更长久的"学习宝典"。该教材以导学案的形式呈现，围绕24个话题收集相关的词汇、短语、常用句型，让学生动手去完成，从而避免被动复习的低效和枯燥。

本教材共计六个部分，功能结构如下：

第一部分：与话题相关的词汇，同学们需要动手查找与本话题相关词汇的中英文意思并写出来。

第二部分：与话题相关的短语（和第一部分要求一致）。

第三部分：话题常见句型，要求同学们读背并恰当使用在自己的作文中。

第四部分：按要求补全句子，本部分要求同学们根据语法知识或重点句型提示补全句子。

第五部分：高分作文必备，精选与话题相关的高考题或模拟题，要求同学们找出范文中的亮点句子并加以模仿使用。

第六部分：作文模拟训练，熟能生巧，望同学们在训练中让自己的作文"飞"起来。

另外，教材《高中英语语法专项突破》则主要用于练习高考英语听力、完形填空、阅读理解等内容，这就需要学生能够运用语法基础来分析句子结构、理解长难句，书面表达环节更是需要学会灵活地运用语法知识来遣词造句。本教材具有以下特点：

1. 紧扣高考，合理编排

课题组在研究历年真题的基础上，将高考语法考点系统化和条理化，对原本分散的知识点进行提炼加工、专题归纳，并从历年高考真题中精挑细选了一些典型例句，帮助同学们迅速领会高考语法的要点和难点。此外，在本教材的每章节末还附有小练习，可以帮助同学们强化考点，攻克难点。

2. 语言精练，可读性强

本教材在语言陈述上，仔细推敲、十分精练，避免机械地罗列语法知识要点，既保证语法知识的准确性、科学性，又考虑语言的可读性，力求简洁明了、通俗易懂。

3. 重点突出，针对性强

课题组把复杂的语法知识按考点归类为 12 个专题，归类明确重点、难点和易混点，在需要的地方加上讲解。不会超讲一些考试基本考不到的知识点，也不会漏讲一些出现频率不高的知识点，力求重点、难点突出，详略得当，针对性强。

4. 选句经典，实用性强

本教材采用的例句，除了选自近几年高考真题外，还精选了一些地道的、实用的高频例句，同学们若能潜心研读、反复回味，必能举一反三，将其运用于写作中。

（四）化学学科

校本课程的开发与建设，是基础教育课程改革的一项重要内容。学校在省市区三级课题研究的引领、推动下，高中化学校本课程开发小组进行了一定程度的尝试与探索。从 2016 年 7 月起，高中化学课题组 12 名参研人员历时五年，通过研究—实践—追踪—反思，不断优化组内校本教研、集体备课、课程研发、实践追踪与应用新模式，组织编写了 5 册配套校本教材，即《高中化学必修（一）》《高中化学必修（二）》《高中化学选修（三）》《高中化学选修（四）》《高中化学考前复习》，并在 2015 级、2016 级运用推广，这促进了参研教师在集体备课、校本课程研发认识上与操作上的意识转变，方式方法上的提升，真正实现了校本课程特色化，特色课程使用价值最大化，探索和形成了来自农村高中学科一线的、具体可操作的校本实践举措与经验。这是以习题课教学策略分析和实践为例，具体展示了高中化学学科校本课程开发的原创探索。

四、开发思路研究

（一）开发的三个思路

第一步，为教师提供平台，让教师带着自己的设想，开设校本课程。对其中教师体会深刻、学生反响较好的课程进行跟踪，鼓励教师积累教学素材，形成教材雏形，边实践，边修改，边完善。

第二步，对教材雏形进行运用实践，使其形成特定的风格，经过学校认定，对比较完善的教材进行规范印制，全校推广使用。

第三步，对比较成熟的教材，聘请专家进行审定和论证，如果专家认可，即可正式出版。

（二）教材编写的注意事项

1. 在整体设计上思考

设计时要满足"四个有利"的原则：有利于丰富学生经历；有利于开阔学生视野；有利于发展学生个性；有利于学生自主选择。要做到：具有核心概念，反映学习过程，体现教育价值。

2. 从课程角度进行梳理

梳理时要明确：本教材建设的背景；本教材的三维课程目标；课程内容（包括内容呈现方式、内容框架结构，要做到心中有数）；课程的实施（大约需要多少课时，教学的具体形式和手段等）；评价的设想和做法。

3. 设计一个单元样张，并进行交流和研讨

每一个单元由哪些板块组成，教师要做到心中有数。既不能把很多资料堆砌在一起，也不能将所有的内容都呈现在教材之中，否则就变成科普类的读物了。要在阅读教材的过程中，给教师留下引领的空间，给学生留下思考和探究的空间，要体现"以生为本"的设计思想。

高中化学新教材的内容是以素质教育为导向的，习题是教材的组成部分。通过化学习题的分析与解题，可以将化学知识点进行总结和归纳，知

识重点得到强化，在学生的思维与解题速度得到拓展与提升的同时，也帮助学生形成辩证的思维模式，有利于培养学生的观察、推理、归纳以及解决问题能力，彰显出化学学科特有的科学魅力。

研究表明，教师的教学永远是为学生服务的。为学生服务，你就应该思考学生的感受。我们不难发现，课堂上，各学科教师都愿意站在学生的角度去思考、去研究教材和教法，也愿意走进学生、反思路径、探讨对策，让有效的课堂教学真正发生。由于篇幅原因，包括历史、物理、生物等学科课程开发的经验展示，我们将在另一本书里跟各位读者分享，谢谢大家的理解与支持。

基础课程开发实践追踪与反思研究（以化学学科为例）：

课题研究背景下化学校本教材的开发反思与展望

四川省崇州市怀远中学化学学科课题组组长　竹有为

一、校本教材开发的指导思想

建构主义学习理论认为：人的认知不是被动接受，而是通过自己的经验主动建构的。所以要让学生通过自己的经验来建构知识，从学生的生活经验和已有知识出发激发学生学习化学的积极性。

自编校本教材应该注意充分调动学生学习的兴趣和主动性，让学生通过自己的经验来学习，使学生从自己的经验中学会认识并建构自己的知识。教材的开发要能够引导学生提出问题，从而激发学生思考和探究。因为一切思维都是从问题开始的，所以教学要锻炼学生思维就应当培养学生的问题意识。教材编写也应当能够使学生提出问题，成功地使学生提出问题的教学才能真正调动学生学习的兴趣和积极性。一般而言，问题往往产生于具体的情景、不平常的现象、奇异的事物、引起矛盾的说法、在理论上和实际中解决不了的事情。教材的编写应当注意创设造成问题的情景、说法、事例和布置要完成的、有疑惑的任务，并把知识学习、能力培养与情感体验有机地结合起来。设置一个好的问题情境可以充分地调动学生根据已有的知识经验解决问题，在解决问题的过程中可以享受学习知识、应用知识、培养能力的情感体验，并将其作为一种新经验贮存而形成新知识。

教材的编写还应留有较大的余地。建构主义教学论强调"在万不得已的情况下，一门课程的核心内容允许被固定，否则一个相应的具有知识内容的教学将不可能进行，但应留有较大的允许改变和补充的空间，这样才真正有利于师生从不同角度去探讨客观世界"。因此，我们在编写教材的同时，还要提供一个机会使教师能够将其个人对于教学内容构想的经验知识融入教学中。

二、校本教材开发遵循的原则

从形成学生学习经验的角度出发，我们可得出校本教材编写的下述原则：

一是动机—效果原则。校本教材确定的目标和选择的内容应有利于激发学生主动参与学习的内驱力并获得满足感。

二是能力—适应原则。校本教材确定的目标和选择的内容应与学生现有的成就、能力倾向及其他条件相吻合，并注重教材的适切性、方法的适切性、时间的适切性和情境的适切性。为了遵循校本教材开发的能力—适应原则，在化学练习校本教材的开发过程中，笔者认真分析学生现有的能力水平和学校已具备的各种条件，力争做到自己负责编写章节的内容与学生的现有成就、能力相宜，让学生在自己的最近发展区中获得最好的学习效果。

三是练习—应用原则。校本教材提供的练习，不仅是连续的而且是切实有效的。因为机械的、重复性的练习不仅会减弱学生的学习欲望，而且其效果还会很快消退。为了遵循校本教材开发的练习—应用原则，在校本教材的开发过程中本人采用了"精选精编题量适中难度适合注重应用"的方法，即对所编写的练习题内容要求精选精编，题量不能太少也不能太多，题目难度以四川省高考水平为基准，对一些难题、怪题、偏题弃而不用，并且注重所编写的练习题与社会、生活的联系和应用。

四是引导—持续原则。校本教材应借助模仿认同、教师示范、把握学习的关键等因素，使学生的学习过程成为持续不断提升的过程。这样做的目的不在于获得既定的标准答案，而是在于继续不断地探究问题。从课程实施的层面来说，基础教育阶段的教材是师生进行教学对话的文本，应满足"基础性""系统性"和"具体性"的要求，有别于"专业著作"和"讲义"，是"教本"和"学本"的有机统一。

三、本校化学练习校本教材开发的策略和案例

本校在对学生进行问卷调查的基础上根据自身教学的实际情况要求对

化学学科的课堂、课外练习进行校本教材开发。以高一、高二、高三这三个年级的备课组为单位，由备课组长负责采取"明确分工老帮青"的方法来进行校本教材开发，即每个人负责编写一至两个章节，老教师负责对青年教师编写的校本教材进行修改、审定。

开发校本教材时要注意以下五个方面：

一是编排顺序应从易到难，这符合学生对知识的掌握是螺旋上升的认知规律。即有关不同知识点的练习题目和同一知识点的练习题目编排顺序要求是从易到难的，这才符合学生的认知规律。

二是编写有突出重点、突破难点、关注热点的目标之所在。重点、难点和热点既是教学的关键，也是考试的关键，题目的编写若不能突出重点、突破难点、关注热点，那就失去了目标，也就变得没有意义。

三是编写既考虑题量的适度又考虑知识点的覆盖面，同时还关注知识点的深度。在开发过程中我们采用了"精选精编、题量适中、难度适合、注重应用"的方法，即对编写的内容要求精选精编，所编写的练习题题量不能太少也不能太多，难度以云南省高中会考水平为基准，对一些难题、怪题、偏题和旧题弃而不用，并且注重所编写的练习题与生活、社会的联系，力争处理好知识点的广度和深度之间的关系。

四是编写注重我校学生的实际情况和具体的学情。

五是编写还要关注对学生学习兴趣的培养和逻辑思维的训练。我们发现，与学生生活、自然现象和前沿知识等紧密联系的题目是最能激发学生学习兴趣的，而能将知识点前后联系构成网络的综合性题目对学生逻辑思维的训练是最有效的。

四、反思与展望

在校本课程建设实践中，教师持有什么样的教育理念不仅直接关系着教师的教育行为，而且间接地影响着未来教育的性质与状态。面对正在进行的教育改革，我们教师该怎么做？笔者的理解是，不论是大胆地投入进去成为一名改革者，还是依然故我成为一个被改革的对象，都应顺应发展的潮流，不断更新自己的教育理念，积极投身于教育改革的浪潮中，"教而不研则浅，研而不教则空"。要提高教师素质，提高教育教学质量，积极参与教育科学研究是最重要的途径。笔者发现，进行校本研究开发和使用校本教材是满足学生的需求，培养学生的兴趣、爱好，帮助实现学生个性成长的有效途径；同时也是提升教师专业水平、研究水平的有效途径。

取得一定成绩的同时，笔者也在不断地反思存在的不足。笔者发现，在教材的编写中，个别教师由于工作量大、精力不足，所编写部分的内容有待改进。此外，在编写中教材还应以学生的需求和实际水平为中心增加编写内容，朝有利于学生学习和发展的方向进行修改。有教育专家认为教师教学的过程也是教师不断学习和反思的过程，同时也是语言文化与沟通文化的创造过程，是奠定每一个学生能力成长与人格成长基础的过程。

第三节　信息技术变革课程

与传统课堂不一样，在线教学"互联网+移动端"的教学模式是对教育各要素的全面重构，它可以满足师生随时随地通过网络获得足够的信息、知识、能力的需求，可以提升大家的网络检索、资源整合、在线交流、合作创新等这个时代所必需的核心素养和基础能力。因此，作为学校管理一方，我们需要进一步提升对"互联网+教育"的认知，提升对"101智慧课堂"教育等在内的培训驱动，提升面向未来的生存实力，才能不被时代抛弃。对于教师来说，要获得发展，必须进行不间断地学习，如读书、研究和思考，这种学习应当是一种"自我导向学习"。只有不断学习、自主发展，才能不断进步，不断取得新的成就，获得自身素质的全面发展和提升。

一、信息化环境下自主发展路径

首先，我们充分利用现有的"101智慧课堂"教学资源库，通过专家讲座、专题培训、自助学习等与多元教育信息化应用相关的不同层次的分类校本培训，根据教学需要对下载的教学资源进行整合、改编，鼓励教师根据自身教学实际，自制课件、多媒体资料、教案等，通过上传方式不断丰富、完善学校学科教育资源管理平台，使学校资源库更好地为教育教学服务。

其次，线上教研的不断发展。课题组积极开展线上集体备课、观课评课、课例研究、专题报告、主题讨论等网络校本研修活动。课题组以学科教研组为单位，建立网上交流和共享空间，组织开展教研、教学反思、教学热点研讨、点评教学案例、共享教学资料等活动，拓展教师合作交流空间，充分发挥团队合作优势。

最后，构建良好的团体合作文化。倡导教师的合作文化，实质就是鼓励教师之间开展真正的研讨，实现真实的互帮互助，而不是那种只说好话，冠冕堂皇的"教研活动"。合作文化不可能凭空产生，它需要一定的环境和载体，成立名师发展共同体或名师工作室，引领教师高位发展势在必行。

二、"互联网+"模式下智慧教育实践

（一）新课改教育信息化发展历程及问题

构建教育信息化环境，提升教师信息技术的应用水平，是落实学校教育信息化改进的重要方面。教育实质上就是信息传递，杜威很早就提出了"信息"一词。信息技术对学校教育的影响是产生了一种新的教育形式，即信息化教育。教育信息化环境包含人、资源、信息技术和信息规范四个方面。例如，学校引入"101智慧课堂"，在初始的时候，学校开设"101信息化"实验班进行信息化教学，学生在线接受教师布置的学习任务，通过"101网校平台"进行自主学习。然而，在实际应用过程中，课题组也发现了一些问题，如信息化教育技术还没有被教师和学生自如地应用，师生局限于"技术加强型教学"。出现这些问题主要是因为当时还没有形成专门的推进信息化教学工作的小组来指导和推动信息化教学工作的运行，也没有形成推进方案和评价体系，以及信息化专任教师配备不足等，这便影响了学校教育信息化改进工作的落实。

（二）新课改信息化教研工作推进

随着信息化"101智慧课堂"的开展，在师生有了一定信息化技术的基础上，如何顺利地开展教学工作，成了智慧课堂推进小组和教师面临的主要问题。首先开展的工作是"引进来、走出去"，提高教师的信息化技术水平，对信息化技术与课堂教学相结合的实际应用能力进行提升。在交流学习过程中教师互相分享信息化教学工作的经验，分析信息化课改教学的成败，有效提高了教师的信息化教学能力。接着大力开展校内信息化教研活动，本着"以赛促培""以赛促研"的宗旨，不断进行"101智慧课

堂竞赛课"活动。在活动过程中，教师要经过"入格课"到"示范课"的过程，推进小组要随时进行听课、评课，对其进行指导，以便于教师改进工作，不断提高教师信息化教学能力。在教师进行信息化教学过程中，可将能熟练应用信息化教学手段进行教学的教师作为重点培养对象，让他们承担对其他教师的引领带动工作，从而使全体教师在信息化教学工作中共同进步。

（三）信息化教学改进阶段性成果

随着信息技术教学手段的应用，信息化教学开始进入应用、融合的阶段。此时，"101 智慧课堂"的实际效果逐步显现出来。智慧教育是信息化发展的总体趋势，它主张借助信息技术创建智慧学习的环境，这样做的目的在于促进学生全面可持续的发展，实现"人人皆学、处处能学、时时可学"的美好愿望。智慧教育作为学校信息化教育的方式，实现了教与学、教与教、学与学的互动，使信息化教学在教师和学生之间搭建起一座桥梁，有利于学生利用信息化开展学习活动。

（四）信息化教学改进的工作方向

第一，在日常教学与信息化教学融合上，加强对新教师的培训工作。如凭借"101 智慧云"平台的教与学，促进教师信息化教学素养的进一步提升。第二，逐步建立"名师研修"骨干教师队伍，教师之间互助互学，推动教师的信息化教学能力的提高。第三，积极开展信息化教研活动，开展"101 智慧课堂"评比竞赛活动，使校际展开交流互动，进一步提升教师信息化教学能力。第四，教学科研实践方面，充分发挥"名师研修"的作用，带动教师互助学习，开展信息化教学实践活动，促进课堂的转变，提升课堂质量。第五，课题引领方面，在科研理论上加强对教师的引领，开拓教师视野，逐步形成信息化教学的良好局面。

教育信息化 2.0 时代，我们应以科技促进教育发展，转变学习方式，促进教育顺应社会需要。在"互联网+"背景下的"101 智慧教育"教学模式实践，是学校教育推动信息化改进的重要标志。全面提高教师的信息技术能力，培养能应用信息技术和具有现代化教学理念的教师，促进学校教育信息化的发展，进而提升教学效果，提高学生的学习效率和学校教学质量是信息化教学顺利开展的必要条件。

《从争辩中领悟"启蒙"——专制下的启蒙》
教学设计

四川省崇州市怀远中学　李红艳

（2020 年度成都树德教育集团课堂教学大赛特等奖）

一、学情分析：挖掘学生"最近发展区"

现以教材分析为基础，结合维果茨基的"最近发展区"理论和学生基础，本人分别从知识、思维和心理层面展开学情分析。

1. 知识层面

高二的学生已具备一定的历史基础，特别是经过必修一和必修二政治史和经济史的学习，了解了新航路的开辟以及工业革命的开展，资本主义经济进一步发展，英国通过资产阶级革命已建立君主立宪制政体，美国通过 1787 年宪法确立了民主共和政体，这些都有利于教学活动的开展。

2. 思维层面

高二的学生正处于形象思维向抽象思维转化阶段，深度思维能力有所欠缺。

3. 心理层面

学生对了解启蒙运动中法国的社会现实学习热情较高，但对于理论性较强的思想家的思想主张以及启蒙思想的内在逻辑，仍存在着一定的畏难情绪。

二、教学目标

简述孟德斯鸠、伏尔泰、卢梭以及康德等启蒙思想家的观点，概括启蒙运动对人文主义思想的发展（旧课程标准）。

通过了解文艺复兴、宗教改革、启蒙运动与资产阶级革命的历史渊源，认识资产阶级革命的发生和资本主义制度的确立，是近代西方政治思想理念的初步实现（新版课标）。

（1）知道启蒙运动产生的背景（唯物史观、时空观念）。

（2）了解以伏尔泰为首的启蒙思想家及其政治主张（历史解释、史料实证）。

（3）领悟争辩中所体现的启蒙精神对社会发展的进步意义，在启蒙派与反启蒙派的争辩中引导学生去感知启蒙运动是多面的，是由多方合力共同推动的。希望这一思维冲击、自我反思的过程能慢慢培养学生终生启蒙的意识，即敢于质疑、思想自由、终生学习（家国情怀）。

重点：启蒙运动产生的背景，具体启蒙思想与历史时代的关系。

难点：启蒙时代的社会风貌与时代精神，从而更好地理解理性启蒙。

三、教学方法

教法主要采用史料解读分析法、引导探究法。

学法主要采用自主探究、合作探究。

四、教学过程

导入：（播放《夜空中最亮的星》，展示《全球通史》关于启蒙运动的描述）中世纪的欧洲是一个黑暗的世界，那时的人们迷失在黑夜里，而有这么一群人充当着夜空中最亮的星，指引着欧洲冲破专制的束缚，从黑暗进入光明，他们是谁？他们又推动了一场什么运动？——启蒙运动。

启蒙运动本身是一场问题导向的思想变革运动，启蒙思想家都是带着时代的问题意识而著书立说，传播新思想。与此同时，一股保守的旧势力也在对新思想的传播百般阻挠，今天我们就从两方的争辩中领悟启蒙，共同学习这场运动。

【设计意图】歌词贴近本课主题且旋律熟悉。所选材料点明了启蒙运动之于欧洲的重要意义，易于激发学生学习本课的热情，从而快速进入学习状态。

五、时代的召唤

（过渡）启蒙思想家和反启蒙派之间的辩论与对话不可避免地要分享共同的关切、共同的议题，那么当时的欧洲有哪些有利的因素在推动着启蒙运动的兴起？

（展示15~18世纪时间坐标轴）思考：15~18世纪欧洲在政治、经济、思想文化方面发生了哪些重大历史事件，从中归纳推动启蒙运动兴起的因素有哪些？

（学生自由回答）教师总结：资本主义经济进一步发展，资产阶级力量发展壮大；文艺复兴、宗教改革解放思想；近代自然科学的进步为启蒙运动提供思想武器——理性；英法等中央集权国家形成。

这一时期的欧洲社会仍旧被某些因素束缚压制着。这时请学生结合以下材料思考，归纳是哪些因素（展示文字及图片史料）压制着欧洲社会。

材料一　十七八世纪的欧洲，神学还占据着相当的地位。教会制造所谓的"君权神授"说，把封建制度奉为神意的体现。

——《欧洲文明十五讲》

材料二　法国国王路易十四曾说："只有当全部权力完全集中在唯一的国君手里时，臣民的幸福和安谧才有保障……臣民没有权利，只有义务。"

——吴于廑、齐世荣《世界史·近代史编·上卷》

（学生自由回答）

教师总结：专制统治、等级特权、教会腐朽。启蒙思想家呼唤用理性的阳光，驱散现实的黑暗。

【设计意图】以坐标轴形式回顾此前所学内容，一目了然。小结启蒙运动的时代背景，培养学生的提炼概括能力，落实时空观念、史料实证核心素养。

六、精彩的博弈

（过渡）启蒙运动的展开从来都不是一帆风顺的，我们以18世纪启蒙运动高潮地法国为例。当时的反启蒙派为了反驳启蒙思想家的言论主张，双方发生了激烈的辩论和博弈。

（全班分成两组）一组是以伏尔泰为首的启蒙思想家，另一组是以法国国王路易十六为代表的反启蒙派，根据各自的材料，完成相应的问题。讨论时间3分钟。随后以小组发言形式进行陈述，辩论展示。

启蒙派：启蒙派的思想主张及批判对象。

材料一　这代表了多数启蒙思想家对宗教和基督教的态度——教会是阻碍人类发展和幸福的最大障碍（教会阻碍人们追求理性的生活）。

大多数启蒙思想家所希望的并不是放弃宗教，而是希望把它改造得更具人情味一点，以鼓励人的美德。用康德的话说，就是寻求"在理性范围的宗教"。

——据（美）卡根、奥兹蒙特、特纳著《西方的遗产》整理

材料二　难道农民的儿子生来颈上带着圈，而贵族的儿子生来在腿上带着踢马刺吗……一切享有各种天然能力的人，显然是平等的，……除了

法律以外，不依赖任何别的东西，这就是自由人。

——《伏尔泰语录》

材料三　社会公约可以简化为如下的词句：我们每个人都以其自身及其全部的力量共同置于公意（国家全体成员的经常的自由意志）的最高指导之下。……行政权力的受任者绝不是人民的主人，而只是人民的官吏；只要人民愿意就可以委任他们，也可以撤换他们。

——卢梭《社会契约论》

材料四　"要保障公共自由，就应该……防止滥用权力，就必须用权力来约束权力，……""政治自由是通过三权的某种分野而建立的"……自由是做法律所许可的一切事情的权利，如果一个公民能够做被法律所禁止的事情，他就不再有自由了。因为其他的人也同样会有这个权利。

——孟德斯鸠《论法的精神》

反启蒙派：归纳反启蒙派都由哪些身份的人组成？他们分别反对的是启蒙思想的哪些观点？各自反对启蒙的原因是什么？

材料一　1758 年，启蒙思想家爱尔维修《论精神》刚一出版，便因其激进的无神论立场遭到猛烈的抨击。枢密院在当年就颁布禁止令，巴黎大主教克里斯托弗德波蒙立即在主教敕令中对这一著作进行了猛烈地抨击，称其为"离开深渊的毒蛇"，必然带来社会的堕落。……摧毁了基督教的基础，从而导致整个信仰体系的崩溃，动摇社会道德的根基。

材料二　对于旧制度后期王室、政府部分成员以及许多特权者而言，启蒙哲学对于权威的怀疑、对于专制制度和特权的批判、对于自然权利和契约理论的强调，必然让他们深感不安。……最终，如同莫罗所言，社会中存在着一种危险的传染病，它就叫"哲学精神"。它使得君主权威被摧毁，社会陷入无政府的状态。因此，反启蒙话语的另一个重要论调就是谴责启蒙哲学造成整个社会中秩序和权威的丧失。

——以上材料均节选自张智《旧制度末期的反启蒙运动》

（预设学生回答）启蒙派提倡自然神论，并不是否定宗教信仰，而是谴责宗教中的非理性因素，希望信仰的上帝更像是一个理性神，从而使人们的思想从传统的宗教束缚中解脱出来。此外提倡天赋人权，认为人的自由、平等是天赋的，而不是某个人或某种制度赋予的，批判封建神权。

（预设学生回答）材料一反启蒙派有天主教会的参与，反对无神论，认为启蒙思想摧毁基督教信仰，导致整个信仰体系的崩溃，动摇社会道德根基，根本目的在于维护教会的权威。

（预设学生回答）启蒙运动思想家们提出了社会契约论，认为合法的国家只能是基于人民自由意志的社会契约的产物，国家体现的是全体公民的共同意志，因而人民当然拥有国家的主权，人民是国家的主人，即人民主权学说。

（预设学生回答）材料二反启蒙派还有封建王室贵族特权等级。他们拥护专制统治，反对自然权利和社会契约，以及批判无政府状态，谴责启蒙运动导致君主权威被摧毁，社会的失序，维护封建王权。

（预设学生回答）社会契约状态下，为了更好地保护个人权利，我们需要国家权力，同时又要防止国家权力窃取人民的权利，要对其进行制约。于是启蒙思想家又进一步提出以法治保障人民自由平等，以及权力的分权与制衡。批判特权等级所享有的特权。

（教师总结点评）旧制度下的法国，是一个典型的实行绝对君主专制的等级社会，一个典型的天主教国家。教会和世俗的权威与特权是整个旧制度的基石，虽然启蒙思想家的学说有所差异甚至互相对立，但总的目标是一致的：争取政治自由和批评的权利，改变旧制度，建立新制度。他们反对教会权威，君主专制和特权等级的特权，抨击一切不合理的东西。这种对立决定了启蒙学说必然会遭到来自教会和世俗特权者的强烈批评。

（师生一起总结归纳启蒙思想家描绘的"理性王国"，以绘制图表方式，具体见图 5.2)

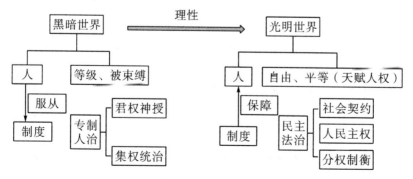

图 5.2　启蒙思想家描绘的"理性王国"

启蒙派与反启蒙派的博弈，推动启蒙思想发展，到了18世纪下半叶形势发生了一个重大的突破，接下来通过一个图书警察的故事，以小见大来看这一时期的法国。（展示材料）

警察戴梅里年轻时几度查封《百科全书》，因为狄德罗他们把圣餐解释成铺张奢侈的仪式，圣灵被说成是一种奇怪的鸟。戴梅里排斥伏尔泰的自然权利说。

但他晚年在日记里写到伏尔泰是个成功的作者，他的作品成功、畅销，还很有趣。悲剧《中国孤儿》"获得很大成功"。戴梅里对伏尔泰的态度毕恭毕敬，称他"是一个有着无限才智的人"。

——石芳《警察日志中的伏尔泰与启蒙运动》

通过对材料的解读，可以看到18世纪法国启蒙时代的社会风貌是平等的、流动的、理性的。

【设计意图】通过反启蒙的视角来学习启蒙思想，从而更深刻地理解启蒙思想及其作用，采取小组分工合作，互相辩论的方式，充分发挥学生的主体性。运用直观的图示法和逻辑推理，展现新旧社会样貌，直接突破难点。此外整个推理过程本身又体现启蒙运动的实质——理性。最后通过一个人物故事，以小见大看到这一时期在启蒙运动影响下，法国社会风貌是理性的、平等的、自由的。

七、实践的探索

不可否认，启蒙运动是一场声势浩大的思想解放运动，它以理性为中心从根本上改变了人们对世界的思考方式，同样它也为世界建立了一整套新的标准。在这一意义上，启蒙运动也是建立起了新的社会组织理论，确立起了社会运转的机制和逻辑。

——李宏图《18世纪法国的启蒙运动》

思考：结合所学知识，举例说明启蒙精神在近代历史中的实现。

（学生自由回答）

本课总结：理性之光终究驱散了黑暗迎来了光明，对后来的欧洲和世界的历史发展也产生了重大影响。解放思想，召唤革命，影响制度，促进科学，泽被东西。

（1）一次伟大的思想解放运动，进一步解放了人们的思想，冲击欧洲的专制统治。

（2）为资产阶级革命作了思想和理论的准备，尤其是为法国大革命做了充分动员。

（3）极大地鼓舞了殖民地和半殖民地人民争取民族独立的斗争：为美国独立战争和美国政治体制提供了思想武器和理论基础；为亚洲各国先进人士改造社会提供了思想武器。

（4）其传播的民主、自由、平等的观念成为人们追求解放的精神武器。

拓展与延伸：

关于启蒙思想的争辩从未停止，不同的是这一次是在启蒙派内部。这是一场理智与情感的争辩（展示康德与卢梭的相关言论）。

"启蒙运动就是人类脱离自己所加之于自己的不成熟状态，不成熟状态就是不经别人的引导，就对运用自己的理智无能为力。……要有勇气运用你自己的理智！"

——康德《答复一个问题："什么叫做启蒙"？》

卢梭认为，人类那些最宝贵的品质，如友爱、无私、诚信和真正的善解人意，都是自然赋予的。……在理性的最深处，卢梭还感知到了情感。他因为这些而快乐：温暖的同情心，闪现的灵感，澄澈的良心。

（进一步呈现在高速发展的今天学者对于理智和情感的思考相关材料）

科学技术进步了，文学艺术却平庸了；物质生活更丰富了，精神生活却更贫乏了；人愈来愈长寿了，人的生命的价值却愈来愈苍白了；人的头脑愈来愈灵了，人的情感却愈来愈冷了；人的工具理性愈来愈精密高级了，人的道德品质却愈来愈丧失沉沦了。

——黎鸣《21世纪，人类进入道德真空的时代》

思考："理性"真的可以解决一切问题吗？

（教师可以适当总结）近二百年来，人类的理智的确取得了史无前例的进步，人类在近二百年中所获得的理性知识，可以超过人类在过去1万年历史中所获得的全部理性知识的总和。今天的人类有了过去从未有过的航空航天技术、电子遥控遥测技术、电脑技术、网络技术等等，甚至还开始探索到人类自身基因的奥秘，一句话，人类的确变得愈来愈聪明了，也愈来愈强大了。但人类想要持续地生存和发展下去，不仅要具有利己主义的思索能力——理智，还必须具有利他主义的不假思索的行为习惯——道德。严格地说，这两种东西的潜质都是由大自然赋予人类的，人类只要毫不狂妄地偏废二者中的任何一个，人类就会有持续地生存和发展下去的希望。

对上述问题的思考体现了我们一直在对所生活的世界进行独立思考，不崇拜一切权威，引出启蒙一直在路上……

【设计意图】首尾呼应，以启蒙派与反启蒙派之间的辩论开始，而以启蒙派内部理性与情感之间的争辩结束，并引申到现代社会对于这个问题的思考，开放式结尾，意味深长，在人类进步的同时不要忘记硬币的另一面，同时也引出下一课理性之光与浪漫之声，学生对这一问题的思考也体现了本课所要追求的教学目标——培养学生终生启蒙的意识，即敢于质疑、思想自由、终生学习，这些素质在当今快速变化的科技时代尤为重要，启蒙一直在路上。

信息技术与现代课堂的深度融合范例-02

《数码图片的特效制作》案例设计

四川省崇州市怀远中学　信息技术教研组　王蜀崇

（2020 年度崇州市级赛课一等奖）

一、教学目标

1. 知识目标

（1）掌握 PS 蒙版的灵活运用。

（2）掌握 PS 的基础操作技巧。

（3）掌握摄影中三脚架的使用原理。

（4）掌握人像的拍摄技巧。

2. 情感目标

（1）培养学生的审美能力。

（2）扩大学生的知识面，提高学生的信息素养。

（3）培养善于观察、认真、细致的学习态度，提高学生运用所学知识解决实际问题的能力。

二、教学重点

运用 PS 的蒙版功能制作多人合一照片。

三、教学难点

（1）PS蒙版的使用。

（2）用三脚架拍摄人像。

四、教材及学生分析

本课注重培养学生对信息技术的兴趣和爱好，信息技术涵盖的学科较多，而大多数学生对信息技术知识了解得不多，仅限于用户级别的日常生活应用，这就需要在课堂上抽出一些时间来拓宽学生的眼界，现在的学生动手能力比较差，这堂课也是提高学生动手能力的一个有力尝试。

五、教学内容及教法设计

在课堂上利用三脚架拍摄人物图片，运用PS的蒙版功能制作多人合一照片，运用了讲授法、分组教学法、练习法、现场教学法等教学方法。

六、教学过程

课题引入：

同学们，这些年旅游已经成为老百姓生活的常态，你们在景点拍照的时候有没有感觉到拍照难呢？拍出的照片经常是和别的游客的集体照，就像图5.3这样：

图5.3　图例1

那么我们拍照的时候，有没有办法拍一张没有别人干扰的图片呢？我们来看下面这个例子。

笔者曾在2017年的时候去广州旅游，临水的沙面老街给了我非常美的印象，当时看到一座雕塑非常漂亮，可惜拍照的人络绎不绝，我只好拍摄了几张图片，回去后期合成了一张没有游客的图片。

请同学们在百度搜索一下广州沙面的简介，我们准备去沙面走一趟。
这是一张我在沙面老街拍的照片（见图5.4）。

图5.4　图例2

这是最终的效果图，很美吧？但这张照片的原图是图5.5和图5.6这
样的：

图5.5　图例3

图 5.6　图例 4

下面我们就一起来学习用 PS 把这两张图片合成为一张没有游客的照片吧！

电脑操作演示：（用时约 3 分钟）

●利用分层对齐照片（上面一层照片需要调整不透明度为 15% 左右）。

●PS 蒙版的操作见图 5.7。

图 5.7　蒙版的操作

拍照活动：

●现场请一位同学作为模特，用教师的手机拍几张不同姿势的照片，所有照片的拍摄机位都用三脚架固定在一个位置。

●拍照完成后上传照片到教师机，用 PS 进行蒙版遮罩演示。

●下发照片给学生机，让学生在电脑上分组进行 PS 安装和照片合成练习。

●学生上传作品，教师进行作品评价，对操作中易出错环节进行强调。

课堂总结

在生活中，有许多的信息技术正在悄然改变着我们的生活，在互联网非常发达的今天，我们应该多去接触新兴的信息技术知识，灵活地运用这些知识来改变我们的生活，这是件非常有意义的事情。

第四节　阳光体育运动课程

项目一：大课间体育活动课程

1999 年，中共中央、国务院发布《关于深化教育改革全面推进素质教育的决定》，其中明确指出"学校教育要树立健康第一的指导思想"。2007年，中共中央、国务院发布《中共中央　国务院关于加强青少年体育增强青少年体质的意见》，其中提及，切实推进亿万学生阳光体育运动广泛开展，促进学生加强体育锻炼，提高学生身体素质。基于这一指导思想，课题小组以"构筑阳光体育大课间——基于课程化下团体跑操的有效实践与研究"为主题开展"团体跑操"活动，这是推进素质教育、有效拓展怀远中学大课间阳光体育活动内容，进行体育课程化改革的有效举措。

一、课题的提出

大课间体育活动课程在成都市已被许多学校列入了教学计划和作息时间表，但真正把它作为一门课程对待的学校很少。我们发现大课间体育活动的实施可以明显增强学生体质，提高学生的参与兴趣，使学生掌握更多的体育技能，有利于学生的心理健康。另外，大课间体育活动课程无论是对社会发展（社会的需要和终身体育教育的需要）、教育改革，还是对个体成长都具有重要意义。

大课间体育活动课程具有如此重大的意义，一线的体育教师面临着体育课程化改革的难题，即到底该如何去实施。基于上述认识，本课题组在了解成都的各中学大课间的过程中，收集、整理、借鉴其经验与操作方法，同时从学校实际出发，立足于学校现有的教育教学资源，以"构筑阳光体育——基于课程化下团体跑操的有效实践与研究"为课题，研究如何从成都市学生实际出发，结合现有的教育教学资源，通过实践与探索，对团体跑操进行项目设计与教学融合，从而达到课程目标，形成具有可操作性、实践性、规模性的阳光体育大课间"团体跑操"活动体系。

二、核心概念界定

（1）阳光体育大课间：为进一步贯彻落实《中共中央 国务院关于加强青少年体育增强青少年体质的意见》，不断提高青少年的体质健康水平，促进学生全面发展，进一步掀起阳光体育运动的新高潮，中小学推进阳光体育大课间活动，以整体提高中小学体育工作的质量。本文着重研究课程化下的大课间团体跑操活动的有效实践与研究。

（2）课程化：课程化是学校课程体系的组成部分，指的是依据课程理论和课程规范，研制课程方案、实现课程目标、达成课程规划的持续优化的过程与状态。学校课程主要包括学科课程和综合实践活动两大类。学校除了需要把课程计划中的活动课程化外，还可以选择一些活动（如仪式）实施课程化，将其纳入课程体系，使其最大限度地发挥育人功能和彰显育人价值。

（3）大课间团体跑操：它是跑步的一种艺术形式。相对于普通的跑步而言，跑操在队形、速度、节奏、队伍整齐程度上有不同的要求。可以说，跑操是跑步的一种艺术化处理。作为一种集体活动，它具有展示性的作用，是对学生进行体能训练、组织纪律教育、团队协作教育的一种很好的形式。从跑操的目的来看，跑操是一种集体操练的形式，有利于强化学生体能，培养学生组织纪律性、集体荣誉感、毅力等。

三、大课间体育活动的研究现状与特点

国家有关政策的相继出台，引起全国各地的中小学及教育专家、教师的关注和深入研究，为大课间体育活动的开展注入了生命力。近10年来，有关大课间团体跑操的论文多达 2 000 余篇，有关"阳光休育大课间"的课题也多达 30 多个，但对大课间团体跑操活动开展现状及对策方面的研究多注重分析学校的场地、活动的时间和内容、活动的器材，而忽略了教材的创新、教学内容的创新、师生的认知。甚至许多研究认为学校领导的不重视和体育工作人员的态度不佳，才是大课间体育活动内容简单、方式单一、组织和管理不系统的原因。大课间团体跑操活动应该做到主题鲜明、内容丰富、形式多变，从而更好地推进素质教育，有效拓展大课间阳光体育活动的内容。

四、课题研究的理念与改革措施

（一）课题研究的理念

（1）引导校长确立正确的办学理念，争取行政支持是可持续的第一关键。

（2）保持大课间体育活动不断创新开展。

①大课间体育活动开展时间的创新。

②大课间体育活动模式与组织的创新。

③大课间体育活动项目的创新。

（二）课题研究的改革措施

1. 课程理念的设计

（1）根据实效性、安全性、创新性原则进行课程理念、目标达成、课程内容与评价体系的设计。

（2）化被动为主动，注重跑操内容和形式的创新，以发展学生耐力素质为核心，注重发挥耐久跑的延伸价值。

（3）拓宽大课间跑操的内容和形式，如"三角形""八字形""五角星形"花式团体跑操等，促进课程的实施和目标的实现，实现课程整合。

2. 课程目标的达成

（1）在课程实验活动中，做到活动时间充足、内容丰富、组织形式灵活，既有统一的组织形式，又有张扬学生个性特点和意志的特色活动。

（2）引导学生发现身边的趣味体育活动，展开讨论提炼；阶段性调整大课间活动的形式与内容，不断提高可持续性活动的实际意义，让学生在活动中既放飞心情又达到锻炼身体的效果。

（3）采用分层调查法，对学生、班主任、体育教师、学校领导参加大课间活动的情况进行问卷调查，及时发现问题，及时调整研究方案。

（4）尽可能缩短排队出操准备的时间，创新跑操的线路，增强跑操的美感。

（5）合理设计路线以使学生达到足够的运动量，也可让学生参与跑操线路的设计，提高学生在跑操中的团队合作能力。

（6）开展丰富多彩的比赛，增强学生对大课间跑操的兴趣以及集体荣誉感。

3. 课程内容的实施

（1）发展性实施

跑操课程主要是学生在大课间进行反复的多种形式的跑操练习。在学生反复练习的同时，教师要为学生提供展示自我和班级风采的平台，以实现练习—展示—练习的良性发展。

（2）课程整合化实施

在跑操课程实施过程中，教师可以将跑操课程与其他体育课程进行整合，以丰富跑操课程的内容。

（3）大课间与体育课的融合

教师的课前准备活动应强调队伍的整齐性训练。

五、研究内容

（一）研究主张

开展阳光体育大课间活动，让学生快乐地走到阳光下，尽情玩耍，享受生活、寻找乐趣，在运动中找到自信、得到满足，是本校开展大课间活动的初衷。同时，大课间跑操是增强学生素质，培养学生团队合作能力的重要手段。本校积极落实阳光体育锻炼，以"终身体育"为依托，结合学校实际，有针对性地进行体育教育和课程改革，包括课程理念的设计、课程目标的制定及策略达成、课程内容的设置与实施、课程的评价，在传统环形跑的基础上大胆创新大课间跑操的方式，使大课间活动长期、有效、安全开展。

（二）内容分解

（1）对大课间跑操相关影响因素的研究：场地、活动内容、活动形式、评价方法等。

（2）优化对大课间跑操的基本原则（如实效、创造、安全等）及其操作策略的研究。

（3）大课间跑操活化课程的研究：课程理念的设计、课程目标的达成及策略的制定、课程内容的设置与实施、课程的评价及策略。

（4）大课间跑操激发学生对体育课的兴趣及对学生体育行为的影响。

（三）研究重难点

研究重难点主要在于如何从本校学生实际出发，结合现有的教育教学资源对团体跑操进行项目设计与教学融合，从而达到课程目标及策略实施，形成具有可操作性、实践性、规模性的阳光体育大课间"团体跑操"活动体系。

（四）研究方法

（1）文献资料法：查阅有关资料，为本课题的研究提供理论依据。

（2）调查访谈法：对学校师生进行问卷调查及访谈，获取第一手资料。

（3）数理统计法：对收集的结果进行有关数理统计与分析，为本课题的研究提供准确的结论。

（4）实验比较法：根据课程设计实施前后效果对比，得出相关结论。

（5）个案研究法：选择一个实验班中的某几位学生作为研究因子，进行跟踪研究，形成研究数据及结论，了解学生在活动中的心理需求。

（6）经验总结法：包括阶段总结、案例总结、论文总结、经验交流。

（7）实验对照法：分学段、分年级和分班级进行对照研究。

（五）大课间跑操的研究与实施策略技术线路

大课间跑操的研究与实施策略技术线路见图5.8。

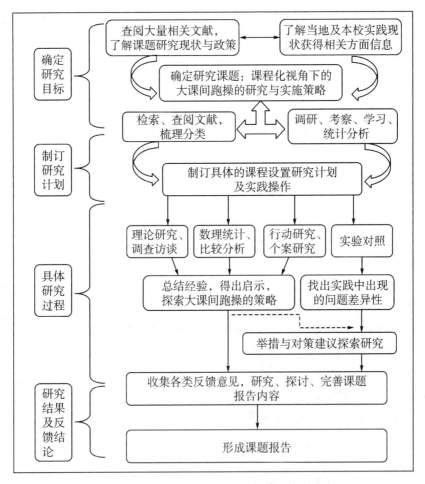

图5.8 大课间跑操的研究与实施策略技术线路

（六）实施范围及样本选择

主要样本来自怀远中学、崇州职教中心。根据场地、师资、学生年龄及身心特点，课题组分学段、分年级、分班级进行实验，通过课程化改革，优化课间的时间、空间、形式、内容和结构，从而使阳光体育大课间活动最有实效、安全、长期且有特色的开展。

六、工作推进

（一）准备阶段（2020年9月—11月）

"构筑阳光体育——基于课程化视觉下团体跑操的有效实践与研究"的课题研究组织机构成立，学习研究相关材料，并负责申报立项工作。

（1）前期酝酿阶段：针对学校阳光体育大课间团体跑操活动中存在的问题，召开课题组教师会议，讨论并决定开展本次教研活动的专题，明确成员工作分工。

（2）前期准备阶段：一是理论学习。二是相关资料、案例、经验的搜集、整理，全组9位教师要从各个方面收集有关阳光体育大课间团体跑操活动的信息。三是行动研究，结合自己的教学实践在行动研究中总结经验教训，并做好在教研活动时交流的准备。

（二）实施阶段：（2020年12月—2021年12月）

（1）组织开题与项目落实，开展实践调查访问，对学校领导、教师、学生进行访谈，采用实验对照、行动研究、个案分析等方法进行课程创编与实践，召开本级成员的交流及研讨。

（2）对学校大课间团体跑操活动的时间、内容、组织形式、特色活动等进行实验、整理、归纳、整合，阶段性调整大课间活动专题，并阶段性总结学校大课间活动的成果，在此基础上逐步丰富大课间活动的形式与内容。

（3）开展学校大课间团体跑操活动实践的阶段性成果展示，逐步丰富、优化大课间活动的形式与内容。

【讨论一】：讨论制订第一阶段的实施计划。

【讨论二】：讨论制订出详细的研究、实施方案。

【讨论三】：如何将大课间团体跑操活动分季节、分学段、分年级、分团体进行开展？

【讨论四】：如何不断完善大课间团体跑操活动？

实施要求：

（1）加强对体育课程性质、价值、理念、目标的理解，学习大课间体育活动相关理论，在活动过程中不断探讨、分析、研究团体跑操活动的内容和模式。

（2）做好教学"六认真"工作。

（3）积极参加教学研究课、说课、论文交流活动。

（4）做好课题前测、后测的问卷调查工作、分析工作。

（5）组织体育教师参观、交流、学习，开阔视野，提高业务水平。

（6）制订研究方案，做好每个实验阶段的计划、总结工作。

（7）充分发挥集体智慧，采取集体备课，做好大课间团体跑操活动教案的设计、案例分析及教学反思。

（8）通过调查、问卷、征集等方式，收集、整理、借鉴其经验与实践操作，做好大课间团体跑操活动模式的研究工作。

（9）加强对大课间团体跑操活动的反思与探索，不断完善团体跑操活动，使大课间活动模式更加科学化、合理化，适合学校的发展。

（三）应用推广阶段（2022年6月—2022年8月）

（1）全面检查，整理资料，分析研究，总结大课间活动的形式与内容，撰写结题报告。

（2）对本课题研究过程和资料进行系统的分析、整理。

（3）总结研究情况，撰写课题总结报告。

（4）对研究成果进行鉴定分析。

（5）将课间活动形式与内容整理成文集，在一定范围内推广、传阅，形成大课间体育活动特色。

（四）成果汇集、鉴定阶段（2022年9月—2022年12月）

（1）实验总结，推广经验，积累研究资料，进行理论分析，撰写成果报告，召开结题报告会。

（2）举行校本培训，将研究成果在本校乃至成都市推广，并继续总结完善研究成果。

七、研究成果

（一）预期形成的研究成果的名称和形式

（1）课题研究报告。

（2）崇州市中小学"构筑阳光体育大课间团体跑操课程设计与案例展示"校本教学资源范本。

（3）学生活动资料展示。

（4）各种图片资料、音像资料。

（5）教师研究论文成果集。

（6）优秀教案集与课例集。

（二）预期的研究效益

大课间体育活动有利于学生终身体育态度的形成与体育能力的培养，通过让学生自主自愿参加适合自己的体育活动实践，使学生充分体验运动的乐趣和意义，培养学生对体育运动的爱好和兴趣，同时培养学生的集体意识和团队精神，提高其社会适应能力，端正学生的体育态度和人生态度。

（三）建立健全规范管理制度

开展大课间体育活动，必须建章立制，以制度规范活动。

（1）建立组织领导制度，成立大课间体育活动领导小组，研究部署大课间体育活动，统一规划、统一指挥，确保活动有效开展。

（2）建立有序的活动制度、考勤制度，制定活动安排表，建立活动器材管理制度，完善值周制度。

（3）建立安全管理制度。

（4）建立器材管理模式，实行分类分人管理。

（5）建立活动考核制度。

（四）建立了大课间活动评价体系

课题组通过在课程设置与活动实践中，科学合理、因地制宜地设置大课间体育活动的内容和形式，个断总结完善活动模式，初步构建大课间体育活动实施过程的评价体系及学生参与大课间体育活动实效性的评价体系。

1. 提升学生的耐力素质，增强学生自信心

在跑操中，整个班级在统一音乐指挥中跑动。作为班级的一员，每个学生必须履行好自己的职责，一切行动听指挥，统一速度，统一步幅，统一跑姿，统一口号。对于那些学习紧张、心情烦躁的学生而言，一次又一

次大声喊口号，一圈又一圈跑动，可以使压力和焦虑得到释放。每天跑操可以提高肺活量，降低胆固醇，增强免疫力，还能塑造健美的身材，让人精神焕发、神采飞扬。

2. 学生纪律意识、集体荣誉感、团队合作意识增强，学生对跑操的兴趣和主动性显著增强

大课间跑操活动要求学生定时、定点集合，无形中让学生养成了守时习惯。学生必须严格按照跑操要求和路线完成任务。在课程化实施过程中，课题组对大课间跑操进行课程改革及设计，密切关注学生兴趣变化，增强学生的兴趣和主动性。

（五）探索大课间体育活动的形式与内容，创建大课间团体跑操活动模式

1. 分区域、分团体

在大课间体育活动中，学校根据自身条件，将运动场地划分为多个运动区域，以班级为单位将学生分散在规定的运动区域进行活动。分散活动，既便于组织管理，又确保了运动的安全、有序、高效。多样化的跑操形式，丰富了学生活动内容，同时也调动了学生参与的积极性。

2. 定点型、固定化

在大课间体育活动中，学校根据教室就近原则确定运动场地，这既解决了场地的供需矛盾，又节约了时间。

3. 循序渐进至常态化

课题组遵循循序渐进的原则，坚持活动项目设置的常态化、科学化，通过科学规划和设置活动项目，力求让每个学生通过大课间体育活动，实现健康成长。

4. 以赛促练、以奖促练

为提高学生参加大课间体育活动的积极性，学校每月举行一次阳光体育比赛，实行竞赛奖励。在比赛中，以年级为组别，以班级为参赛队，采取人人参与的形式，使学生充分享受运动，享受健康，享受快乐。学校对优胜者实行奖励，进一步鼓励学生在平时积极参加体育锻炼。

5. 全员参与、师生合作

大课间体育活动以学生为主，体育老师带领，班主任老师加入，科任老师参与，师生合作，不仅能给学生带来一种情趣、增添一份喜悦，给活动添加一份动力，也可使教师在活动中得到锻炼，提高身体素质。

大课间体育活动，让学生快乐地走到阳光下，尽情玩耍，享受生活、寻找乐趣，在运动中找到自信、得到满足，是学校开展该活动的初衷。同时，大课间跑操是培养学生耐力、团队合作能力的重要手段。学校积极落实"阳光体育锻炼"，在大课间进行团体长跑活动。课题组以"终身体育"为依托，结合学校实际，有针对性地进行体育教育和课程改革，在传统环形跑的基础上大胆创新大课间跑操的方式，开启了大课间跑操的课程化研究和实践之路，使大课间活动长期、有效、安全开展。

项目二：选项走班实践

体育与健康"选项走班"模块教学实践与探究

多种渠道推进"小学体育兴趣化、初中体育多样化、高中体育专项化"的学校体育课程改革工作，并适时扩大试点范围，创设更多有利于学生身心全面发展、健康成长的体育教育教学平台。能突出学校自身的特色和地区特色，并能与省级阳光示范校创建要求很好的结合。

一、项目开设

1. 模块项目

（若引进特色项目，则在此基础上增加一个项目。）

初一开设：篮球、足球、排球。

初二开设：篮球、足球、排球。

初三开设：班级授课，按照崇州市关于初中学段七、八、九年级体育与健康学科运动技能、体能、健康教育知识考试内容，让学生掌握 1~2 个项目。

高一开设：篮球、足球、排球、体育舞蹈、啦啦操、健美操、乒乓球、羽毛球。

高二开设：篮球、足球、排球、体育舞蹈、武术、健美操、乒乓球、羽毛球。

高三开设：定内容（2+1）：2 个运动项目（球类+体操/武术组合）+健康知识教育（均要测试）

2. 模块班组成和安排

学生根据自己的需求结合班级分配的学习名额（定额）进行选择。高一、高二年级各划分为两段：一段（1 班~9 班）、二段（10 班~18 班）。每 9 个班级根据学生学习需要形成 12 个（模块）教学班，12 位教师同时进行教学活动。

初一共 3 个班 172 人，初二共 4 个班 237 人，一共分为 12 个模块班（篮球、足球、排球各 4 个），12 位教师同时进行教学（每位教师管理近 35 人）。

田径类项目安排在高一第一学期，体操类项目安排在高一第二学期，采用 18 学时连排方式进行国家规定的必修内容教学，由模块教师负责考核。体操类项目安排在高二第一学期，武术类项目安排在高二第二学期，采用 18 学时连排方式进行国家规定的必修内容教学，由模块教师负责全程教学和考核。选择前学校做好宣传指导工作。每学年学生进行一次选择、每学期进行一次微调。若有变化，必须完成转项手续。

二、教学管理

（1）教学课型：高中采用 9 个班组成 9 个模块分为 12 个教学班同时上课。

（2）高中模块教学任课教师情况。

篮球 3 个：吴晓飞、杨忠虎、王原平。

足球 2 个：余磊、王林/季羿。

排球 2 个：王明伟、李坚。

健美操 1 个：肖国富。

体育舞蹈 1 个：高瑞星。

啦啦操 1 个：徐继年。

乒乓球 1 个：郑霞。

羽毛球 1 个：邵伟。

武术 1 个：王林。

（3）初中模块教学任课教师情况。

篮球 4 个：吴晓飞、杨忠虎、王原平、徐继年。

足球 4 个：余磊、肖国富、邵伟、王林/季羿。

排球 4 个：王明伟、李坚、郑霞、高瑞星。

（4）教师根据所教模块班重新制定花名册。

（5）体育教研组负责与教导处、年级组统一协调课程设置和分模块班。

（6）体育教研组制定各模块教学内容和目标。

（7）各模块班教师负责所教学生的运动技能测试（至少 2 名教师共同参与）。

三、时间节点及课程安排

（1）学生选课时间：开学前第一周制订选课方案、班额及人数，原则上文理科班级、美术班适当交叉。

（2）教师具体课程安排。

①高一：

篮球3个：吴晓飞、杨忠虎、王原平。

足球2个：余磊、王林/季羿。

排球2个：王明伟、李坚。

健美操1个：肖国富。

体育舞蹈1个：高瑞星。

啦啦操1个：徐继年。

乒乓球1个：郑霞。

羽毛球1个：邵伟。

②高二：

篮球3个：吴晓飞、杨忠虎、王原平。

足球2个：余磊、王林/季羿。

排球2个：王明伟、李坚。

健美操1个：肖国富。

体育舞蹈1个：高瑞星。

武术1个：王林。

乒乓球1个：郑霞。

羽毛球1个：邵伟。

③初一、初二：

篮球4个：吴晓飞、杨忠虎、王原平、徐继年。

足球4个：余磊、肖国富、邵伟、王林/季羿。

排球4个：王明伟、李坚、郑霞、高瑞星。

注：若遇到雨天，教研组组长王林提前协调集备组长安排任课模块教师在教室上体育健康理论知识课。

高一：王明伟（高一集备组长）、吴晓飞、李坚、高瑞星。

高二：王亮（高二集备组长）、王林、王原平。

高三：余磊（高三集备组长）、肖国富、高平。

初一：高瑞星。

初二：杨中虎。

初三：郑霞（初中集备组长）。

四、关于体育走班制模块教学评价

根据课程标准和模块教学目标的要求，教学评价分为以下部分（满分100分）：

1. 运动参与（20分）

运动参与分出勤和学习态度两方面。因病、因事请假缺勤的学生，必须出具班主任签字的请假条；请假超过三分之一，体育课成绩最高为及格；对无故缺课的学生严格扣分，每次2分，并及时报告教导处予以纪律处分。

学习态度主要包括：锻炼目的明确，态度认真；能够剖析自我，提出新的目标，并努力实践；精神集中，勤于思考，勇于实践，认真质疑；自觉锻炼，克服惰性；在锻炼中善于观察，能发现规律；对某些运动项目感兴趣，稳定且持久；在校内外、课上课下积极参加体育锻炼，且已形成习惯等。评价采用分值与等级相结合的方式，分为优、良、及格、不及格四等。

2. 知识与技能（40分）

运动技能内容标准（技评达标）根据模块教学目标决定；评价采用分值与等级相结合的方式，分为优、良、及格、不及格四等。

理论知识和相关能力的考核内容根据模块教学目标决定。

3. 身体健康（40分）

身体健康的内容根据《学生体质健康标准》规定的测试项目决定；评价采用分值与等级相结合的方式，分为优、良、及格、不及格四等。

4. 突出成果（10分）

这部分由学生填写，属于加分项目，主要反映学生在整个模块学习阶段（主要是课余时间）的突出成绩，如参加崇州市级及以上比赛获奖（前八名或二等奖以上）加分：崇州市级每次2分，成都市级每次5分，四川省级每次8分，最高加10分。

五、体育课走班制模块教学的要求

（1）每个模块要安排不少于2课时考核。

（2）体能测试在体质健康测试时统一完成。

（3）模块教学目标要提前向学生公布，以便学生自己设置个人学习目标；技能要求和体能要求须根据学生的具体情况在教学过程中做调整，以便使每个学生都能体验到成功。

（4）教师在开学前制订好本期教学进度与计划，严格按照计划实施教学，不得随意改变。

（5）模块教学有14课时，健康教育有4课时，必修内容有18课时；其余课时由教师自行安排必修内容和学校统一内容：基本体操、体能练习等。

六、关于教师外出开会及带队比赛的安排

教师出差或带队比赛时，由教研组组长王林统计代课情况，代课情况统一交由教导处审核记录。

七、结论

当体育运动变成体育教育后，其文化属性、参与义务、内容特点、训练周期、时间地点、学习集体形式和规模等都发生了巨大变化。碎片化教学、随意性教学是"学生学了12年什么都没有学会"的内在原因。具有"学生在自己选择的运动项目上可以进行较长时间的专项化学习"特征的连续的较长时期的专项化训练过程的走班制教学可以打破"蜻蜓点水、低级重复、浅尝辄止、半途而废，管教不管会"的无效体育课程教学。走班制教学在实现"学生熟练掌握一项以上体育运动技能"方面具有一定实效。走班制教学同样能促进学生的体育全面发展且不会影响体育教师的"一专多能"，反而会促进体育教师的专业化成长。基于目前绝大多数学校体育教学改革的现状，学校体育工作任重而道远，永远在路上！

阳光体育课程追踪与反思

大课间跑操课程和体育走班课程，已经不是新鲜事物。客观地讲，许多地区已经做得非常出色，其亮点和特色值得我们学习和借鉴。本文提出的一些方法和措施，就是结合当前四川中考、高考的新形势和新政策，思考如何使这些新政策在怀远中学落实落地的实践研究。

根据中共中央办公厅、国务院办公厅印发的《关于全面加强和改进新时代学校体育工作的意见》和《关于全面加强和改进新时代学校美育工作的意见》精神，结合四川实际，四川省委办公厅、省政府办公厅印发了《关于全面加强和改进新时代学校体育工作的实施方案》和《关于全面加强和改进新时代学校美育工作的实施方案》，分别提出"合理安排校内外

体育活动时间，完善线上、线下体育课程建设，保障学生每天校内、校外各1小时体育活动时间，周末和节假日每天不少于2小时体育活动时间。将体育纳入学生综合素质评价体系，纳入中小学期末测试、初高中学业水平考试及中职学生学分管理范围"，"推进艺术类科目中考改革，从2022年秋季入学的初中一年级新生开始，各市（州）全面将艺术类科目纳入中考并作为高中阶段学校考试招生录取计分科目，考试内容依据国家颁布的课程标准确定，成绩主要由艺术素质测评和技能测试成绩组成"。

以成都市为例，"双减"政策落地后的首次中考，除了加入体育科目，加大体育科目分值外，艺术科目也正式纳入中考。2022年实行新中考，总分710分。新中考采取4（语文、数学、外语、体育与健康）+6（道德与法治、历史、地理、生物、物理、化学）模式录取计分，不再减少计分科目。其中要说明的是，新体考模式下，体育考试总分由50分提高到60分，增加了体育素质综合评价考核（过程性考核）10分，从初一年级开始考核计分。

新时代背景下，艺术类科目进中考是推进教学改革，落实国家政策的重要抓手；是推进"五育并举"，促进"全面发展"的必备要素；是加强素质教育、提升综合能力的有力举措。艺术类科目纳入中考有利于义务教育阶段素质教育整体发展。艺术类科目纳入中考主要有四个方面的促进作用：一是促进地方政府更加重视学校美育；二是促进学校补齐补足师资和场地器材短板；三是促进教师提升教学能力，提高美育质量，让美育教师"有为有位"；四是促进学生和家长正确认识美育在学生全面发展中的作用。

关于"选课走班"的问题，我们的理解是，无论是"体育走班"还是新高考实行后的"文化走班"，无论是"全走班""半走班"还是"零走班"（也称"套餐式"）"混合走班"，都是新高考改革的必然要求，也是促进学生全面而有个性发展的需要。2014年，国务院颁布《关于深化考试招生制度改革的实施意见》以后，作为新高考重要组成部分的选课走班首先在上海市和浙江省试行，并向更多地区扩展。2019年国务院办公厅印发《关于新时代推进普通高中育人方式改革的指导意见》，2020年中共中央、国务院印发《深化新时代教育评价改革总体方案》，两份文件都明确要求"有序推进选课走班"，选课走班已成为新时代推动普通高中育人方式转变的重要载体。

高考综合改革的一个显著特点，就是增加学生对课程学习的自主选择权，通过课程的多样化，更好地落实因材施教与个性化教学，促进学生个性化发展。不同的选科组合、同一科目的不同层次，为学生提供了选择的自由，与之相对应，不同学科组合和不同学业水平层次的学生都能得到适合自己的教育。新形势下的"选课走班"，尊重了学生个体的差异性，激发了学生发展的主动性。

在实践过程中，我们要注意处理好三个问题：

（1）"选课走班"何时开始？

（2）如何做好学业和生涯规划指导？

（3）怎样完善相应的组织机制？

根据上述三个问题，学校具体要构建三个机制：

（1）构建教师管理机制。

（2）落实学生管理机制。

（3）完善教学管理机制。

为了促进学生全面发展，打造更适合学生个体的课程表，打破原有课程和班级制教学的桎梏，"选课走班"成为众多学校开始争相尝试的教学管理模式。然而，"选课走班"只是一种形式，其背后则是上至学校的组织管理，下至教师对每一个学生的教学工作都要参与改变的工程，是涉及全校每一个师生的系统工程。学校有关人员应在实行"选课走班"之前做好充分的意识唤醒、方法沟通、流程梳理和机制构建工作，让"选课走班"真正为学生发展、教师发展和学校发展服务。

第五节 校园美育拓展课程

美育可以塑造健全的人格，滋养学生的生命，使其具有旺盛的生命力，增强抗压性，是促进学生全面发展的一剂良药。从内容上讲，各个学校应从美育的人文价值着手，构建"五育并举"育人体系，开设音乐、美术、舞蹈、戏剧和影视鉴赏选修课程，开展校园艺术节和校外艺术实践活动，推动美育与各学科教育的融合，引导学生用积极向上的心态发现美、欣赏美、感受美、评价美、创造美，构建和谐优美的校园文化。从现实上看，许多学校管理者的育人理念都还停留在统一的教学管理层面，注重对学科知识的文化培养，忽视了美育在培养感性思维方面的作用。

其实，基于"双减"背景下的学校教育改革，更应关注美育课程在学生成长过程中的隐形作用。中学生正处于人生成长发展的关键时期，学校应通过积极正面的美育引导，努力发掘其人格中的每一个闪光点，对其善的行为多加赞赏，对其美的表现充分肯定，触发其处于潜意识状态的道德情感，可达到"扬善抑恶"的目的。在课堂教学中，教师应以潜移默化的方式有效渗透，引导学生对美的发掘与赏识，使学生能感受到自身与身边的美。如此，学生就会更加理解美、珍爱美，最终能创造美，从而构建美满的人生，创造美好的世界。

我们要看到的是，教育在逐渐"理性化""科学化"的社会嬗变中被抽象化。我们要改变的是，贴近生活、贴近学生、贴近实际，坚持"以人为本"的原则，从学生身心发展与完善出发，落实美育教育。比如创设校园景区、文化景观，做到让每一栋楼、每一面墙都能说话，每一个景点都可育人，以无声和有声的语言，把美育的种子播撒到每一位怀远中学学生的心田。我们要实现的是，有目的、有计划地塑造美、创造美的教育，把美育与德育、智育、体育结合起来，把学校美育与社会美育、家庭美育统一起来，这样的美育既有艺术又有现实，既有理论又有实践，显得更为真实，更有育人价值。

实践案例分析一

以"校园版画课程"为突破口　提升学生对美的鉴赏与认知

在新时代教育综合改革背景下，怀远中学美育课题组从校园版画课程建设出发，在高中一年级学生中推广实施版画课程，逐步开启学生对美的感性鉴赏和理性认知，发挥美育引真导善、增知启智、陶情冶性、健身强体、育德导行的作用，建设真、善、美的心理结构，达到促进和谐校园文化建设，引领学生在美的熏陶中创造美丽人生的目的。作为中学美术教育的重要组成部分，这个古老的艺术形式——版画被时代赋予了新的教育意义。对于胶板版画的使用工具，课题组已经做了大量的研究，对所有绘画方式需要的材料进行了大胆尝试，并根据实际情况进行了大胆创新，力求能找到一套最适合学生使用的版画材料与工具。目前，课题组在教学中选用丙烯颜料胶板版画。

一、核心词汇界定

1. 胶板版画

版画是视觉艺术的一个重要门类，广义的版画是指在印刷工业化以前所印制的图形。版画是绘画形式的一种，是指用刀子或化学药品等在铜版、锌版、木版等版面上雕刻或蚀刻后印出来的图画，有木板、石版、铜版、锌版、麻胶版等品种。

2. 教学研究

在实践中，课题组尝试过版画油墨、国画颜料、水粉颜料、水彩颜料、水性版画颜料、丙烯颜料。因为学生在印制时比较容易心急，都想快点出成果，那么这个时候丙烯颜料就最适合学生用。丙烯颜料不仅干得快而且还有胶性，不容易脱落，很多墙绘都选用丙烯颜料。丙烯颜料比水性版画颜料干得快一些，学生不容易把画面印花。

关于拓印的媒介，课题组也进行了实验，选择用油画画布、画框作为拓印的媒介。原因如下：

（1）胶板比较光滑不容易上色，亚麻布比较粗糙，在光滑的胶板上印制更能吸墨。

（2）选择油画框作为出图的媒介，让学生一印出图来就能看到画面呈现效果，甚至印完就可以直接简单地拿来做装饰。

二、研究意义及创新点

课题组在传承版画的传统工艺的基础上开拓创新，以一种新的版画形式展现在人们面前。

胶板版画教学还能够在现场写生刻板、现场出作品图，直接刻出我们的思想、刻出大自然、刻出我们生活中的点点滴滴，把胶板版画带到人们的生活中去，与大自然亲密接触，让大家都感受到胶板版画所带来的温暖，并且还可以留一部分作品在写生现场，送给当地的人们，让学生获得成就感。

版画是手工和绘画的综合体，对学生的动手动脑及创新能力、实践能力的培养都是其他课业形式所不能替代的。因为版画不仅要绘，而且还需要刻、印，集绘画、设计、雕刻、印刷于一体。整个过程，能够使学生的心、眼、手得到全面训练。

胶板版画的技艺难度也符合中学生的年龄特征。胶板版画的创作成本低，易于购买，显然更适合广大中学生（尤其是农村学校）。

胶板版画在美术教育中的独特作用主要有以下五点：

（1）胶板版画有利于学生创造性思维的训练和培养。

（2）版画教学中通过对技术的探索和创新能够激发学生的艺术灵感和

创造力。在教学过程中，教师采用不同的方法来引导学生，发展学生的潜力和个性。

（3）胶板版画有利于学生动手能力的提高和意志力的训练。

（4）版画的制作过程需要制版、印刷才能完成。在这个过程中，学生的动手能力和脑与手的协调能力得到锻炼。

（5）在版画的学习过程中，学生不仅学习了版画的制作技巧，而且学会了观察、认识世界，学会了用头脑思考，学会了创新，培养了勇于探索的精神。

三、主要思路和改革措施

1. 前期准备

学生得有一些基本的绘画能力。教师可以从简单的黑白装饰画入手，从最基础的点线面开始教学。

在上课前，学生自行准备好胶板版画工具，班上的学生每人一份，工具齐全。

教师须收集素材，打印或复印一些版画作品，或者是手绘的绘画作品等。

2. 在上胶板版画课前

教师先让学生欣赏不同种类的版画作品，如黑白木刻、套色木刻、石版画、铜版画、丝网版画等版画作品；了解一些有名的版画家，如李焕民、阿鸽、甘庭俭等；看一些教师创作的版画小稿子。

3. 版画学习的第一节课

教师让学生把收集好的资料进行整合、构图，把需要表达的形象用铅笔画在稿子上。只有先构思好稿子，作品才更具可看性。

4. 版画学习的第二节课

学生学习刻板。刻板所需要的时间相对较长一些。

5. 版画学习的第三节课

学生进行印板。单色比较好印，印一次就可以，如果印套色的话，需要等第一版印的颜料干了以后再进行第二个颜色的印制，依次类推。

下面，课题组就借助课堂上制作的胶板版画《怀远洄澜塔》和《路边花》来谈一谈在印制胶板版画过程中应该注意的问题以及在遇到这些问题以后怎么来调整画面。

《怀远回澜塔》是课题组最开始做胶板版画时做的教学范例，用的水性版画颜料，《路边花》用的是丙烯水印。《路边花》在《怀远回澜塔》的基础上对印制胶板版画时的水墨因素做了再分析，印制的过程和创作手法没变。《路边花》也是课题组尝试性研究用丙烯颜料和油画框作为媒介来制作胶板版画的教学作品。图 5.9 是制版后成果。我们采用的是直接刻板法，用铅笔直接在胶板上画稿。画稿要左右对调了来画，不然印出来就是反的。图 5.10 是刻板、上墨后成果。图 5.11 是印版后成果。一般情况下，我们都会让学生多印几版，即使练到比较熟练的程度，我们也会让学生至少印两版，第一版先印在纸上，因为在印第一版的时候有可能上墨不均匀、浓淡不一致。在印之前，我们先让学生看一段调色调墨的视频，学生先跟着视频做，大部分学生看着视频教学就会调色调墨。也有一些学生没掌握好水墨的浓度比例，会觉得墨太干，画都画不动，这个时候就需要现场演示怎么调色调墨，如果只有少部分学生不会，我们会进行个别辅导。调色要注意颜色不要太纯，水墨比例 1∶1。对于极个别没印好的学生，他们印完后再做画面的调整。第二版印制的时候要等第一版颜色干，还要注意对版。很多学生对不好版，我们让他们采用对点对线法，找边缘点和线进行对版。对于印出后画面效果弱的作品，笔者会让学生用勾线笔进行补救，采取先印后画的补救措施。这样，每个学生都能制作出完整的胶板版画的作品图。

用丙烯颜料印制的时候也要等第一版颜料干了以后再上色，不然颜色容易花。

图 5.9 制版后成果

图 5.10 刻板、上墨后成果

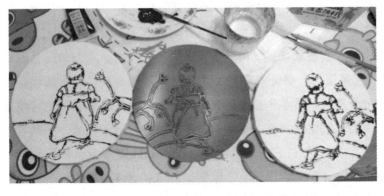

（a）

（b）

（c）

图 5.11　印版后成果

四、相关研究述评

首先，课题组最初的设想是学生得有一些基本的绘画能力。课题组就从简单的黑白装饰画入手，从最基础的点线面开始教学，课后给学生办展览。

学生在胶板版画的创作过程中会遇到一些问题：

（1）在绘制画稿的时候，有一部分学生能够直接画稿，但是也有一部分学生的绘画基本功比较弱，很难绘制出版画稿，这时候，教师会带领学生采取相邻座位学生相互帮助的方式，让每一个学生都能自己动手绘出版画稿。

（2）在刻板的时候，我们运用三角刻刀用阳刻法刻出图案。在刻的时候，我们一定要掌握好刻的力度和方向，避免刻到手或者刻破板子的情况出现。有一些学生画稿画得很不错，由于刻板的时候不细心而刻花板子，因此，学生在刻板的时候一定要细心，防止受伤和刻花板子。

在印板的过程中，容易出现学生不会调色调墨、印花画面、对不好板、急于求成等情况，这就需要教师灵活组织课堂，让学生之间相互监督学习。

最后，做专题的胶板画展，这是我们的学生和学校其他师生都非常喜欢的。我们的作品能够被朋友们接受，让大家看到胶板版画也可以做得这么漂亮，让大家感受到胶板版画给我们生活带来的快乐与温暖。

在教学中，我们从版画的专业角度出发，希望赋予胶板版画新的生命力，突出胶板版画特有的易刻、容易掌握等特点。下一阶段，课题组准备把黑白画、水彩画、水墨画等一些绘画形式融入胶板版画中，把胶板版画与其他画种相结合。

五、大学教授、专家进行课程指导

1. 相关专家主持的教学研究课题

（1）虚拟现实技术在建筑空间构成设计课程教学中的运用——基于VR 技术对限定空间构成要素的教学实践，西南民族大学校级教改项目，2019。

（2）西南民族建筑 BIM 研究应用基地，教育部科技项目，2018。

（3）基于虚拟现实技术及沉浸式体验教学新模式的泛建筑设计新技术教学应用实践基地，教育部科技项目，2019。

2. 相关专家承担的学术研究课题

（1）"云南古代传统楼阁建筑特色研究"，2012 年度中央高校基本科研业务费专项基金项目青年教师基金项目（编号：12NZYQN01）2012/03-2015/09，前期研究和基础工作，主持。

（2）"川西天主教教堂建筑及文化研究"，中央高校基本科研业务费专项基金项目青年教师基金项目（编号：2016NZYQN02）2016/01-2019/01，前期研究和基础工作。

（3）"基于绿色发展理念下的岷江上游流域地区人居环境优化研究"，中央高校基本科研业务费专项基金项目（编号：2018NZD01）2018/01-2019/12，前期研究和基础工作，参与。

（4）"灾后重建与城市更新中传统聚落形态与文化的保护和传承"，中央高校基本科研业务费专项基金项目青年教师基金项目（编号：12NZYQN01）2013/05-2017/02，前期研究和基础工作，参与。

（5）"四川少数民族历史村落灾后文化景观恢复重建后评估"，中央高校基本科研业务费专项基金项目青年教师基金项目（编号：2014NZYQN03）2014/03-2017/03，项目分析及撰写，参与。

（6）"民族地区旅游业发展与传统聚落空间更新的耦合机制研究"，四川省教育厅研究基地项目（编号：LYC15-39）2015/06-2017/12，前期研究和基础工作，参与。

（7）"基于SSM框架的智能评图系统及掌上APP开发"，中央高校基本科研业务费专项基金项目青年教师基金项目（编号：2016NZYQN03）2016/01-2019/01，网络平台建设，参与。

（8）"基于特征尺度的少数民族特色村寨文化景观保护方法"，中央高校基本科研业务费专项基金项目青年教师基金项目（编号：2016NZYQN05）2016/01-2019/01，项目分析及撰写，参与。

（9）"九寨沟县白马藏族典型民族村寨田野调查"，中央高校基本科研业务费专项基金项目服务民族地区发展项目（编号：12NZYQN01）2015/01-2015/12，项目分析及撰写，参与。

（10）"四川藏传佛殿室内界面的设计尺度解析与数字化建设研究"，中央高校基本科研业务费专项基金项目青年教师基金项目（编号：2015NYB02）2015/01-2016/11，项目分析及撰写，参与。

3. 相关教授发表的学术论文

（1）巩文斌，杨大禹，向竹林.祥云钟鼓楼建筑形态与技艺特征探析[J].云南建筑，2009（1）：61-63.

（2）巩文斌，陈俊松.玉树地震背景下村庄灾后重建及发展策略：以玉树县安冲乡拉则村仲达乡电达村建设规划为例[J].四川建筑，2013（4）：3.

（3）杨旭明，巩文斌.大开发背景下藏族民居传统建造技艺保护与传承[J].四川建筑，2012，32（6）：3.

（4）巩文斌.云南楼阁铭文楹联[J].课程教育研究：学法教法研究，2015（25）：2.

（5）巩文斌.对云南楼阁价值的再认识[J].读写算（教育教学研究），2015（35）：1.

（6）巩文斌.云南楼阁的保护与发展[J].东方教育，2015（7）：338-339.

六、预期改革成效

体验课只是让学生初步认识和了解胶板版画，知道胶板版画的制作方法。目前，课题组融入了一些黑白画的元素、水彩画的元素、丙烯画的元素、数码版画的元素，希望在今后的工作和生活中，能把胶板版画做得越来越丰富，更加多元化。

七、研究组织管理及保障措施

结合本校的实际情况，课题组想到了以下五点措施：

第一，组建包括高校教授在内的高质量研究团队。参研教师在上课前认真备课，在备课中关注美术教材、关注学生、多查阅美术类的相关资料，在教学中完善预设与生成的关系，挖掘并利用好教学过程中有效资源并发挥自己在教学过程中的教学智慧，对自己的教学行为、教学效果、教学过程进行深层次的反思和评价。

第二，为了提高自己的教育教学水平以及专业知识水平，适应新形势下的教育教学工作，参研教师积极参加每一次专业学习的机会，同时也希望学校提供一些与专业知识相关的培训机会，让我们的专业知识能够得到更好的发展和运用。

第三，为提高教学质量，参研教师力求讲解清晰化、条理化、生动化，做到线索清晰、层次分明、言简意赅、深入浅出。参研教师在课堂上注意调动学生的积极性，加强与学生的交流，体现学生的主体作用，让学生学得容易、学得轻松、学得愉快；充分考虑到每一个学生的学习需求和学习能力，让每一个学生都得到提高和发展。

第四，在以后的工作中，参研教师依然保持一颗活到老、学到老的心，不断学习，珍惜每一次学习的机会，努力提高自己的专业素养和专业技能水平；继续学习领悟新课程的标准，以新思路、新方法来指导自己的工作，认真备课、上好每一节常规课。

第五，学校将从课时安排、人员配备、材料准备、物资供应、教学场地、资金方面，为课题组提供充足保障。

实践案例分析二

以"校内美术高考培训"为突破口　拓展办学渠道促学生多元发展

艺术教育是素质教育不可或缺的重要组成部分。随着我国基础教育水平的不断提高和素质教育的全面推进，中小学校艺术教育有了较快发展，艺术教师队伍不足的状况有所改善，艺术教育教学质量逐步提高，课外艺术教育活动普遍开展，中小学生的审美素质得到提升。

一、现状分析

1. 全省情况

目前省内基础教育竞争十分激烈，以 2020 年为例，艺术类高考人数 55 800 余人，其中美术类 31 000 余人、传媒舞蹈类 14 000 余人、音乐类 10 000 余人、书法类 800 余人。由于艺术类本科升学率相对较高，历年来以艺体为突破口的学校不胜枚举，短期热情的居多，持续成功的较少，大多数在低位竞争、低位循环。加上 2021 年义务教育阶段"双减政策"的实施，大量民办学校开始转型并下沉力量到高中教育，加剧了高中办学竞争的激烈程度。下面，我们分析一下 2016—2021 年四川省美术联考文化本科线（见表 5.2）与上线率（见表 5.3）情况。

表 5.2　2016—2021 年四川省美术联考文化本科线

年份	2016 年	2017 年	2018 分	2019 年	2020 年	2021 年
美术学类	385 分	370 分	390 分	370 分	355 分	350 分

表 5.3　2016—2021 年四川省美术联考文化上线率

年度	全省专业通过人数/人	全省专业通过率/%	双上线人数/人	双上线率/%
2020	29 439	96.5	16 079	52.7
2019	28 783	92.2	14 971	48
2018	25 755	88.3	13 321	45.6

2. 校情分析

学校远离城市喧嚣，风景优美，气候宜人，交通便利，硬件先进完善，校区布局合理，功能划分到位。客观地讲，每个学生学习基础不一样，经过两年的高中基础学科学习，部分学生的文化水平不能达到一次性本科上线的要求。家长和学生升本科的意愿强烈，每年有200~350名学生通过学习艺术被本科学校录取。

二、路径优化

1. 系统规划，拓展办学渠道

在新时代，看待教育发展的思维方式要体现整体性和综合性，立足于学校教育发展的整体来分析、思考和破解制约发展的问题与障碍，促进学校健康发展。好的学校不应只是规划孩子发展的地方，更应是一个能够让孩子实现梦想的地方。我们就是要利用学校现有的一切资源，搭建一个适合学生成长的优质教育平台，从基础学科、专业培训抓起，尊重人才培养规律，训练基本功，多渠道全方位培养适合型人才，提升品牌力量。

2. 理念引领，整全管理模式

学校因学生而存在，有学生，学校就有价值。没有优质生源，也许难有好的升学成绩，但完全可以建成好学校，关键在于我们提出的新思路、新战略、新举措能促进学校发展，能满足学生的发展需要。我们真心地服务学生成长，以人格教育为先导（立德树人），以文化教育为基础（保障一面），以专业教育为保障（辅助升学），培养复合型专业人才（多能一专），自由双向选择，课程同步配置，办适合学生的学校，办学生喜欢的学校，这既是我们的教育理想，也是切合实际的发展路径。

3. 管理保障，培养名校优生

重点培养具有重大社会办学影响力的高校"苗子"。通过"内培外引"提升学校自身艺术培养功能，力求在三年时间内培养中央美术学院、中国美术学院、中国传媒大学、北京电影学院、北京舞蹈学院等国内顶级艺术名校多名优秀学生，从而持续提升办学影响力。近3年四川省崇州市怀远中学艺体本科上线学生名单节选详见表5.4。

表5.4　近3年四川省崇州市怀远中学艺体本科上线学生名单节选

考生号	录取院校	姓名
21510××××0192	成都大学	周汶冀
21510××××0188	四川师范大学	徐小莎
21510××××0191	内江师范学院	李亚萍
21510××××0094	内江师范学院	周笑筱
21510××××0189	四川师范大学	胡佳雯
21510××××0186	四川师范大学	兰润

表5.4(续)

考生号	录取院校	姓名
21510××××0187	西南大学	刘淼
21510××××0057	四川农业大学	伍芸析
21510××××0117	四川轻化工大学	袁瑜聪
21510××××0152	四川轻化工大学	吴佳祺
21510××××0059	北京师范大学	高小龙
21510××××0080	四川轻化工大学	韩垒
21510××××0150	南京信息工程大学	张羽洁
21510××××0029	西华师范大学	李香煜
21510××××0066	西华师范大学	姜琳
21510××××0045	湖南工业大学	许力心
21510××××0058	四川音乐学院	王亿诉
21510××××0083	四川音乐学院	朱雨洁
21510××××0154	四川电影电视学院	刘曦钰
21510××××0067	四川旅游学院	向阳东
21510××××0086	西南科技大学	高楷芮
21510××××0044	西南大学	杨傲冉
21510××××0011	四川传媒学院	徐凌杰
21510××××0078	四川农业大学	陈骏坤
21510××××0130	成都体育学院	刘凌科
21510××××0142	四川大学锦江学院	周玉迪

各阶段时间安排：

第一阶段——孵化期（预计3年）。通过学校特色艺术班级的建立，在第一年内建立美术班，以中国美术学院、中央美术学院、清华大学美术学院为培养目标。

第二阶段——成长期（建议3年）。通过校校合作模式进一步提升和完善学校师资团队建设，提高包括清华大学等名校培养自身的"造血功能"。

第三阶段——成熟期（建议3年）。在培养输送名校录取优秀学子的同时，全力加强校园艺术文化建设，为学生在参加国内外知名艺术类比赛项目时，提供节目编排、艺术指导、人才选拔等支持，扩大学校在业内的知名度。

美育课程追踪与反思

美育是学校教育中综合了很多门学科知识的一门学科，它没有现成的教材或课堂，有着其他教育方式没有的、独特的、不可替代的作用。当学生知道有美育课的时候既惊喜又意外，他们不仅不知道美育是什么，也不知道有美育这门课，更不知道为什么这门课程还没有教材。带着这些疑问，学生走进了课堂，在这里，他们找到了问题的答案。从本质上讲，美育就是培养学生健康的审美观，培养学生鉴赏美和创造美的能力的教育。美育就是素质教育的代名词，学生的综合素质提高了，他对生活、工作和社会中的人、事、物的看法也就完全改变了，格局也就相应提升了，这就是其审美能力和审美意识提高的结果。所以，提高美育教育质量就成了新时代学校教育不能忽视的一件大事。下面是我校一位毕业校友在母校演讲时的片段，这一片段折射出了学校美育课程建设的意义与价值：

美育课程的建立是非常有必要的，在美育课上我学到了很多生活中我完全不会接触到的东西，如学会了欣赏舞蹈，学会了欣赏声音带给我们的情感，学会了欣赏书画，学会了欣赏我身边的各种各样的艺术，还学会了怎样摄影才能更好地凸显一个事物的美等。教信息技术的王蜀崇老师教给我们的拍照黄金分割法真的非常有用。放学后，我就跟同学们一起来到学校的劳动教育基地——逸远农场，拿出相机，运用教师课堂上讲过的方法，把各种各样的蔬菜、瓜果、稀稀落落的菜花拍下来，拍出来的效果特别好，好多同学还发了抖音和朋友圈，看到同学们后来的点赞，顿时就觉得，拍摄是真的需要方法跟技巧的，不能随随意意地就开拍。对于从小就没有什么艺术细胞的我来说，真的应该好好学习一下如何去鉴赏好的艺术，要不然这方面真的会一直空缺着，而美育正好帮我弥补了这方面的缺陷。

高中阶段，学了两年艺术后，至少欣赏名人画作时，不至于只知道这幅画画了什么，只知道评论说："画得不错"，而是可以欣赏画面里记录的故事。有些绘画记录了一些故事，比如历史事件的场景，神话场景，使观众仿佛置身其中，有身临其境的感受。这些绘画大多都是写实类绘画，是一个客观场面的再现。因作者绘画技巧非常高超，常给人非常逼真的感觉。早期的绘画大都如此，特别是照相机诞生以前，这些写实绘画的主要功能就是记录事件。例如，达·芬奇的作品《最后的晚餐》，就记录了圣经的故事。文艺复兴大师达·芬奇在绘画中运用了很多科学知识，如透视学、解剖学等，使他的绘画非常逼真，人物表情惟妙惟肖，观者在欣赏画作时，容易产生在故事现场的感觉，相当震撼。

我也可以陶醉于感人的画面情绪。有些绘画不再承担太多的主题，而是记录了画家本人绘画时的情感或情绪，然后通过精湛的绘画技巧，使观者产生共鸣，这类绘画一般人物较少，画幅较小，对人物面部表情及人物内心世界描绘得较多，个人情感因素较为明显。例如，安德鲁·怀斯，他的画大多表达人们对故乡、对过去的怀念，很容易使人触景生情。这种绘画追求的是共鸣，通过对人物形象的细节刻画引发人们在情感上的共鸣，营造一种气氛。

我还可以品味令人惊叹的绘画技巧。有一些绘画，没有太多主题，情绪情感方面的抒发也较少，主要是通过精湛的绘画技巧博得大众喜爱，这样的绘画同样具有很强的感染力。一般专业人士都要从绘画技巧的角度来欣赏一幅画，如看看画面的造型、色彩等。这些高超的绘画技巧耐人寻味。

首先，造型的美。达·芬奇在创作《蒙娜丽莎》时运用了很多科学知识，如构图中运用黄金分割比例、人体解剖、数学比例、光学知识等，值得人们长时间研究。拉斐尔因其绘画作品中精致的五官刻画，完美的人物面部塑造，被称为天才。以造型打动人的绘画，一般都弱化了色彩的表达，更注重黑白光影、比例透视、体积塑造等，也就是我们常说的"像"，达·芬奇的作品是这方面的典范，这类绘画吸引人的地方是画中的人物形象塑造之美。其次，色彩的美。还有一些画家不以表现造型为目的，以色彩作为绘画的主旋律，这类绘画以印象派、后印象派为主，他们的画主要关注色彩的美，弱化了造型，这些相对于传统绘画来说是新兴的一种形式，绚丽的色彩震撼了当时的人们。有人说过：欣赏艺术品，就应该不仅欣赏艺术品本身，还要了解艺术品存在的全部意义。

当然，美育不只是在学校教育阶段，更是面向人人的终身教育。美育的落地应借助"设计"的力量，以生活美学、环境美学、生态美学中为美育做潜移默化的铺垫，重视设计对趣味和修养的作用，提供相应的设施和空间，为学生搭建启真启善的自我学习环境，激发和满足学生的兴趣和想象力。

第六节　硬笔书法推广课程

书法是什么？古往今来，说法很多，但没有一个令人满意的结论。汉代杨雄说："书，心画也。"唐代张怀瓘《六体书论》说："书者，法象也。"元代郝经《论书》说："书法即心法也。"清代刘熙载《艺概·书概》说："书者，如也，如其学，如其才，如其志，总之曰如其人而已。"

横平竖直的方块字，是中华民族的独有创造和文化遗产。经过五千年传承的积淀，其内涵和底蕴是世界上任何其他文字所无法企及的。汉字，既是一种传统文化，又是一种特色文化。常言道："字如其人"，可见汉字对于人们的深厚影响。在四川省崇州市怀远中学有这样一个书法教师群体，几十年如一日教书育人，用汉字情怀书写着自己的精彩人生，以书法课程肩负着立德树人的责任担当。

崇州市书法家协会会员、崇州市硬笔书法协会副会长卜建学老师，弘扬书道，传授书法常识与书写技能。他近30年的教学实践，改变了许多孩子的书写现状，有口皆碑。他说当一名教师，是儿时的梦想；三尺讲台，是梦中的天堂。虽年逾不惑，仍激情飞扬，只因心中坚守那份永恒的信仰。像蜜蜂一样工作，像蝴蝶一样生活，弘扬书道，快乐从教，和孩子一起成长。其硬笔书法作品参加全国教师优秀作品展，并荣获一等奖；"毛笔书法教学"获成都市赛课二等奖。卜建学老师培养了数十名书法特长生，被中国教育学会书法教育专业委员会评为"书法教育优秀园丁"。他领衔实施的书法课程，彰显着怀远中学课程建设的亮点与特色。

课题为平台，书法教育是美育、爱国主义教育、民族精神教育的重要载体，它不仅是一个文化传递过程，也是一个文化生成过程。在古代，书法教育实际上是培养人格精神的一种文化活动，强调个人修为，有"字因人贵""书如其人"等说法，并讲究"技道两进"，以其独特的艺术魅力和审美特征给师生的生活提供美的享受，改造人们的审美结构，提高人们的审美意识。

实践中研究，书法教育是一种不可替代的道德培养，它不仅是简单的知识和技能传授，更是一种德育，表现出书写者的功力、修养、感情、气质等。通过课堂上书法课程的有效实施，了解、模仿、书写历史上一些有代表性的书法作品，师生对祖国极其丰富的古代文化和艺术遗产有了一个初步的认识，有助于传承民族文化，树立文化自信。"书法进课堂"项目的持续推进，有利于引导和启发学者热爱祖国悠久的、光辉灿烂的民族传统文化和民族美术，培养和增强学生民族自尊心和自豪感，从而加深其对中华民族传统文化的热爱。

研究中反思，书法在智育、德育、美育等方面还具有良好的"立人"功能，书法文化创造的主体是人本身，随着人的成长、心智的成熟，人会根据社会现实的需要对书法文化进行创造。因此，书法学习中饱含丰富多彩的教育元素，关系到德智体美全面发展，其可以产生育德、启智、健体、审美的综合效应，培养学生观察、发现、欣赏、鉴别、动手、兼顾、应变、创新等能力。

课程进课表，我们在初中分部、高一分部和学校书法社团中积极开展书法教育课程，每周2节，实施硬笔书法进课堂项目旨在：翰墨之香在菁菁校园里飘荡，美丽汉字在孩子们的笔下流淌。我们相信，书法课题组的教师们不仅要用对汉字的情怀书写自己的人生，更要照亮怀远中学莘莘学子的人生。

教材纯原创，作为校本课程特色化的典型范式，课题组研发的《硬笔书法入门教程》具有如下特点：

（1）体系完整：常识、笔画、部首、结构、章法，快乐书写，循序渐进。

（2）字体呈现多样化：楷书、行书、隶书、魏碑、仿宋、草书都有，以楷书、行书为主。

（3）纠正书写姿势、握笔姿势和坐姿，帮助学生养成良好的书写习惯；欣赏优秀作品，引导学生临摹和创作，激发学生的学习兴趣。

（4）纯原创，全手工书写。教材与练习册相结合、语文教材与书法课程相融合，摘录七年级至九年级语文书上的古诗文巩固效果，内容详实，学用结合。

（5）配套实践性课程，开展师生互动书法才艺大赛、书法作品展览，引导学生观察、欣赏中国书法艺术，提高学生审美情趣和艺术修养。

（6）注重学习过程评价，强调学生的学习态度和体验，同时采用书法作品的形式作为课程成绩的评定依据。

2020年春季开始，校本课程"硬笔楷书入门"在初高中部新生一年级和书法社社团活动中有序推广。在三年的实践追踪与研究反思后，基本形成了怀远中学实施书法教育"一二三四五六"模式，浓厚了校本课程研究的氛围。

"一"是指一个氛围，指重视书写的氛围，包括两个方面。一是领导层面，领导重视与否，直接关系到书法教育的成败。学校副校长于正超亲自抓校本研修工作，并适时督促，执行力自然增强，这是全面实施书法教育的前提。二是学生之间形成字丑作文扣分、写好会锦上添花的共识，特别是网阅试卷，对书写的要求很高。对于这一点，大家已形成共识，这是有效实施书法教育的关键。

"二"是指书法教育要抓住两个目标。对大多数学生而言，开展书法教育就是培养学生正确的书写姿势，养成良好的书写习惯；对少数具有书法潜质的学生而言，开展书法教育就是要提高书写技能，培养书写兴趣，培养书法特长生。在教学中，要求把字写得合乎规格，要求字迹端庄、干净、容易认，养成这样的习惯受益终生。

"三"是指书法教育要顺利有效开展，必须具备三个要素。一是必须有符合学生实际的书法教材，我校根据学校师资与学生实际自编校本课程。适合孩子的，才是最好的，好的教材才能使学生产生兴趣，引导给学生以方向，指导给学生以方法。我校的教材从基本笔画入手，然后过渡到偏旁部首，最后谈间架结构，原创手写版，有条理有系统。二是要有适合学生临摹的字帖。好的字帖有利于学生完成读帖、摹帖、临写、比对、调整的练字环节，我校给学生提供的临摹范本别具一格，那就是将语文课本上的经典古诗文作为临摹材料，将学书法与学语文结合在一起，这是我校书法教育的特色。三是要有负责书法教育的师资力量。我校书法专职教师，系四川省硬笔书法协会会员，崇州市硬笔书法协会副主席，具备较好的基本功，具有较强的读帖、临摹、创作、评价等能力，能胜任书法教学。

"四"是指书法教育要坚持四个原则：一是扎实基础原则。立足学生的基础，注重学生的实际，对学生素质的形成，从最本质、最基本的方向提出具体实在的要求，务本求真，扎实改进学生书写现状，着力提升学生的书写技能，不盲目拔高，不随意教学。二是有教无类原则。面向全体，注重整体，全员参与，有效提升，为全体学生营造整体优化的书法育人环境，为实现书法启智、育德、创美等功能创设良好氛围。三是循序渐进原则。在知识传授、技能培训、习惯培养的过程中，由简到繁，从易到难，分阶段有步骤，有条不紊地进行和开展。四是因材施教原则。由于学生素质、家教、环境的不同，书法水平的差异明显，教师要对不同类型的学生因材施教，做到普遍培养、扶持差生、重视尖子，差生立足于改进，优生着眼于提高，从而使不同水平的学生都得到充分的发展。

"五"是指书法教育过程中要做到"五结合"：一是行书与楷书相结合。初一上学期学楷书，下学期练行书，基础差的练楷书，基础好的学行书。二是毛笔与硬笔相结合，践行大书法理念，毛笔书法重艺术，可以磨炼人的性情；硬笔书法讲实用，直接影响作文的分数。书法社团活动时，主要辅导毛笔字。三是临写与摹写相结合，摹写就是在字上描；临写就是照着字帖摹仿。临写，侧重于领会笔法和气势；摹写，侧重于间架与结构。应该是先摹后临。只摹不临，难以形成独特个性；只临不摹，难以掌握古人笔法。临摹结合，练字方有长进。四是理论与实践相结合。学校书法教育中，书法理论一般包括字体常识、汉字演变历史、书法家勤学苦练的励志传奇等，这样可以拓宽学生视野、丰富学生见识、陶冶学生情操。实践除了练习而外，还包括走进生活写对联、参加比赛办展览等。五是双姿训练与书法学习相结合，"双姿"指学习书法的坐姿与执笔姿势，这直接关系到学生的视力、身体的正常发育，还会影响写字的质量。

"六"指书法教育要引导学生过"六关"。一是过"坐姿关"，总体要求是"正、直、平、安"，即头部放正、躯体正直、手腕放平、脚平放地上，体现"三个一"，即眼睛离桌面一尺，胸口离桌面一拳，指尖离笔尖一寸。二是过"执笔关"，初学者尤其要特别注意，毛笔讲究五指执笔法，做到"指实、掌虚、腕平、管竖"即可。三是过"笔顺关"，要引导学生掌握笔顺规律，注意笔画的书写顺序。四是过"笔画关"，以"永字八法"为纲，依次传授"点、横、竖、撇、捺、钩、折、挑"的类别与写法技巧。五是过"部首关"，按照部首位置与特征，依次讲解部首的比例、写法、例字的方法技巧。六是过"结构关"，字的结构直接影响字的骨力、神采与气韵，教师要将独体字与合体字的结构特征与写法技巧讲明讲透，再适当补充"天覆、地载"等结构类型。

春华秋实，辛勤的付出有了初步的回报，以 2021 年为例，学生的书写态度有了改观，书写现状有了改善。全校有 70 人在四川省崇州市第一届

"紫影杯"硬笔书法大赛中获奖，其中张润枝获特等奖；全校有50人在全国第十届少儿书法大赛四川赛区的比赛中获奖，其中岑润兰获特等奖，为学校赢得了荣誉。

第七节　逸远农场劳育课程

一、研究背景

2020年3月20日，中共中央、国务院印发的《关于全面加强新时代大中小学劳动教育的意见》中提出："劳动教育是中国特色社会主义教育制度的重要内容""坚持立德树人，坚持培育和践行社会主义核心价值观，把劳动教育纳入人才培养全过程，贯通大中小学生各学段，贯穿家庭、学校、社会各方面，与德育、智育、体育、美育相融合，紧密结合经济社会发展变化和学生生活实际，积极探索具有中国特色的劳动教育模式、创新体制机制，注重教育实效，实现知行合一，促进学生形成正确的世界观、人生观、价值观。"

党的十九大报告指出：中国特色社会主义进入了新时代，在新时代背景下，加强学生的劳动教育，努力提高学生的劳动素质，对学生的成长和国家的发展意义深远。研究发现，近年来一些学生中出现了不珍惜劳动成果、不想劳动、不会劳动的现象，劳动的独特育人价值在一定程度上被忽视，劳动教育正被淡化、弱化。因此，加强对学生的劳动教育，在劳动中磨砺学生意志，树立劳动光荣的价值观，培养勤俭、奋斗、创新、奉献的劳动精神，已经成为学生成长的必修课。

为了适应新时代的育人要求，构建符合学校实际的劳动教育体系，四川省崇州市怀远中学对劳动教育进行了拓展创新，在有师资、有课程、有计划、有实践的前提下，创新劳动教育育人模式，开设了"三色"劳动教育课程，用劳动教育筑牢立德树人的基石。

二、课程推进

怀远中学劳育课程课题组（设在德育处）以尊重兴趣、基于经验、联系生活、着眼发展为理念，依托"青年志愿服务队""逸远农场"，创造性挖掘课程资源，开发了"三色"系列劳动教育课程，如图5.12所示。

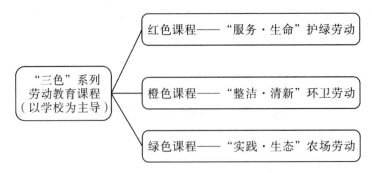

图 5.12 "三色" 系列劳动教育课程

(一) 红色课程——"服务·生命"护绿劳动

习近平总书记在勉励中国劳动关系学院劳模本科班学员的回信中指出:"劳动最光荣,劳动最崇高,劳动最伟大,劳动最美丽。"热爱劳动是中华民族的传统美德。"晨兴理荒秽,戴月荷锄归"是文人雅士笔下的劳动场面,"锄禾日当午,汗滴禾下土"是普通百姓辛苦的劳动场景,"民生在勤,勤则不匮",那些流传至今的经典诗词,总有劳动的旋律贯穿其中。德育处本着"服务校园,奉献社会"的宗旨,积极开展青年志愿者活动,发挥共青团员的先进性,增强学生公共空间意识,创造良好的校园环境。

1. 服务职责

德育处将校园绿化带划分区域,插上标识牌,作为各班志愿活动的地点。各班志愿服务队负责维护校园花草树木,清理校园绿化带杂草、枯枝、枯叶等工作。

2. 参加人员

初一、初二、高一、高二年级学生,以班级为单位,成立志愿服务队。在班主任的指导下,选取各班队长、纪律委员带领班级同学进行志愿服务。

3. 志愿者服务队口号

"我参与我奉献我快乐"。

4. 活动时间

(1) 固定时间:每周班会课。

(2) 机动时间:由班主任安排。

5. 志愿者服务要求

(1) 在活动中不大声喧哗,遵守纪律。

（2）积极、主动参与志愿者活动。

（3）活动中不能有不文明行为。

（4）活动中不能有缺席、迟到、早退、偷工减料、拈轻怕重等行为。

6. 考核标准

（1）凡参加志愿服务的学生将计入学生综合素质考评，在班主任指导下，由各班队长、纪律委员对志愿者进行考评。考评结果分为"志愿者积极分子""优秀志愿者"和"志愿者标兵"，并颁发证书。

（2）德育处每学月对各班志愿服务区进行考评，评选"优秀志愿服务队"，并颁发奖牌。

（二）橙色课程——"整洁·清新"环卫劳动

为培养学生形成吃苦耐劳的优良品质和"人人为我，我为人人"的社会责任感，激发学生热爱自己生活家园的情感，以年级分部为单位，安排各班级轮流打扫校园公区。在阳光初洒校园时，身着蓝白相间校服的同学们便开始为这崭新的一天积蓄活力，让怀中校园焕发光彩。环卫劳动既给师生创造了舒心的学习生活环境，又培养了同学们热爱劳动的品德。

（三）绿色课程——"实践·生态"农场劳动

为提高学生的劳动素养，推进综合实践活动课程常态化的有效实施，我校特开设占地面积 2 亩（1 亩 ≈ 666.67 平方米）多的"逸远农场"作为学校劳动实践基地。作为学生成长实践基地，学校将农场命名"逸远"，意为劳逸结合，志怀高远，旨在让学生在学习中实践，在实践中体验，在体验中成长。此基地得到了各级部门的高度重视，在班主任的带领下，学生们积极参与，自主体验，劳动基地成为同学们课余的实践乐园。

（四）目标与任务

（1）依托"逸远农场"开发形成体系化课程群，从结构上看，每一个课程群由若干具体子课程组成，并以若干项目组块的形式予以实施。课程群初步涉及人文、科学、艺术、语言、道德五大领域。

（2）劳动教育实践课程学习方式变革的核心在于以项目或项目组块的方式推进，打破课程界限。劳动教育不再仅仅是单纯劳动知识技能的学习或简单的劳动实践，劳动教育学习方式的变革与创新，决定教育的效果。

（3）课题组充分利用"逸远农场"劳动实践基地这一平台，服务于学科教学，以跨学科的项目整合学习为主，包括二十四节气、农耕文化、诗意田园等，让学生们经历学科整合的项目学习。

（4）收获期间，学生写倡议书，开展义卖活动。通过合作完成采摘、收割、清理、销售、理财等工作，义卖收入存入班级管理基金。让学生从中感悟劳动创造一切、财富源于劳动的价值观，养成"劳动从我开始"的社会自觉，有效地实现劳动实践基地与思想品德学科教学的结合。

（5）我们开展劳动教育，一个朴素的目的就是引导学生形成正确的劳动价值观。爱心义卖、垃圾分类和志愿者服务等课程重在通过参与、体验，让学生形成正确的劳动观、金钱观、价值观。

（五）实施办法

（1）劳动基地责任到班，由班主任具体负责安排、管理、督促。

（2）班牌由学校统一安装在相应位置，种植班级不得私自挪动班级牌。

（3）保持农场干净、整洁。

（4）种植、管理、施肥、收获由班级负责。种植品种各班自定，学校不作统一要求。单个品种不得超过农场面积的50%。

（5）各班可以聘请家长、劳动教师等为课程指导教师，进入蔬菜基地指导学生育苗、播种。

（6）课程指导教师利用课余时间或劳动课，带领学生进入蔬菜基地，指导学生给蔬菜浇水、捉虫、拔杂草，细心观察蔬菜的变化，拍摄照片，撰写心得体会，将劳动记载、观察日记等上交年级德育主任处。

（7）收获的蔬菜在条件许可的情况下供应学校食堂，学校给予班级相应奖励；在家长会时，进行义卖或赠送，劳动获得的报酬归班级所有，用于班级日常班费开支。

（8）利用逸远农场开展课题研究。农场劳动与农历节气结合，与生物学科、地理学科相结合。

（六）考核办法

（1）劳动实践基地的检查考核由德育处组织，采取实地查看基地建设情况的方式，每月末对各班基地工作情况进行一次检查考核，按照"评分标准"综合评定分数。

（2）期末劳动基地的评比方式，依据各班学期劳动基地建设工作情况得分的月平均分数授予荣誉称号，达到90分以上的班级授予"示范劳动基地班级"，达到80分以上的班级授予"优胜劳动基地班级"，达到70分以上的班级授予"达标劳动基地班级"。

（七）评分标准（共100分）

1. 农场管理（80分）

（1）田垄整齐美观得10分。

（2）农场基本无杂草得10分。

（3）农场整齐、规范，无垃圾，田埂上无杂物得10分。

（4）农作物生长健康得10分。

（5）班牌位置未私自变动且整洁干净得10分。

（6）班级在推进基地工作中管理有序、遵规守纪得10分。

（7）保障劳动安全，未出现安全事故得10分。

（8）农作物3种以上得10分。

2. 加分项目（20分）

（1）农场精耕细作得5分。

（2）聘请课程指导教师，指导1次，有图片文字上交德育处，每次加5分。

（3）每学月有农作物生长记载、农场活动记载等，有图有文字得5分。

（4）农作物有收成，被食堂收购或者在学校组织下完成销售得5分。

（八）奖励办法

（1）最美种植园、劳动小能手评选、劳动主题征文等丰富的评价活动是劳动教育的支持系统，保障了劳动教育的有序推进。

（2）为促进新劳动教育的良性互动，每学期评出"示范劳动基地班级""优胜劳动基地班级""达标劳动基地班级"，在期末班级常规管理考评中进行加分。另外，各班级推选出"劳动小能手"5名。

三、课程效果

随着《四川省崇州市怀远中学"逸远农场"学生劳动实践基地建设方案》的制定和实施，在师生的共同努力下，现在农场内绿意浓浓，一片生机，蒸蒸日上。该课程呈现以下特点：

（1）责任落实，领导有力。课程实施加强了过程性管理与评价：任课教师有计划、有进度、有教案，认真写好教学反思，及时总结经验，按学校整体教学计划的要求，达到规定的课时与教学目标。德育处对教师课程教学效果进行考核，纳入学校常规教学管理制度；对照各年级目标制定

"学生评价表"，对学生自理能力的形成进行评价。

（2）积极参与，管理给力。农场由学校劳育课程课题组统筹管理，非毕业班班主任为课程直接负责人，制定出切实可行的管理制度，明确了逸远农场的经营方式、种植要求、工具管理、效果评选。作为课程直接负责人，班主任领到"责任地"后，立即着手规划布置并付诸行动，明确分工，细化管理，加强维护。在劳动实践课、在休息时段、甚至是在节假日，农场里均有学生劳动的身影，或挖土，或浇水，或除草，或栽种，或施肥，或搭架，学生们争先恐后，比学赶超，忙得不亦乐乎，洒下青春的汗水，留下成长的足迹。在全校班主任微信群里，每天都有学生劳动的身影的记录和分享，劳动氛围浓厚。

（3）种类繁多，彰显活力。纵观农场里栽种的植物，蔬菜居多，最常见的是茄子、辣椒、黄瓜、豇豆、莴笋、蒜苗、白菜、青菜等，茄子开花了，黄瓜挂果了，豇豆爬上架了，空心菜越发茂盛了。有的班栽上耐旱的农作物（如玉米与魔芋），有的班还在蔬菜旁栽上花卉点缀，吸引师生们驻足观看。

在参与中，在付出中，孩子们体会到劳作的艰辛、栽种的不易、管理的困难；也品尝到生活的多姿、协作的快乐、成功的喜悦。学校将进一步完善劳育课程管理制度，强化劳动观念，发扬团队精神，培养学生动手实践能力，让校园生活更加丰富，使逸远农场成为学校一道亮丽的风景线。

结语：怀远中学劳育课程课题组仍在思考，今后的劳动教育将继续探索学校劳动实践活动的组织与实施；在种植中提高学生的劳动素质，帮助学生在自主实践中发现自我，通过双手改变和创造自己的生活，树立劳动光荣的观念和热爱劳动的思想；进一步创新农村中学劳动教育的内容与形式，构建"知行合一""立德树人"的劳动教育模式，培养具有良好劳动品质和劳动习惯的接班人，凸显劳动教育特色。

劳动教育促进了由知识育人向实践育人的华丽转身，实现了育人模式的转换，促进了学生的社会性发展，推动了学生的创新能力提升。我们有信心继续加大力度做好农村中学劳动教育实践基地建设，进一步创新劳动教育形式，践行劳动教育立德树人理念，促进学生劳动教育更快更好地向前发展。

四、研究感悟

基于"五育并举"的高中劳动教育的开展研究

四川省崇州市怀远中学　黄婷

摘要： 近几年来，我国科学技术与经济实力的飞速发展，大力推动着我国教育事业的稳步向前，越来越多的家长及教师更加关注和重视高中的教育工作，实施教育教学的工作人员也越来越重视高中学生综合素质的发展和培养，这些都推动着"五育并举"的教育教学理念在高中劳动教育过程中开展。"五育"主要是针对中学生在接受教育教学方面的五个基本要求，以培养学生学会为人处世，充实求知精神，加强学生体育素质锻炼为主要目的，提升学生审美能力和培养学生创新创造的能力。

关键词："五育并举"；高中；劳动教育；开展

一、分析"五育并举"背景下实施高中劳动教育的必要性

随着新课程标准的不断改革和更新，从事教育工作的人员，必须要明白，学校不仅要以教授学生课本知识为主要内容，而且应该教会学生做人的道理，将为人处世和精神升华方面的学习作为最主要的学习内容。高中时期是学生形成人生观、价值观以及世界观的最重要阶段，教师要抓住学生这一特点采取"五育并举，融合育人"的教育模式。"五育并举"是综合全面发展的素质教育，是突出德育实效，提升智育水平，强化体育锻炼，增强美育熏陶和加强劳动教育的全面综合化的教育。大多数学生及家长，乃至部分教师都没有明确认识到劳动在高中学习中的重要性，认为劳动不属于学习过程中的一部分，认为学生应该以学习为主，而体力劳动只会浪费学生的学习时间。这是对于劳动教育的一种非常错误的认知，教师应该改变这一错误认知，明确"五育并举"背景下高中劳动教育的必要性。以下就是笔者对于"五育并举"背景下的高中劳动教育展开的进一步研究[1]。

二、分析现在高中劳动教育过程中存在的问题

（一）部分学生排斥劳动导致缺乏社会责任感

劳动教育是一个历久弥新的话题，也是自中华人民共和国成立以来中学生教育的重要组成部分。现在学生的生活条件较为良好，大部分家长由于过于宠爱自己的孩子，让其将所有精力放在学习上面，认为做家务会影

响到自己孩子的学习，就包揽了一切的家务，使学生处于"十指不沾阳春水"的环境，甚至在学生思想上已经产生了根深蒂固的影响，将劳动看作自己在日常生活中不必要的活动。若是在学校，教师要求学生参加劳动活动，学生在心理上会排斥劳动，认为劳动会弄脏自己干净的衣服、整洁的发型。长此以往，部分学生会缺乏社会责任感。

（二）部分学生养成劳动的惰性心理

学校本身就是一个教书育人的地方，作为高中教师，我们要教会学生做人，立德才足以树人，其次才是知识的教学。然而由于当代学生没有对劳动教育的正确认知，家长和教师也忽略了对于学生劳动的教育教学，认为学生应以学习为主要任务，只想着怎样做才能使得学生学习成绩得以提高。这样会影响学生对于劳动的认知，认为只要学习成绩好就可以了。

（三）学生缺乏奉献精神影响劳动教育的展开

现阶段，由于计划生育的影响，大部分高中生都是独生子女，家庭地位比较高，都是家里的"小宝贝"，家人们把所有的宠爱都给了孩子。部分学生由于在家里就不存在兄弟姐妹分享物品的情况，没有养成好东西一起分享的习惯，不懂得把爱分享和奉献给别人，长此以往会缺乏奉献精神，影响学校劳动教育工作的开展[2]。

三、探究"五育并举"下高中劳动教育的实施策略和方法

（一）通过组织校园活动，带领学生劳动，培养学生的责任意识

我们要明白一切都源于生活，将教育落实于学生日常生活中，效果会得到大幅度的提高。作为教师，我们应该带领学生亲身体验到劳动给自己的生理和心理带来的收获感与满足感，而不是让学生将所有的精力都投入学习中去，明确更高的学习效率取决于劳逸结合。我们可以通过举办校园活动，由教师带领学生参加校园劳动节，组织学生积极主动地参加到校园劳动过程中。这样不仅可以让学生的身心得到短暂的放松，缓解压力，调节心情，还能够让学生通过体力劳动锻炼身体，并让学生在接受劳动教育的过程中培养自身的责任意识，达到一箭双雕的效果[3]。

例如，在一年一度的植树节到来之际，学校可以举办一些校园活动，提前采购小树苗或者蔬菜种子，让学生在植树节的那一天亲手种在校园空旷的土地中。教师要教会学生正确种植树苗或者蔬菜的方法，根据男女生比例分发铁锹开始挖土、种植、填埋、浇水。同学之间相互合作，浇水和挖土的分工明确，一系列操作结束之后，让学生在日后的生活过程中观察

和爱护着自己种下的树苗，这样不仅可以让学生体验劳动的快乐，形成劳逸结合的效果，还能够培养学生的责任意识。

（二）开展以劳动为主题的班会，引导学生意识实现由"小我"向"大我"的转化

劳动教育在学生日常生活与学习过程中需要耗费一些精力和时间，这种长期的劳动或多或少地会影响学生的课外生活，需要学生牺牲课余生活去重视劳动教育，有部分学生是不太愿意的。我们可以组织以劳动为主题的班会，讲述劳动教育在高中生活中的重要性。劳动教育不仅是一种减压的方式，增强学生素质，锻炼学生意志，实现全面发展，而且能够使学生在劳动过程中体验到集体和团队的合作精神，感受到奉献自我的喜悦。同时在学生积极参加劳动教育活动的过程中，其价值观得以形成，逐渐由"小我意识"转向"大我意识"。

例如，我要求学生自行组织以劳动为主题的班会，鼓励学生在班会课上积极发表自己对于劳动的看法，以及自己在现实生活中做过哪些公益活动。有部分学生说自己在养老院做过公益活动，还有学生说自己在社区清扫过街道等。这些学生的发言中流露出的喜悦，足以说明学生对于劳动的正确认知。

（三）通过多元化教育方式，全方位构建新时代的劳动教育体系

高中教育不仅要以学习知识为主，更加重要的是增强学生的综合素质，坚持实施"五育并举"的教育。劳动教育在实施"五育并举"过程中发挥着至关重要的作用。新时代劳动教育的内容不仅包括劳动习惯、劳动品德以及劳动态度的培养，更重要的是对学生进行劳动认知以及劳动价值观的教育和培养。教师要通过多元化教学方式，全方位地构建新时代的劳动教育体系。教师可以带领学生了解劳动并不只是体力劳动，为了学生德智体美劳全方面发展，还可以带领学生参加社会公益性劳动，如帮助园丁做好城市和校园的绿化工作等，同时，结合创新创业的创造性活动来构建较为科学的内容体现，体现出劳动教育的时代性，以此大大增强学生对于劳动的认识与了解[4]。

四、结束语

综上所述，就是我对于"五育并举"背景下的高中劳动教育的基本研究。作为从事高中阶段教育教学的工作人员，我着力将"五育"精神渗入高中劳动教育过程中，让学生理解劳动在学习和生活中的重要性。

参考文献：

[1] 白志华."五育并举"下高校体育活动开展策略 [N]. 宁波日报，2021-06-24（14）.

[2] 张成尧. 例谈课堂教学中劳动教育的开展策略：以高中思想政治课为例 [J]. 教师教育论坛，2020（12）：19-21.

[3] 胡孝武，杨宇献. 高中学校开展劳动教育的探索 [J]. 湖南教育（D版），2021（1）：26-27.

[4] 王瑜. 科学开展劳动教育 彰显高中办学特色 [J]. 教学管理与教育研究，2021（11）：106-107.

深耕细耘，劳动教育路径探索
——以怀远中学劳动实践基地建设为例

四川省崇州市怀远中学高二七班班主任　黄柳玉

摘要： 劳动教育是当前教育改革发展的重要内容，对于高中阶段教育来说，具有多重价值。为促进劳动教育价值的良好实现，怀远中学积极探索、大胆创新，经过几年的深耕细耘，逐步构建出以活动化、课程化、系统化、常态化、品质化为核心的阶梯形模式，推动了劳动教育的良好开展，也助力了优质全面育人。

关键词： 劳动教育；路径探索；普通高中

2020 年 3 月 20 日，中共中央、国务院发布《关于全面加强新时代大中小学劳动教育的意见》。此前，2018 年 9 月，习近平总书记在全国教育大会上着重指出："要在学生中弘扬劳动精神，教育引导学生崇尚劳动、尊重劳动，懂得劳动最光荣、劳动最崇高、劳动最伟大、劳动最美丽的道理，长大后能够辛勤劳动、诚实劳动、创造性劳动。"随后在 2019 年 1 月召开的中央全面深化改革委员会第十一次会议上，习近平总书记再次强调："劳动教育是中国特色社会主义教育制度的重要内容。要全面贯彻党的教育方针，坚持立德树人，把劳动教育纳入人才培养全过程，贯通大中小各学段，贯穿家庭、学校、社会各方面，把握育人导向，遵循教育规律，创新体制机制，注重教育实效，实现知行合一，促进学生形成正确的世界观、人生观、价值观。"上述内容不仅是习近平总书记对广大学生的殷切期望，也是新时代党和国家在教育事业上擘画的宏伟蓝图。

在此重要精神的指引下，全国各地的许多小学和初中学校已经行动起来，把劳动课程纳入了学校建设的课程体系。在许多学校，以劳动为主题的校本课程已经做得很有成效，在劳动课堂上，学生们不仅享受到了劳动和收获的快乐，而且具备了生产与生活的能力。相比之下，普通高中的行动相对比较迟缓，新时代劳动教育还未进入大多数高中学校的校园和课堂。众所周知，高中阶段是学生身体和思想发展最快的阶段，也是学生价值观形成的最重要阶段，劳动教育理应成为高中学校教育的重要内容。许多学校排斥劳动教育，部分原因是受"高考指挥棒"的影响，最重要的原因是许多学校尚未充分认识到劳动教育对高中阶段学生身心发展的价值和意义，也尚未找到切实可行的办法让劳动教育良好落地。四川省崇州市怀远中学一直把劳动教育作为学校建设与发展的重要内容，本校的劳动教育以"树德求真，怀远务实"的校训为指引，做出了积极的探索，取得了可喜的成绩。

一、高中阶段开展劳动教育的重要意义

（一）以劳育德：劳动教育培养四大精神，服务立德树人

立德树人是教育事业的根本任务，是学校德育工作的核心旨向。劳动教育能够培养学生的勤俭精神、合作精神、礼让精神、担当精神。

（1）勤俭精神。俗话说"不当家不知道柴米贵"。其意在表明只有当家作主，才知道生活不易。勤俭节约是中华民族的传统美德，是"立德树人"的重要内容。对于学生来说，只有参与了生活实践，才知道获得劳动成果的艰辛，才能养成勤俭节约的习惯和精神。

（2）合作精神。劳动中的互助互动、互帮互学、互启互励、互利互惠机制能够培养学生良好的合作精神。

（3）礼让精神。在合作劳动之中，既有共苦，也有同甘。许多学校在实施劳动教育时会传播精神：在重任面前要担当，在奖项面前要谦让；在困难来临时要冲锋在前，在收获分享时要友爱礼让。如此能够培养学生的礼让精神。

（4）担当精神。高中阶段是学生情感发展最快的阶段。学生精力充沛、情感丰富，只要给他们提供实践锻炼的机会和平台，就很容易激发出他们的干劲和激情，展示出他们的崇高和美德，如勇于分担任务，敢于承担责任，敢于树立目标，能够快速完成。如此就激发了学生的担当精神。

众所周知，勤俭、合作、礼让、担当等精神是立德树人的硬核，如此

精神得到培养，立德树人之根本任务就容易完成。

（二）以劳健体：劳动教育提高身体素质，服务体育教育

"身体是革命的本钱"，体育锻炼亦是学校教育的重要内容，而劳动教育则可以很好地培养学生的协调能力、灵活性、力量和耐力等，强身健体，服务体育教育。

（三）以劳涵美：劳动教育提供四大路径，服务美育发展

美育指向人的精气神，指向学生的气质、胸襟和心灵，是学校教育中不可或缺的部分，亦是新时代国家教育改革发展的重要内容。

劳动的过程往往能够使人接触到美，特别是学校的劳动场域，都是精挑细选、多年经营、悉心打造的场域。在这样的场域中劳动，学生能经常与鲜花"对话"，与绿草"交流"，会沐浴到阳光，会沉醉于花香，为接触"美"敞开了道路。

劳动的过程是生活的过程，也是创造的过程。特别是在高中阶段，学生有知识、有激情、有干劲，他们往往会把劳动过程当成表达情感、展示才华的机会。多彩的音乐、诗歌、书法、绘画、舞蹈、小品、作品都在热烈的劳动场景中诞生。

二、路径探索：怀远中学劳动教育创新发展

为充分实现上述劳动意义，怀远中学积极探索、大胆创新，经过几年的深耕细耘，逐步构建出以活动化、课程化、系统化、常态化、品质化为核心的实践模式，推动了劳动教育的实践与发展。

（一）着眼兴趣培养，开展活动

兴趣是学习的基础，劳动教育也如此。为此，怀远中学通过开展丰富多彩的劳动活动来培养学生的劳动兴趣。学校在校园之中开辟了一方土地，作为学生劳动实践基地，名曰"逸远农场"；除此之外，本校还与外界合作，建立了多个劳动实践基地。基于校内外的劳动实践基地，怀远中学开展了丰富多彩的劳动学习与实践活动，并且与时令充分结合，使开展的活动系列化、科学化。春天植树，一年两次播种蔬菜，包括毛豆、茄子、玉米、豌豆、辣椒、大蒜、西红柿等。到了丰收的季节，每个班级都收获满满。

（二）管理与考核并重，常态化实施

怀远中学针对"逸远农场"建立了常态化的管理机制。蔬菜基地责任

到班，由班主任具体负责安排、管理、督促；种植、管理、施肥由班级负责，种植品种各班自定，学校不作统一要求，单个品种不得超过农场面积的 50%；各班可以聘请家长、教师等作为指导老师，进入蔬菜基地指导学生育苗、播种；班主任及指导老师在课余时间或实践活动课时带领学生进入蔬菜基地指导学生护理，给蔬菜浇水、捉虫、拔杂草，细心观察蔬菜的变化；收获的蔬菜在条件允许的情况下供应学校食堂，学校给予班级相应费用，班级劳动获得的报酬归班级所有，用于班级日常班费开支。

同时，怀远中学制定了相应的考核办法。劳动实践基地的检查考核由政教处组织，采取实地查看基地建设情况的方式，每月末对各班基地工作情况进行一次检查考核，按照"评分标准"综合评定分数，期末进行总评，这极大地激发了师生的劳动热情。

怀远中学对劳动教育进行了卓有成效的探索，促进了学生德智体美劳全面发展。然而，劳动教育的进一步开展仍然存在着诸多需要解决的问题，如劳动教育缺乏专业技术人员的有效指导，劳动教育与学科课程融合的教育教学机制有待建立，这些都还需要进一步的研究与实践。进一步发挥劳动教育的育人价值，建立与学校现有教育教学体系融合的劳动教育机制，促进学生德智体美劳全面发展，是普通高中劳动教育的努力方向。

参考文献

[1] 徐玉珍. 是校本的课程开发，还是校本课程的开发：校本课程开发概念再解读 [J]. 课程·教材·教法，2005 (11)：5-11.

[2] 王均能，韦茂荣，刘先强. 走向未来的农村中学教育研究 [M]. 成都：电子科技大学出版社，1995.

[3] 陈大伟. 校本培训研究 [M]. 成都：四川大学出版社，2002.

[4] 刘先强. 现代教师管理研究 [M]. 成都：电子科技大学出版社，1999.

[5] 陈大伟. 在新课程中：困惑与成长 [M]. 成都：四川大学出版社，2004.

[6] 李建平. 中国教育寻变：北京十一学校的1500天 [M]. 北京：教育科学出版社，2015

[7] 杨赫. 初中地理校本课程开发的现状研究：以"生态中国教育行动"内蒙古两所项目学校为例 [D]. 内蒙古：内蒙古师范大学，2013.

[8] 徐红. 让每一个孩子成为与众不同的自己 [M]. 上海：上海教育出版社，2017.

[9] 石淑婷. 校本课程开发中教师专业发展研究 [D]. 新乡：河南师范大学，2013

[10] 陈敏华. 高中教学领导力模型研究：学生的视角 [M]. 北京：教育科学出版社，2015.

[11] 鲁海波. 校本课程开发中学生角色的研究：以上海市×中学"经典诵读"校本课程开发为个案 [D]. 上海：华东师范大学，2012.

[12] 王小飞. 普通高中特色发展调研报告 [M]. 北京：教育科学出版社，2013.

［13］李瑾瑜，赵文钊."集体备课"：内涵、问题、变革策略［J］.西北师大学报（社会科学版），2011，48（6）：73-79.

［14］季洪旭.变革型领导视角下普通高中学校变革路径研究：以上海市奉贤中学为例［J］.中国教育学刊，2020，325（5）：49-54.

［15］杨四耕.自主性变革：走向课程自觉的美好境界［J］.中国教育学刊，2020，325（5）：66-70.

［16］李百艳.项目化学习的价值定位与课程管理创新［J］.中国教师，2020（5）：13-17.

［17］石鑫.高品质示范高中"三三三"课程范式构建［J］.江苏教育（教育管理版），2020（50）：49-51.

［18］卢明，崔允漷.指向学科核心素养本位设计，进阶中学校长课程建设领导力［N］.中国教育报，2020-06-10（5）.

［19］夏季云.尊重学生主体实现深度学习［J］.江苏教育（中学教学版），2017（35）：22-25.

［20］张晓楠.省级优质课的课堂评价标准与细则解读［J］.陕西教育（教学版），2014（11）：4-9.

［21］柳丛.改革开放30年来新疆城市高中学校体育的发展与建设［D］.乌鲁木齐：新疆师范大学，2011.

［22］郭瑞琴.山西省中学大课间体育活动开展现状调查及推进策略［D］.临汾：山西师范大学，2014.

［23］谷进朝.开封市区小学大课间体育活动设计与实施研究［D］.开封：河南大学，2018.

［24］张金娣.小学大课间体育活动［J］.文理导航·教育研究与实践，2017（2）：11-14.

［25］傅鑫伟.农村小学"操系列"大课间体育活动的策略研究［J］.文体用品与科技，2019（21）：165-166.

［26］汤静.开展阳光体育大课间活动的几点探析［J］.新课程导学：下旬刊，2018（30）：4.

［27］徐涛.大学体育课堂教学与课外活动衔接策略研究［J］.南北桥，2017（9）：50.

［28］王竹立.后疫情时代，教育应如何转型？［J］.电化教育研究，2020，41（4）：13-20.

［29］王竹立.“互联网+教育”意味着什么？［J］.今日教育，2015（5）：1.

［30］安东尼·塞尔登，奥拉迪梅吉·阿比多耶.第四次教育革命：人工智能如何改变教育［M］.吕晓志，译.北京：机械工业出版社，2019.

［31］张才生.规模化常态应用：突破教育信息化困局的苦口良药［EB/OL］.（2020-02-28）［2023-03-09］.https://baijiahao.baidu.com/s?id=1659745534425041066&wfr=spider&for=pc.

［32］张阳.项目管理：让校本教研去虚向实：以数学学科校本教研为例［J］.基础教育课程，2020，28（17）：44-51.

［33］孙金鑫.名校之名，在名教研组［J］.中小学管理，2019，347（10）：1.

［34］陈大伟.怎样观课议课，如何使用观察和记录量表［EB/OL］.（2020-06-23）［2023-07-15］.https://www.sohu.com/a1403070472_120508322.

［35］刘良华.校本行动研究［M］.成都：四川教育出版社，2003.

［36］贾军.唤醒 激励 引领：教师专业化成长三部曲［J］.华人时刊·校长版，2020（3）：2.

［37］中华人民共和国教育部.普通高中语文课程标准（2017年版）［M］.北京：人民教育出版社，2018.

［38］钟启泉，谈松华，朱小蔓.当前中小学教育改革中的六大焦点问题［M］.武汉：湖北教育出版社，2003.

［39］中华人民共和国教育部.关于全面深化课程改革落实立德树人根本任务的意见［EB/OL］.（2014-04-08）［2023-03-05］.www.moe.gov.cn/srcsite/A26/jcj-kcjch/201404/t20140408_167226.html.

［40］范同雨.浅谈高中数学教学中集体备课的力量和智慧［J］.科学大众·科学教育，2008（8）：106.

［41］王翔.基于网络环境下的高中数学集体备课实效性的几点思考［J］.科学大众·科学教育，2011（8）：1.

［42］黄瑶.新课程理念下对高中数学集体备课的探究［J］.教育教学论坛，2014（50）：214-215.

［43］李政涛.“五育融合”究竟如何融合？［N］.三秦都市报，2021（2）：44-46.

［44］张庆营."推门听课"的利与弊［J］.山东教育，2015（5）：1.

［45］刘月霞，郭华.深度学习：走向核心素养［M］.北京：教育科学出版社，2018.

［46］齐学红，殷飞.班主任的家校沟通［M］.上海：华东师范大学出版社，2013.

［47］陈宇.班级管理课：班主任专业技能提升教程［M］.上海：华东师范大学出版社，2021.

［48］余慧娟，任国平.好校长是怎样炼成的［M］.上海：华东师范大学出版社，2018.

［49］程凤春.学校管理的50个典型案例［M］.2版.上海：华东师范大学出版社，2018.

［50］安桂清.课例研究［M］.上海：华东师范大学出版社，2018.

编后记

著名作家王小波曾说："将来的我比现在好，这一点我已经有了把握。"从内心讲，我希望每一个教师都能在课程建设中活成自己想要的样子，去追求更高的教育境界。在"全科阅读""全民阅读"和"终身学习"成为社会共识的今天，我们要让教师们体会到阅读不仅仅是自身职业所需，也是自己生活所求，以"价值驱动"代替"任务驱动"。"吾日三省吾身"，只有心甘情愿去做的事情，才会拥有心灵体验。

荷开满塘，美不胜收，但你可知，这诗意满塘的背后也有着动人的故事。季羡林老先生喜荷，他见楼前清塘寂寞，便特意投下几颗洪湖的莲子，翘首以盼。不想这一盼就是三年，种荷人都不抱什么希望了，湖中才稀稀拉拉地长出五六个叶片。但到了第四年春，奇迹发生了：在去年飘浮着五六个叶片的地方，一夜之间，突然长出了一大片绿叶……不到十几天的工夫，荷叶已经遮蔽了半个池塘。这就是著名的"荷花定律"。池塘里的荷花每日以前一天的两倍数量开放，到第30天开满池塘。那么，当荷花遮蔽半个池塘的时候，是第几天？是第15天吗？不是！是第29天。最后一天的圆满，等于此前所有努力的总和。没有认知和方法的积累，没有思维和行动方法的沉淀，也就没有最后铺天盖地的成功。

在2020年首届中国基础教育论坛研讨会暨中国教育学会第33次学术年会高品质学校建设的四川探索与实践微论坛上，成都七中实验学校毛校长指出，学校发展的第一生产力是教师，而教师发展的关键在于学校基于校本研修来激活和培育教师，构建教师队伍建设的内生机制。基于教育现场的校本研修是高品质学校建设的"牛鼻子"，在现场中研究，在研究中教学，在教学中成长。何来"内生"？那就是"阅读"，阅读后的反思助推校长的领导力，阅读后的沉淀激起教师的学习力，阅读后的实践提升课程的执行力。因此，我们要正确审视阅读价值，明晰路径选择。

正如季美林老先生说，人和花一样，有一种"极其惊人的求生存的力量和极其惊人的扩展蔓延的力量"。也有人一开始努力盛开，却在时光的消磨中，渐渐地感到枯燥甚至是厌烦，在第 10 天、第 20 天甚至第 29 天的时候，选择了放弃。这个时候的放弃，往往离成功只有一步之遥。甚至可以说大多时候，人能获得成功，关键在于毅力，在于再"坚持一下"的勇气。

陶渊明提倡"好读书，不求甚解，每有会意，便欣然忘食"的"会意"读书法。我们每一位教师内心都有着"想好""想学""想读"的朴素愿望，很少有自甘堕落的教师个体，但作为职业人、家庭人、生活人、社会人，当面临诸多干扰和诱惑时，当定力不足和应对乏术时，当缺乏要求和行为自律时，部分教师就渐渐地掩埋了当初的那份美好愿望，进修、观摩、阅读、研究和反思等专业发展活动中也就慢慢地看不到他们的身影，即便是看到，他们也是心不在焉。校本教研，且行且思。对于想读书的人来说，即使没有完整的时间来读书，也可以化整为零，集腋成裘；对于不想读书的人来说，哪怕你给他整天时间，他也未必愿意拿起书本来读。诚如鲁迅先生所说，"时间如同海绵里的水，只要你去挤总是有的"。

阅读，应该内化成为教师的一种生活方式，去思考，去行动。有效的阅读，不仅仅是汲取"观点"和"结论"，还要看作者是如何去剖析和论证自己的观点的，对自己进行逻辑训练，保留灵感火花，内化阅读所感，这是专业提升的有效手段，去改变个体认知，去转变思维模式，提升学生的同时也成就了自己。正如钱理群所言："什么是教育？就是爱读书的校长和一群爱读书的教师带着一群孩子一起读书。"教育，离不开教师阅读，课堂，离不开学生阅读。恳请天下所有的教师"为中国未来而读"，垂范学子做阅读推广人；"为美好生活而读"，身体力行做终身阅读者。

高强

2023 年 2 月